JN261412

レクチャー新保険法

今井 薫・岡田豊基・梅津昭彦 著

法律文化社

はしがき

　ここに,『レクチャー新保険法』を世に送る。

　本書は,2008(平成20)年に法律56号として成立し,2010(平成22)年4月1日に施行された「保険法」を,われわれ3名が執筆した『レクチャー保険法』の発展形態として改正前商法における規定との関係を意識しながら,また新保険法の評価を考えながら書き上げたものである。

　保険契約が一般契約とは異なる基礎,背景,そして歴史の中から出現し,われわれの生活の中に浸透している。保険の引受けが営業的商行為(商502⑨)に該当し,それを行う者は保険者として商人であることから,商法(あるいは企業法)の一部として一般生活者からやや離れたところで語られてきたような気がする。そこで,保険契約に関する法を独立した単行法とする作業の中では,家計保険における保険契約者保護,条文の明確な片面的強行規定化を中心に,その現代化を目指していたことが強調されている。そのような作業の結果としての「保険法」にいかなる評価を与えるかは,もう少し時間を必要とするかもしれない。それでも,「保険法」を学習の対象とする者,仕事のツールとして使う者にとって手軽に参照すべき書物となることを『レクチャー保険法』同様に期待している。

　保険契約は保険システムのうえに成立している法律行為であるから,保険とは何か,保険システムの成立条件は,または保険業がいかに規制されているか等の理解が必要である。そこで,本書はそのような基礎を紙幅の許す限り記述してあることが『レクチャー保険法』以来の特色である。また本書は,損害保険契約,生命保険契約,そして傷害疾病保険契約それぞれを単独で扱うことを原則としたので,説明が重複している部分もあるが,クロスレファレンスすることによって,相互関係を理解してもらえると思う。新保険法自体の分析の不十分さが残り,あるいは3名それぞれの記述に個性や濃淡が現れているところもあったが,持ち寄った原稿については,全体の調和を最低限図りつつ一冊に仕上げたもので,これまでと同様に分担部分を明示してはいない。「保険法」

の施行前後から多くの解説書，体系書が刊行され，本書執筆において参考にさせていただいたが，本書を単独で評価の対象としていただき，ご批判，ご教示をお願いしたい。

　本書の刊行にあたっては，法律文化社・秋山泰氏に，原稿整理の遅れにも我慢強く耐えていただき，また校正の段階では舟木和久氏に大変お世話になった。末筆ながら，御礼申し上げる。

　2011（平成23）年3月3日

今井　　薫
岡田豊基
梅津昭彦

目　　次

はしがき
凡　例
参考文献

第1編　保険システム

第1章　保険システムの目的と機能 … 2
1・1　保険システム … 2
1・1・1　「保険」のいろいろ(2)　**1・1・2**　「社会保険（公保険）」と「私保険」という区分(3)　**1・1・3**　さらに「私保険」を分類すると―私保険の機能と分類―(4)　**1・1・4**　保険分類に関する立法形態(10)　**1・1・5**　私保険システムはどのようにして成立するか(10)

1・2　保険システムの目的 … 12
1・2・1　保険システムのカウザ(12)　**1・2・2**　保険学説(12)　**1・2・3**　保険契約とは何か(14)

1・3　保険類似のシステムと保険を支えるシステム … 16
1・3・1　保険に似て非なるもの(16)　**1・3・2**　保険のための保険(20)

第2章　保　険　法 … 23
2・1　新しい保険法の制定・施行 … 23
2・1・1　保険法の制定の流れ(23)　**2・1・2**　保険法の法源(24)　**2・1・3**　保険監督のための法(25)

2・2　普通保険約款 … 25
2・2・1　「約款」による取引(25)　**2・2・2**　私たちは約款に拘束される(26)　**2・2・3**　立法・行政による約款への介入(27)

2・2・4　司法による約款への介入(28)

第3章　保険監督法 ……………………………………………… 29

3・1　総　　説 ……………………………………………… 29
3・1・1　保険業はなぜ規制されなければならないか(29)
3・1・2　保険業法はどのような法律か(31)

3・2　保険業規制の内容 ……………………………………… 32
3・2・1　保険業を行うには(32)　3・2・2　保険会社は何をしているか（何ができるか）(34)　3・2・3　保険会社が経営危機に陥った場合にはどうするか(35)　3・2・4　「相互会社」って何(38)

3・3　保険募集規制 …………………………………………… 41
3・3・1　募集行為はなぜ規制されなければならないか(41)
3・3・2　どのような者が保険募集を行うことができるか(42)
3・3・3　どのような募集行為が規制されるか(44)　3・3・4　募集人が顧客に損害を与えた場合(46)

第2編　損害保険契約総論

第1章　損害保険契約総説 ………………………………………… 50

1・1　損害保険契約の意義・特徴 …………………………… 50
1・1・1　損害保険契約とは(50)　1・1・2　損害保険契約にみられる特徴は(50)

1・2　損害保険契約の種類 …………………………………… 51
1・2・1　損害保険契約のいろいろ(51)　1・2・2　新種保険の分類をみてみると(52)　1・2・3　たとえば，こんな新種保険(54)

1・3　片面的強行規定の適用除外 …………………………… 57
1・3・1　その趣旨は(57)　1・3・2　適用除外される保険契約は(57)

第2章　損害保険契約の成立 ……………………………………… 59

2・1　損害保険契約の当事者と関係者 ……………………… 59

　　　　2・1・1 損害保険契約の当事者は(59)　　**2・1・2** 当事者を補助する者は(60)　　**2・1・3** その他の関係者は(61)

2・2 損害保険契約の成立：総説 ………………………………………………… 62
　　　　2・2・1 契約の成立について理論的には，実際は(62)　　**2・2・2** 申込みは誘因される(63)　　**2・2・3** 保険者は承諾しなければならないか(63)

2・3 告 知 義 務 …………………………………………………………………… 64
　　　　2・3・1 告知義務とは何か(64)　　**2・3・2** 告知義務を履行するには(66)　　**2・3・3** 告知が求められる事項は(67)　　**2・3・4** 告知義務に違反した場合は(69)

2・4 損害保険契約における保険事故 ……………………………………………… 70
　　　　2・4・1 契約内容が決定されなければならない(70)　　**2・4・2** 保険事故とは(70)　　**2・4・3** 保険契約締結前に保険事故が発生していたら(71)　　**2・4・4** 保険法５条が適用されると(73)　　**2・4・5** 保険事故が発生しても保険金が支払われないケース(74)

2・5 保 険 期 間 …………………………………………………………………… 74
　　　　2・5・1 保険者が責任を負担する期間(74)　　**2・5・2** 保険期間はどのように定めるか(74)　　**2・5・3** 保険契約存続期間，保険料期間との区別(75)

2・6 保 険 料 …………………………………………………………………… 75
　　　　2・6・1 保険契約者が支払う対価としての保険料(75)　　**2・6・2** 保険料不可分の原則(76)

2・7 損害保険契約の構造 ……………………………………………………………… 76
　　　　2・7・1 損害のてん補とは(76)　　**2・7・2** 被保険利益が必要である(78)　　**2・7・3** 被保険利益であるためには(79)　　**2・7・4** 不動産をめぐる被保険利益(80)　　**2・7・5** 損害をてん補する契約とは(82)　　**2・7・6** 利得禁止原則(85)

2・8 保険金額と保険価額 ……………………………………………………………… 86
　　　　2・8・1 保険金額とは(86)　　**2・8・2** 保険価額とは(87)　　**2・8・3** 評価済保険という便利な保険(89)　　**2・8・4** 保険価額不変更主義(91)　　**2・8・5** 全部保険・一部保険・超過保険とは何か(91)　　**2・8・6** 一部保険ではいくら支払われる(92)　　**2・8・7** 超過保険の超過部分はどうなる(94)　　**2・8・8** 取消権が行使されると(95)

2・9 重複保険 …………………………………………………………… 96

2・9・1 重複保険とは(96) 2・9・2 重複保険はどのように処理されるのか(97) 2・9・3 重複(超過)保険とモラル・ハザード(98)

第3章 損害保険契約の成立の効果 …………………………………… 101

3・1 保険者の権利・義務 ……………………………………………… 101

3・1・1 保険契約に関する書面を交付しなければならない(101) 3・1・2 保険証券の法的性質(102) 3・1・3 保険料を返還しなければならない場合(103) 3・1・4 その他の義務は(105)

3・2 保険契約者等の権利・義務 ……………………………………… 106

3・2・1 保険契約者等の権利は(106) 3・2・2 保険料は支払わなければならない(107) 3・2・3 アフター・ロス契約・責任持ちの特約(111) 3・2・4 保険契約者等は通知する必要があるか(112)

3・3 損害保険契約関係の変動 ………………………………………… 114

3・3・1 契約関係が変動するとは(114) 3・3・2 危険が減少したならば(114) 3・3・3 危険が増加したならば(115) 3・3・4 保険価額が減少する場合も(117) 3・3・5 保険の目的物を譲渡すると(118)

第4章 損害保険の給付 …………………………………………………… 120

4・1 損害てん補の要件 ………………………………………………… 120

4・1・1 保険事故が保険期間中に発生し損害が生じること(120) 4・1・2 被保険者は何を立証しなければならないか(120)

4・2 保険者の免責事由 ………………………………………………… 122

4・2・1 免責事由の位置づけ(122) 4・2・2 法定免責事由として故意・重過失による事故招致の場合(122) 4・2・3 法定免責事由として戦争その他の変乱による場合(126) 4・2・4 約定免責事由には(126)

4・3 損害の発生・拡大の防止義務 …………………………………… 126

4・3・1 損害の防止に努めなければならない(126) 4・3・2 なぜ損害の防止に努めなければならないのか(128) 4・3・3 損害防止費用は誰が負担するのか(128)

目　次　vii

4・4 損害発生の通知義務等…………………………………………129
　　4・4・1 損害の発生を通知しなければならない(129)
　　4・4・2 保険事故に関して説明しなければならない(131)
4・5 保険給付の履行……………………………………………………132
　　4・5・1 保険者は保険給付を行わなければならない(132)
　　4・5・2 てん補される額，給付される額は(132)　**4・5・3** 保険給付はいつ，どこで履行されるのか(133)
4・6 保　険　代　位………………………………………………………135
　　4・6・1 保険代位と利得禁止との関係(135)　**4・6・2** 残存物代位(136)　**4・6・3** 請求権代位(139)

第5章　損害保険契約の終了　……………………………………146
5・1 保険契約者による保険契約の解除………………………………146
　　5・1・1 保険契約者は契約をいつでも解除することができるか(146)　**5・1・2** 消費者契約法との関係(146)
5・2 告知義務違反による保険契約の解除……………………………147
　　5・2・1 どのような場合に告知義務違反となるか(147)　**5・2・2** 告知が妨害された場合は(148)　**5・2・3** 保険者はいつまで解除権を行使しなければならないか(150)　**5・2・4** 因果関係がない場合(151)
5・3 危険の増加による保険契約の解除………………………………152
　　5・3・1 危険の増加とは何か(152)　**5・3・2** 告知事項と危険の増加との関係(153)
5・4 重大事由による保険契約の解除…………………………………154
　　5・4・1 重大事由解除権が新設された(154)　**5・4・2** どのような場合に解除が認められるのか(154)

第6章　損害保険債権の処分　……………………………………157
6・1 保険事故発生後の保険金請求権…………………………………157
6・2 保険事故発生前の保険金請求権…………………………………158
　　6・2・1 被保険利益の移転を伴わない処分(158)　**6・2・2** 被保険利益の移転を伴う処分(159)　**6・2・3** 保険の目的物が譲渡されると(159)

第7章　保険担保 …………………………………………… 162
- **7・1** 総　　説 ………………………………………………… 162
- **7・2** 質　権　設　定 ……………………………………………… 162
- **7・3** 物　上　代　位 ……………………………………………… 164
- **7・4** 抵当権者特約 ……………………………………………… 168
- **7・5** 質権設定禁止特約 ………………………………………… 169
- **7・6** 債権保全火災保険 ………………………………………… 170

第3編　損害保険各論

第1章　火災保険 …………………………………………… 174
- **1・1** 火災保険契約とは ………………………………………… 174
  - **1・1・1** 火災保険とひと言でいっても（174）　**1・1・2** さらに担保範囲は拡大している（174）
- **1・2** 火災保険契約の内容 ……………………………………… 175
  - **1・2・1** 火災保険における「火災」とは（175）　**1・2・2** 火災保険の付保対象は（177）　**1・2・3** 火災保険における被保険利益は（177）　**1・2・4** 他人の物を保管する者には責任がある（178）
- **1・3** 火災保険契約の効果 ……………………………………… 178
  - **1・3・1** 保険者の保険証券交付義務（178）　**1・3・2** 保険者の損害てん補義務（179）
- **1・4** 免　責　事　由 ……………………………………………… 180
- **1・5** 新　価　保　険 ……………………………………………… 181
- **1・6** 地　震　保　険 ……………………………………………… 182

第2章　責任保険 …………………………………………… 185
- **2・1** 総　　説 ………………………………………………… 185
  - **2・1・1** 責任保険はどのような保険か（185）　**2・1・2** 責任保険は何のためにあるか（186）
- **2・2** 責任保険の要素 …………………………………………… 188
  - **2・2・1** 損害保険契約としての責任保険契約ということは（188）

　　　　2・2・2 何をもって保険事故とするか(189)
　　2・3 責任保険の効果……………………………………………190
　　　　2・3・1 保険者はどのようにして損害をてん補するか(190)
　　　　2・3・2 保険給付と被害者との関係は(191)　**2・3・3** 保険契約
　　　　者・被保険者の義務は(193)

第3章　自動車保険……………………………………………195
　　3・1 自動車保険とは……………………………………………195
　　3・2 自動車損害賠償責任（自賠責）保険……………………196
　　　　3・2・1 自賠責保険とは(196)　**3・2・2** 被害者の立場は(198)
　　3・3 任意自動車保険……………………………………………201
　　　　3・3・1 任意自動車保険は役立っているか(201)　**3・3・2** 保護
　　　　される事故は(203)　**3・3・3** 自動車を譲渡・入れ替えた場合は
　　　　(204)

第4章　運送保険と海上保険……………………………………207
　　4・1 運送保険………………………………………………………207
　　　　4・1・1 運送保険とは(207)　**4・1・2** 運送保険契約の内容(207)
　　　　4・1・3 危険の増加について約款では(208)　**4・1・4** 運送保険
　　　　契約の効果(209)
　　4・2 海上保険………………………………………………………210
　　　　4・2・1 海上保険とは(210)　**4・2・2** 船舶保険とは(211)
　　　　4・2・3 PI保険とは(213)　**4・2・4** 貨物海上保険とは(214)
　　　　4・2・5 海上保険における全損の証明(215)

第5章　再　保　険………………………………………………216
　　5・1 再保険の意義・構造・機能…………………………………216
　　5・2 再保険の種類…………………………………………………217
　　5・3 再保険の法的局面……………………………………………218
　　5・4 再保険契約締結の効果………………………………………219

第4編　生命保険契約

第1章　総説 ……………………………………………………………… 224

1・1　生命保険契約とは …………………………………………… 224

1・1・1　生命保険契約はどのように利用されるか(224)　**1・1・2**　生命保険契約は損害保険契約とどこが違うか(225)

1・2　生命保険契約を構成するもの ………………………………… 226

1・2・1　生命保険契約の当事者，そして関係者(226)　**1・2・2**　生命保険契約のその他の要素は(227)

1・3　生命保険契約の種類 …………………………………………… 229

1・3・1　生命保険契約を分類すると(229)　**1・3・2**　実際に多く利用されている生命保険商品は(230)

第2章　生命保険契約の成立 ……………………………………… 232

2・1　告知義務 ………………………………………………………… 232

2・1・1　告知義務を履行するには(232)　**2・1・2**　保険者承諾前に被保険者が死亡してしまったら（承諾前死亡）(234)

2・2　契約成立による保険契約者等・保険者の義務 ……………… 236

2・2・1　保険契約者は保険料を支払わなければならない(236)　**2・2・2**　保険者の義務は(237)

2・3　「他人の生命の保険」とは ……………………………………… 238

2・3・1　他人の生命の保険はどのように利用されるか(238)　**2・3・2**　他人の生命の保険に潜む問題(238)

2・4　「他人」である被保険者の立場は ……………………………… 239

2・4・1　利益主義・親族主義・同意主義(239)　**2・4・2**　同意で十分なのか(241)

第3章　生命保険契約の効力 ……………………………………… 243

3・1　「第三者のためにする生命保険契約」 ………………………… 243

3・1・1　生命保険契約を「第三者のため」に締結するのはなぜか

(243) 3・1・2 生命保険契約を「第三者のため」に締結するとは(243)

3・2 保険金受取人の指定・変更 ……………………………………244
3・2・1 保険金受取人はどのように指定されるか(244) 3・2・2 保険金受取人を変更したいときはどうするか(246)

第4章 生命保険契約に基づく給付・終了 ……………………250

4・1 保険者の保険給付 ……………………………………250
4・1・1 保険者の保険給付に至るまで(250) 4・1・2 保険者が給付義務を免れる場合(251) 4・1・3 保険金はいつ支払われるのか（保険給付の履行期）(253)

4・2 生命保険の解約・解除 ……………………………………255
4・2・1 保険契約者側が解除できる場合(255) 4・2・2 保険者が解除できる場合(256)

4・3 保険料積立金の払戻し ……………………………………261
4・3・1 「保険料積立金」とは(261) 4・3・2 払い戻される場合は(261)

第5章 生命保険債権の処分と差押え ……………………263

5・1 生命保険契約上の権利の譲渡・質入れ ……………………263
5・1・1 生命保険契約上の権利には財産的価値がある(263) 5・1・2 生命保険契約上の権利はどのようにして処分できるか(263)

5・2 生命保険契約上の権利の差押え ……………………264
5・2・1 生命保険契約関係者の債権者の立場は(264) 5・2・2 債権者の利益と保険金受取人の利益との調整(265)

第5編　傷害疾病保険契約

第1章　総　　　説 ……………………………………268

1・1 傷害・疾病保険とは ……………………………………268

   1・1・1 第三分野の保険種目のいろいろ(268) **1・1・2** 被保険者概念の相違(270)

 1・2 保険給付の要件……………………………………………………271

   1・2・1 どのような場合に保険給付がなされるか(271) **1・2・2** 疾病保険の保険事故(274)

第2章 傷害疾病定額保険をめぐる問題………………276

 2・1 告 知 義 務……………………………………………………276

 2・2 契約前発病不担保条項…………………………………………277

   2・2・1 契約前発病不担保条項とは(277) **2・2・2** その性質は(277)

 2・3 重大事由による解除……………………………………………279

 2・4 搭乗者傷害保険と損益相殺……………………………………280

   2・4・1 加害者に対する請求権はどうなるか(280) **2・4・2** 保険金は損益相殺の対象となるか(281) **2・4・3** 搭乗者傷害保険金をめぐり判例は揺れた(282)

事項索引

判例索引

コラム目次

◆公的介護保険制度(7)　◆「損害てん補説」と「条件付金銭給付説」(15)　◆江戸時代と保険(16)　◆実体的監督の方法(34)　◆これも保険？─金融時限爆弾CDS─(40)　◆「代理店の人はいってくれなかった」(47)　◆損害保険代理店が開設した専用口座は誰の口座(48)　◆「われわれは個人としては保険引受人であるが全体としてはロイズである」(53)　◆頭を冷やしてよく考えて(62)　◆射倖契約性・善意契約性(65)　◆借家人はつらいよ！(77)　◆もし原発に飛行機が墜落したら？(78)　◆私も所有者？(82)　◆スーパー・コンピュータのお値段(89)　◆ミッション・インポッシブル(99)　◆保険金額を調整する(104)　◆口座振替による保険料の支払い(107)　◆金融機関等を介した保険料の支払い(108)　◆保険料の支払場所(109)　◆みまき荘事件(110)　◆破産宣告を受けた会社の取締役による放火(124)　◆約款規定と保険金の支払時期(133)　◆保険給付請求権の消滅時効(134)　◆保険利益享受約款をめぐる最高裁判例(142)　◆所得補償保険の損害てん補契約性(144)　◆告知義務違反と詐欺・錯誤(151)　◆阪神・淡路大震災に起因する火災保険金請求訴訟が提起した問題点(183)　◆いたるところで責任保険(186)　◆損害賠償のシステム(187)　◆自動車事故第１号(195)　◆盗まれた自動車の事故（泥棒運転）の場合(198)　◆妻は「他人」だ！(199)　◆リスク細分型自動車保険 vs 完全補償型自動車保険(202)　◆フルフラット利用中の事故(205)　◆生命保険金は賠償額から控除されるのか(225)　◆リビングニーズ特約（生前給付特約）(228)　◆ハイリスク・ハイリターン商品(230)　◆責任開始条項・責任遡及条項(234)　◆団体定期保険・キーマンポリシー(240)　◆保険金受取人を君にするからつきあってくれ(245)　◆保険金受取人が先に死亡し，契約者（＝被保険者）も何もせずに死亡してしまった(248)　◆自殺と保険金の支払い(252)　◆予定利率の引き下げ(254)

凡　　例

1　法令・約款の略記

保険法	→保　険	住宅火災保険普通保険約款	→住火約
商　法	→商	火災保険普通保険約款	→火約
保険法成立前商法	→改正前商法（旧商）	運送保険普通保険約款	→運約
保険業法	→保険業	地震保険約款	→地保約
保険業法施行令	→保険業令	自家用自動車総合普通保険約款	→自動車
保険業法施行規則	→保険業規則	船舶保険普通保険約款	→船約
自動車損害賠償保障法	→自賠法	傷害保険普通保険約款	→傷約
地震保険に関する法律	→地保法	賠償責任保険普通保険約	→賠償約
国際海上物品運送法	→国際海運		

＊その他の法令ならびに約款は，原則として略記しない。

2　判例の引用

（1）　裁判所名の判決等の略記

大審院判決	→大　判	東京高等裁判所判決	→東京高判
最高裁判所判決	→最　判	東京地方裁判所判決	→東京地判

（2）　元号の略記

明治→明　　大正→大
昭和→昭　　平成→平

（3）　判例集の略記

大審院民事判決録	→民　録	判例時報	→判時
最高裁判所民事判例集	→民　集	判例タイムズ	→判タ
		金融・商事判例	→金判
		金融法務事情	→金法

（4）　引用例（判決の年月日，判例集の巻号頁は，中黒「・」にて略記する）

大審院判決大正4年12月24日大審院民事判決録21輯2182頁　→大判大4・12・24民録21・2182
東京高等裁判所判決昭和53年1月23日判例時報887号110頁　→東京高判昭53・1・23判時887・110
最高裁判所判決平成16年12月13日最高裁判所民事判例集58巻9号2419頁
　　　　　　　　　　　　　　　　　　　　　　　　→最判平16・12・13民集58・9・2419

参考文献（一歩先の理解のために）

　本書が保険法を学習するきっかけとなり，さらにより精密な分析・検討を行うためには，以下のような文献が有益です。

　新保険法に対応した書物については，
  ① 竹濱修『保険法入門』（日本経済新聞社，2009年）
  ② 山下友信＝竹濱修＝洲崎博史＝山本哲生『保険法〔第3版〕』（有斐閣，2010年）
  ③ 江頭憲治郎『商取引法第六版』（弘文堂，2010年）
  ④ 岡田豊基『現代保険法』（中央経済社，2010年）
  ⑤ 潘阿憲『保険法概説』（中央経済社，2010年）

があります。また，保険法成立前の体系書として次の書物は必読です。
  ① 大森忠夫『保険法〔補訂版〕』（有斐閣，1985年）
  ② 田辺康平『新版現代保険法』（文眞堂，1995年）
  ③ 石田満『商法Ⅳ（保険法）〔改訂版〕』（青林書院，1997年）
  ④ 西島梅治『保険法〔第三版〕』（悠々社，1998年）
  ⑤ 山下友信『保険法』（有斐閣，2005年）

　保険システム自体の理解や保険の過去，現在，未来については，
  ① 吉澤卓哉『保険の仕組み』（千倉書房，2006年）
  ② 近見正彦＝吉澤卓哉＝高尾厚＝甘利公人＝久保英也『新・保険学』（有斐閣，2006年）

を参照するよう薦めます。判例・判決例については判例集として，
  ① 保険法判例百選（別冊ジュリスト202）（2010年）（その前身である生命保険・損害保険各判例百選もあります）
  ② 文研生命保険判例集第1巻〜第7巻・文研変額保険判例集第1巻〜第3巻（（財）生命保険文化研究所（1993年〜1999年）），生命保険判例集第8巻〜第14巻（（財）生命保険文化センター（2004年〜2010年））

を頼りにしつつ，もちろん原典にあたることも忘れてはなりません。

　そして，保険取引実務の実際を知りたい場合には，毎年公表されている『日本の損害保険ファクトブック』（（社）日本損害保険協会），『生命保険ファクトブック』（（財）生命保険文化センター）がデータを提供してくれます。また，新保険法については，その成立過

程や問題点を検討するものとしていくつかの論文集，解説書が発刊されています。読者諸兄姉の積極的なアプローチを期待します。

　最近は，各保険会社が使用する各種約款については，それぞれのホームページに掲載されていますので，そちらを参照して下さい。法令と実際の約款との関係，法的問題点を検証するためにも，是非，検索して理解を深めて下さい。

【著者紹介】

今井　薫（いまい　かおる）
　1949（昭和24）年　神奈川県横浜市に生まれる
　1974（昭和49）年　神戸大学法学部　卒業
　1979（昭和54）年　神戸大学大学院法学研究科博士後期課程　修了
　駒澤大学法学部専任講師，助教授，京都産業大学法学部教授を経て
　現在，京都産業大学大学院法務研究科教授　法学博士（神戸大学）
　主要著作等：『保険契約における企業説の法理』（千倉書房，2005年），「保険契約者以外の者による解除」金澤編『新保険法と保険契約法理の新たな展開』（ぎょうせい，2009年）325頁以下，『保険契約法』（（財）損害保険事業総合研究所，2010年）（共著），etc.

岡田　豊基（おかだ　とよき）
　1953（昭和28）年　広島県福山市に生まれる
　1977（昭和52）年　大阪市立大学法学部　卒業
　1984（昭和59）年　神戸大学大学院法学研究科博士後期課程　単位修得
　鹿児島大学法文学部助教授を経て
　現在，神戸学院大学法学部教授　神戸大学博士（法学）
　主要著作等：『請求権代位の法理』（日本評論社，2007年），『現代保険法』（中央経済社，2010年），「保険契約の変動」甘利＝山本編『保険法の論点と展望』（商事法務，2009年）45頁以下，etc.

梅津　昭彦（うめつ　あきひこ）
　1959（昭和34）年　福島県会津若松市に生まれる
　1985（昭和60）年　駒澤大学法学部　卒業
　1987（昭和62）年　鹿児島大学大学院法学研究科修士課程　修了
　1990（平成2）年　神戸大学大学院法学研究科博士後期課程　単位修得
　東北学院大学法学部助手，専任講師，助教授，教授を経て
　現在，新潟大学法学部・大学院実務法学研究科教授　神戸大学博士（法学）
　主要著作等：『保険仲介者の規制と責任』（中央経済社，1995年），"Reform on the Insurance Law in Japan: A Perspective of New Japanese Insurance Law" 保険学雑誌603号（2008年）1頁以下，「保険契約の終了」甘利＝山本編『保険法の論点と展望』（商事法務，2009年）67頁以下，etc.

第 1 編
保険システム

第1章　保険システムの目的と機能

1・1　保険システム

1・1・1　「保険」のいろいろ

　現代生活におけるリスク対応手段の代表者が保険であることは誰でも知っているだろう。保険とは，火災，自動車事故，死亡などの各種のリスクにさらされている人々が，少額の金銭（保険料）を拠出して共通の準備財産を形成し，そのリスクが不幸にして実現した人に対し，この準備財産から必要な給付（保険給付）を，あらかじめ定めていた条件に従って行うシステムのことである。たしかに，「保険」という言葉は決して耳慣れないものではない。自動車を購入すれば「自賠責保険（自動車損害賠償責任保険）」に加入しなければならないし，保険金目当ての殺人事件などでは「生命保険」や「傷害保険」が新聞記事をにぎわせる。日本の空港には必ずある「国内航空傷害保険」の自動販売機で1,000円を支払って傷害保険契約（死亡傷害保険金4,000万円）を締結した人もいるであろう。それに，病気になれば「健康保険証」をもって病院にいったはずだ。また，昨今の不景気でリストラされて「失業保険」暮らしとか，などという身につまされる話も聞くことがある。2007年には25％（1997年ころは13％程度で，決して日本一ではなかった）を超えてしまって話題となった大阪の生活保護率（最低は富山県の2.3％）から，社会保障と社会保険との違いに興味をもった方もあるであろう。

　このように，「保険」という言葉はしばしば私たちの生活の中で使われている。しかし，その言葉の中身はというと，ちまたで使われている頻度とは裏腹に案外知られていないのではなかろうか。

　なぜだろうか。それはそもそも，この「保険」という言葉はきわめて多義的

なのだ．ひとつの言葉の中に，種類も性質も違うものが無造作に放り込まれて，それこそ「保険とは何か」ということをひと言では説明ができないようになっているのだ．つまり，保険とは，「保険という名のゴミ箱」の中にバラバラに投げ込まれたものの総体であって，それこそひと言では説明できない．しかし，ゴミも分別収集化が進んでいるこの頃なので，まず「保険」もそれにならって，種類別に分別することからはじめてみよう．

1・1・2 「社会保険（公保険）」と「私保険」という区分

「保険」という言葉の中で，もっとも大きな分類は公保険とされる「社会保険」と，本書の主たる対象となる「私保険」の分類ということになろう．このうち，前者は国の社会保障制度の中核を担うものである．社会保障には，まず行政が税金を原資として行う，生活保護給付のような貧困者の最低限度の生活保障を行う①公的扶助をはじめ，児童手当や遺族援護などの②社会扶助，③社会福祉，そして，国民の疾病予防と健康的生活の増進を図る④公衆衛生などの分野がある．

しかし，これとは別に，社会保障制度の一翼を担いながら，あらかじめ制度利用者による保険料の支払いを前提として，これと引換えに給付を受けることのできる社会保険という制度がある．これは，社会保障の目的実現のために保険技術を一部修正して利用する公保険システムである．すなわち，私保険システムによれば，各人が拠出する保険料は各人の事故発生確率によるはずである（給付反対給付均等の原則）．しかし，社会保険では保険料を所得ベースで徴収したり，あるいは均一負担させたりする．これは，税金による公的扶助のように，完全に「もてる者」による「恵まれない者」に対する給付（deep pocket などと呼ばれる）と，後述する私保険のように，完全な自助（自分のリスクは自分でカバーする）との中間形態ということになる．すなわち，保険料拠出者でなければ社会保険給付を受けられないが，自己のリスク負担と受ける給付とは必ずしもバランスしなくともかまわない，というシステムである．これには，医療保険（健康保険），公的年金（社会保険方式による），雇用保険，労働者災害補償保険などがあり，高齢者保健制度は健康保険制度の一部をなしている（一部税負

担されている）。また，雇用保険制度は，失業給付や再就職促進のための技術習得給付などを含む。そこで，介護保険制度も，市町村がその給付窓口となるため，介護サービスの質や要介護者の住民人口に占める割合によって，住民の負担する介護保険料に差が生じる。高齢者の多い過疎地域の保険料は必然的に高く，若年層の多い都市部の保険料（といっても，保険料負担者は40歳以上であるが）は安くなる。税金負担の議論はこんなところから出ているのである（⇨7頁）。

　しかし，いずれにしても，これらの社会保険は私人が自らのリスクを担保する目的で，主として営利を目的として設立された保険会社（相互会社によるものは，理論的には営利目的はない。⇨38頁）との間で締結される私保険契約とは異なり，社会保障制度が取り扱う領域である。主に保険法の領域の保険，つまり保険の技術的特性をフルに利用することで，自己のリスクに見合った拠出によってリスクに対応しようとする私保険を取り扱う本書では，社会保険は射程外ということになる。

1・1・3　さらに「私保険」を分類すると──私保険の機能と分類──

私保険の仕組み　　まず，われわれの学習する保険法の射程から社会保険が出ていった。残りの私保険が保険法の対象ということになる。

ところで，保険の中の純粋型ともいいうる「私保険」とはどのような機能を持つものかを簡単に説明しておこう。まず第1にあげられるのが，「リスク移転機能」であろう。われわれが火災保険や生命保険などに加入するのは，万が一の場合の火災リスクや死亡リスクによる家庭生活の不安（一般には「危険」と呼ばれる）を保険会社（保険法では「保険者」という）との契約により保険者側に移転してしまうことである。家を再築するためには多額の資本準備が必要だし，家族の生活維持のためにも十分な預貯金が必要だが，われわれは比較的少額の保険料負担により，これらを準備するという経済的負担から解放されるのである。

　第2と第3の機能はリスク集積と，リスク分散機能である。保険者は，自己が引き受けた同質で相互独立のリスクを多数プールすることで，リスクの一定性を図ることができる。たとえば，冬季の火災リスクと夏季のそれには，当然

大きな事故発生確率の差異が認められるが，1年間のリスクをプールすることで事故の発生確率を平準化することができる。ある人が何歳まで生きるかということは，ほとんど神のみぞ知る領域であるが，多数の人々を集合することで年齢当たりの死亡率は容易に算定されることになる。すなわち，個人個人では見えてこない事故発生確率が，リスクを集積することで平均どの程度であるか安定的に見えてくる。個々人が抱え込んでいた不安定なリスクを集合させることで，安定的リスクに変換することが可能になるのである。たとえば，ある人のことしの火災リスクを算定することは非常に困難である。たとえ，1000年に一度の割合でしか事故が起こらないとしても，その1,000分の1の確率の事故が，その人にことし発生するか来年発生するかは予測しがたい。しかし，このようなリスクをもった人々が十分多数集積すれば，火災の発生は毎年同じ頻度（1,000軒に1軒の割合）で平均化されうるのである（the law of averages。大数の法則）。そこで，事故の発生頻度と損害額を把握して各人に事故確率や損害額に応じた，しかしそれよりも若干多めの保険料の拠出を求めておけば，事故の発生による支払いを上回るファンド形成が可能になるはずである。つまり，保険者はリスクを安定的に各保険契約者に分散し得たことになる。もっとも，保険者が保険契約の締結により集めたリスク（保険料）が十分大きくない場合には，事故の発生頻度の平均化も十分安定的とはいえない場合がある。たとえば，ある地域でしか営業できない保険者では，その地域に大火が発生した場合には，受領した保険料により十分支払い可能なリスクファンドを形成することができないので，保険者の経営は危機に瀕することになりかねない。また，たとえば，ジャンボ・ジェットのような旅客機（1機200億円ともいわれる）は，国内航空会社の保有機数だけでは十分リスク分散させることはできないだろう（経営危機の日本航空は全機を手放すともいう）。この場合は，リスクを引き受けている世界中の保険者間でさらにリスクを集積・分散させる手続きをとる場合がある。これが再保険（reinsurance）と呼ばれる制度で，「ロイズ（Lloyd's of London）」は，その世界的マーケットである（⇨53頁）。

　つぎに，私保険の中に区別はないのであろうか。たとえば，火災保険と生命保険は，性質的に同じなのであろうか。そこで，以下では私保険を簡単に分類

してみる。

損害保険と定額保険 火災保険における火事，死亡生命保険における人の死亡など，リスクが実現したこと（「保険事故」という）により保険金が支払われる場合，その支払方法には原則として２つの種類があるといわれる。すなわち，①損害てん補給付型（損害保険）と②定額給付型（定額保険）である。前者は一般に保険者の支払う保険金が保険事故の結果生じた損害額の大小により決定されるとする方法である。これに対して後者は，保険事故が生じるとあらかじめ約束した金額が損害の有無・大小にかかわらず支払われるというものである。①の方式は火災保険や自動車保険などの物損害に対する保険や，第三者に負った損害賠償責任についての責任保険（保険でカバーするプラスの財産があるわけではないので「消極的利益の保険」ともいう）が一般に妥当するのに対して，②では生命保険，多くの傷害疾病保険がこの方式をとる。

モノ保険とヒト保険 保険事故が何に生じるか，つまり保険の客体が何か，による分類である。主としてモノまたは財産を保険の客体とするのがモノ保険であり，客体が自然人であるとするのがヒト保険である。したがって，前者には火災保険や責任保険などが，後者には生命保険をはじめ疾病保険・傷害保険などが該当する。

損害保険，生命保険と傷害疾病定額保険 保険法における分類である。保険法は損害保険（傷害疾病損害保険を含む），生命保険および傷害疾病定額保険とを定める。損害保険とは，保険契約のうち，保険者が一定の偶然の事故により生ずることのある損害をてん補することを約するものをいう（保険2⑥）のに対して，生命保険とは，保険契約のうち，保険者が人の生存または死亡に関し一定の保険給付行うことを約するもの（傷害疾病定額保険に該当するものを除く）をいう（保険2⑧）。

また保険法では，これらの他に傷害疾病損害保険と傷害疾病定額保険とを別に定めている。このうち，傷害疾病損害保険とは，損害保険のうち，保険者が人の傷害疾病によって生じることのある損害（当該傷害疾病が生じた者が受けるものに限る）をてん補することを約するものをいう（保険2⑦）。傷害疾病の発生によって具体的に生じる費用（治療費や救助費用など）をてん補する保険契約

がこれである。原則として，損害保険であるために，一般の損害保険の規定が適用される。規定カッコ書により，他人の傷害疾病により経済的な費用負担を強いられる者が，この他人について自らの経済的利益を保険に付すことはできない。一方，傷害疾病定額保険とは，保険契約のうち，保険者が人の傷害疾病に基づき一定の保険給付を行うことを約するものをいう（保険2⑨）。なお，これらのてん補ないし給付は，財産上の給付であるが金銭給付には限らないこととされた（生命保険給付と傷害疾病定額保険給付については金銭給付に限定される。保険2①）。給付を金銭給付に限定しなかった趣旨は，損害額の算定が困難な場合には現物給付を認めた方が当事者双方にとっても都合がよいものがあることに配慮したからである。ただし，生命保険や傷害疾病定額保険については，カッコ書で保険給付を金銭給付に限定しているが，この理由として，保険契約者等を保護のための監督規制の整備が十分でないことをあげる見解がある。確かに，ある金額の給付に相当する現物給付が何であるかを合理的に説明することは困難で，契約者の利益が害されるおそれは残るものの，これはむしろ，生命保険など長期の契約では老人ホームへの入居権や介護サービスの提供などを保険給付とした場合，将来的にそのコストが上昇して保険者が不測の損害を被ることになるのを回避する必要から定められていると考えるのが自然であろう。

公的介護保険制度

公的介護保険制度は，介護保険法に基づいて，介護を社会全体で支え，総合的なサービスを提供する仕組みを作ろうとする公保険制度である。保険者は市町村・特別区であり，国・都道府県等が財政面・事務面から支援する。保険加入者は，65歳以上の人（第1号被保険者）と40歳以上65歳未満の医療保険に加入している人（第2号被保険者）である。これらの者が常に介護を必要とする状態（要介護状態）か，家事・身支度等，日常生活に支援が必要な状態（要支援状態）になったときに，介護保険からサービスが提供される。保険料は所得に応じて決まる。第1号被保険者の保険料の額は介護サービスの水準に応じて異なり，第2号被保険者のそれは加入している医療保険によって異なる。そして介護サービスを利用するにあたり，要介護状態または要支援状態にあるか否か，および介護の必要度（要介護度）を判定するために，市町村に要介護認定を申請する必要がある。この認定は一定期間ごとに見直され，状態が重度になったときは，期間途中でも介護度を変更ができる。なお，介護保険からサービスの提供を受けた者は，別途，その費用の1割を負担する（利用者負担）。

企業保険と家計保険 保険加入者の加入目的に基づく分類である。企業が企業経済生活を存続ないし維持するために加入する保険を企業保険といい（海上保険，運送保険，企業用建物や機械の火災保険等），一般家庭が家計経済生活を存続ないし維持するために加入する保険を家計保険という（住宅や家財の火災保険，一般の生命保険等）。家計保険では，保険者と保険加入者との間の経済力および保険契約に関する知識について著しい差異がみられる。そこで，従来から立法において保険加入者およびその関係者を保護するための法的規制が求められたため，保険法では，各節の最後で，規定の一部について，保険契約者や被保険者に不利な特約を約款などで別途定めた場合は，これを無効とする片面的強行規定を設けている（損害保険については，保険7, 12, 26, 32。生命保険については，保険41, 49, 53, 65。傷害疾病定額保険については，保険70, 78, 82, 94）。

営利保険・相互保険・共済 保険団体の形成の差異に基づく分類である。保険法制定前までは，保険の規定は商行為編および海商編（旧商第2編第10章および第3編6章）に規定されており，本来の射程は営利保険に限られていた。営利保険とは，営利的商行為に該当するものでなければならないはずであり（商502⑨），したがって，このように営利目的で保険を引き受ける行為は商行為となり（商502⑨），保険者は商人（商4Ⅰ）となるはずであった。これに対して，保険加入者が構成員（社員）となり，相互に保険を行なうことを目的として設立された社団法人（相互会社。保険業2Ⅴ・6Ⅰ）が引き受ける保険を相互保険という。相互保険は社員相互に保険提供することを目的とする非営利団体と社員間の団体法的社員関係であるから営利目的を欠き商行為とはならない。そのため，改正前商法では，相互保険の性質が許す限りにおいて商法の規定が準用されるものとされてきた（旧商664, 683Ⅰ, 815Ⅱ）。なお，保険法の制定にともない，海商の規定は，商法815条2項では，原則として保険法第2章（損害保険）第1節ないし第4節（成立，効力，保険給付および終了）および第6節（適用除外）の規定，ならびに第5章（雑則）の規定の適用があることを定め，これとは別に商法841条の2において，海上保険に関する海商の規定は相互保険にも適用ありとすることとなった。

またわが国には，原則として一定の地域や職業あるいは目的に関わる者が任意の団体を構成して，将来生じることある災害や入用に共通の基金を形成して，これらの事象が生じた場合に一定の給付を行おうとする「共済」と呼ばれる制度があった。共済事業には，農業協同組合法（同法10Ⅰ⑩）によるいわゆる農協共済や，労働組合法（同法9）で共済事業を行うことができたが，ここには商法の準用規定がなく，またそもそも根拠法をもたない共済が多数存在したが，保険類似の事業であるにもかかわらず，改正前商法時代は，商法の保険規定を準用すべきとする規定は置かれることがなかった。

保険法の対応　保険法は，商法の規定から離れたため，適用される保険契約は営利保険に限られない。また，保険法2条1号により，保険契約とは，契約当事者の一方が一定の事由が生じたことを条件として財産上の給付を行うことを約し，相手方がこれに対して保険料（「共済掛金を含む」としている）を支払うことを約する契約である旨を定めたため，他の法令に定めるもののほかは（保険1），あらゆる保険類似営業が保険法の適用を免れないことになった。

他の法令により，保険法の適用が一定の範囲で排除されるものとしては，自動車損害賠償保障法に定める自賠責保険や自賠責共済があげられるであろうが，これらはむしろ公保険の色彩が強いといわなければならない。

海上保険，航空保険および陸上保険　保険事故発生の場所に基づく分類である。海上保険は，船舶や積荷について，航海に関する事故によって生ずる損害をてん補することを目的とする保険であり（商815Ⅰ），商法第3編（海商）第6章（保険）の規定によって規律される。航空保険は航空機およびその運航に関連して生ずる一切の損害をてん補する保険であるが（機体保険，第三者賠償責任保険，乗客賠償責任保険，貨物賠償責任保険，航空管理者・航空機保管業者・製造業者・修理業者賠償責任保険，航空運送保険，搭乗者・乗務員傷害保険，搜索救助費保険，航空機装備品・予備部品保険，航空保険料保険，人工衛星保険等），改正前商法にはこれを直接的に規律する規定がなく，実際には約款に基づいて運営されていた。なお，新保険法では個別の保険種目については，とくにこれについて定めることをせず，個々の契約内容はすべて約款によるものとなった。

1・1・4 保険分類に関する立法形態

新しい保険法による各種の保険の規定の仕方は，①損害保険契約，②傷害疾病損害保険契約，③生命保険契約，④傷害疾病定額保険契約である。

下記の表をみてもらいたい。保険を給付の態様により損害てん補型契約と定額給付型契約に分類し，またその客体によって，モノ保険とヒト保険とに分類すると，A：モノ損害てん補型保険，B：モノ定額給付型保険，C：ヒト損害てん補型保険，D：ヒト定額給付型保険に大別されることになるが，Aは①損害保険一般に，Cは②傷害疾病損害保険に，Dは③生命保険と④傷害疾病定額保険に対応することになった。したがって，保険法はBに対応する規定を有していない。

		給付の態様	
		損害てん補型	定額給付型
保険の客体	モノ保険	A	B
	ヒト保険	C	D

1・1・5 私保険システムはどのようにして成立するか

総説 以上のことから，保険法にもとづいて本書で扱う保険または共済はつぎのようなものである。すなわち，①自己の保有するモノまたは財産について，それが一定の偶然の事故（たとえば，火災や他人に対する賠償義務の発生など）によって滅失・減少することをてん補するため，当事者の一方（保険者）が財産上の給付を行うことを約し，相手方（保険契約者）が当該事由の発生可能性に応じた保険料（共済掛金）を支払うことを約する契約，②保険契約者自身の傷害疾病により生じることのある損害をてん補するために，①と同様の方法で保険者と保険契約者でなされる契約，③保険契約者自身または他人の生存または死亡に関して，保険者が一定の保険給付（定額給付または算定基準が確定されている給付）をすることを約し，これに対応した保険料を保険契約者が支払うことを約する契約，および④保険契約者または他人の傷害疾病を原因として生じる死亡や後遺障害等（手術や入院などの事由を含む）の発生により，保険者が一定の保険給付をすることを約し，保険契約者がこれに対応する保険

料を支払う契約である。

共通準備財産の形成　ところで，前述のようなリスクを有する被保険者が，自分の保険事故発生確率に応じた保険料を保険者に支払ったからといって，それだけで保険が成立するわけではない。たとえば，統計的に年間2,000軒に1軒の割で住宅火災が発生するとしよう。滅失するかもしれない住宅の価額を一律2,000万円とすれば，費用を無視するとして1軒あたり1万円の保険料（事故率のみから算定されるので純保険料と呼ぶ）を支払えば，万が一の場合住宅が全焼しても2,000万円の保険金は支払われるはずだ。なにしろ1軒あたりの保険事故発生確率は1／2,000（0.5％）で，支払われる保険金は2,000万円だから，ドイツの保険学者ヴィルヘルム・レクシス（W. Lexis）が唱えた「給付反対給付均等の原則」により，$P=wZ$（P: 純保険料，w: 事故発生確率，Z: 保険金）が成り立つからだ（1万円 $=\frac{1}{2,000} \times 2,000$万円）。

　しかし，これは一人が保険契約を保険会社と成立させればよいというものではないことはすでに述べたとおりである。何万・何十万という同じリスクをもつ者が保険に加入して，はじめてこの統計的数値は安定的リスクに変換されうる（大数の法則）。また，支払われた保険料は，共通準備財産としてプールされ，保険加入者全員のリスクの引当てとして管理されねばならないことになる。後述する保険契約には，売買のような一般の契約とは異なる法理が種々みられるのは，このような保険に固有の団体性を無視することができないからである（「保険料不可分の原則」や「無事故戻し」などは，保険の団体性に妥当すると思われる）。

　なお，保険システムを運営するには，増減する事故率に対応する安全割増，共通準備財産の維持や，その団体形成のための募集などの経費（事業費），そして利潤（株式会社で運営する場合，配当もしなければならない）が必要である。したがって，純保険料にこれら諸費用で構成される付加保険料（loading）を上乗せして実際の保険料は徴収される。これらが適正になされていれば，個々の保険加入者の支払った保険料（純保険料＋付加保険料）の総額と，支払保険金や支出された費用の総額とは全体としてバランスが保たれるはずである。これを「収支相当の原則」と呼ぶ。したがって，社会保険には「収支相当の原則」は

妥当するが,「給付反対給付均等の原則」は成立しないことになる。

1・2 保険システムの目的

1・2・1 保険システムのカウザ

さて,このような保険ではあるが,これがいかなる目的で存在するか（保険の機能：causa）について（つまり,「保険とは何か？」),この説明に窮しているのが今日である。中世ヨーロッパで保険が誕生したとき,それは海上損害をてん補する目的に限られていた。しかし,確率論が登場するのは17世紀になってからであるため,保険者たちは経験的にリスクを引き受けたものの,十分なリスク分散の方法がなかったため,複数の保険者間でリスク分担（保険者の資産に見合った限度でのみリスクを引き受ける）を行う共同保険（co-insurance）の形がとられていた（無限責任を原則とするロイズのアンダーライターも,自身のパトロンであるネームが担保として提供してくれる財産額までしかリスクの引き受けを行わない）。やがて,確率論の進歩により安定的リスク分散が可能になり,また海上保険から家計保険へと領域を拡大しても,あいかわらず損害てん補の制度であることにかわりはなかった。しかし,それが具体的損害の有無にかかわらず保険事故の発生とともに一定金額を支払う生命保険のような定額保険が誕生するに及んで,損害保険と定額保険の統一的説明が困難になった。そこで,以下ではいくつかの有力な学説を紹介しておくことにしよう。

1・2・2 保険学説

損害てん補説 保険の目的を損害のてん補であるとする説で,保険学説としてはもっとも古い見解である。わが国では,明治23年の旧旧商法がこの立場をとっていた。改正前商法629条で「損害保険契約ハ当事者ノ一方カ偶然ナル一定ノ事故ニ因リテ生スルコトアルヘキ損害ヲ塡補スルコトヲ約シ相手方カ之ニ其報酬ヲ与フルコトヲ約スル」契約であるとし,かつ保険の目的は金銭に見積もることのできる利益である（旧商630）,とすることから,損害保険契約については損害てん補原則を否定してはいない。しかし,生命保

第1章　保険システムの目的と機能　13

険や多くの傷害疾病保険のような定額保険が一般化した今日では，この説が従来の意味で妥当するかということになると批判が多い。

経済的入用充足説　保険の目的は偶然の経済的入用を充足することであるとする学説である。イタリアの経済学者ウリッセ・ゴッビ（U. Gobbi）が提唱し，ドイツの有力な保険学者のアルフレート・マーネス（A. Manes）によっても支持された。この学説は，経済的入用概念を損害に置換することで，生命保険をも含めた保険の統一的把握が可能である点に魅力があったが，必ずしも具体的入用が生じるわけではない定額給付の生命保険には，あまりに擬制的で妥当性に欠けるという批判がある。

経済生活確保説　保険の目的は，保険事故の発生に伴いある金額が支払われることを保障することにより，経済生活の安定を確保するところにあるのだと唱える説で，保険事故発生前の危険準備の形成に重点を置く。すなわち，保険加入により危険負担が保険者に移転し，保険事故の発生・不発生にかかわらず経済生活の安定が達成されるとする。保険事故の発生による保険金の支払いは，経済生活が確保されていることの現象的な「現れ」にすぎないとする。もっとも，これに対しては「保険給付」とは何かということが依然として明らかになっていないとの批判がある。すなわち，貯蓄や保証でも，かかる効果は生じるからである。

相対的把握説　上記のような「保険のシステム」が何であるかを論じることを，「不毛の議論」であるとしてこれを放棄し，保険を構成する重要な要素を正確に記述することにより保険システムを明らかにしようとする。この見解にもいくつかの説があるが，生じることあるべき危険に対応する手段の中で，「保険」であると人々に認知されるためには，①集団内の危険の平均化による，偶然の事故に対する経済準備であり，②そのために，経済的入用充足を求める加入者の合理的拠出たる保険料により共通準備が形成されることを要し，さらにそれは，共同保険や再保険などの方法により危険の分散が図られている（企業説。わが国では技術的特徴説として紹介された），ということになろうか。

1・2・3　保険契約とは何か

保険契約の意義　保険が以上に述べたようなものであるとすれば，それでは保険契約とは，どのような契約なのだろうか。細かい内容は，本書第2編以下で触れるとして，このような危険分散・経済的準備システムの利用を提供しようとする者と，準備されたサービスを購入しようとする者との間で締結される契約である，ということはできるであろう。このとき，①偶然な事故により，所有する財産もしくは権利の滅失，あるいは自らが負担する民事責任もしくは身体上の傷害疾病により生じる経済的損害を，共同準備を介した保険システムの利用によりカバーしようとして締結されるのが損害保険契約であり，②同様なシステムを通じて人の生死や傷害疾病の発生を契機として，あらかじめ約定しておいた保険給付を受けようとして締結されるのが生命保険ないし傷害疾病定額保険であることになる。もっとも，今日では②は投資商品と結合して，その積立金（保険料）をもっぱら株式や債券などの有価証券に投資し，その運用実績により保険給付や解約返戻金の額が変動する「変額保険（variable insurance）」と呼ばれる特殊な保険も登場したので，必ずしも定額保険とは呼べなくなっている。しかし，それでも運用の仕方はあらかじめ定められているので，手続的な定額性は担保されているといえるかもしれない。

保険契約の定義　このような保険契約について，従来は「保険の本質」と同様に「保険契約の定義」をめぐる学説対立があった。たとえば，保険契約を一元的に「損害てん補契約」であるといったり，「条件付金銭給付契約」であるといったりするような対立である。しかし，現在はこのような定義を行うことが少ない。これは，対象や目的はともかく，前述したような危険の共同準備や危険の分散といった「保険システム」を用いるための契約が保険契約であって，それを一元的に定義してもしかたがない，とする実際的な見地が有力になっているからである。「保険システム」が利用できるのであれば，給付の態様が「てん補」であろうと「定額給付」であろうと問題ではないとするのである。

　わが国のように保険に関する規定が原則的に任意法であり，実際は契約内容の大半が約款に委ねられているような場合で（⇨25頁），かつ保険者がこのよう

な共通危険準備・危険分散システムを十分に備えている企業であり，保険というシステムの性質上，これを形成するために不特定の保険契約者が参加するのが保険契約であるとする立場をとると，このようなプラグマティックな見解に到達するものと思われる。ところが，さまざまなニーズを有する保険契約者に視座の中心を移すと，類似のさまざまなサービスや，その提供者の中から，保険者を選び出し，あまつさえその者が共通危険準備・危険分散システムを用意しているか不明なので，この者に保険契約上の責任を負担させようとすると，保険契約の定義が必要となってくる。

　保険法はその 2 条において，第 1 号に「保険契約」，さらに「損害保険契約」，「傷害疾病損害保険契約」，「生命保険契約」，そして「傷害疾病定額保険契約」それぞれについて定義規定を設け（保険 2 ⑥〜⑨），保険法の適用を明らかにしている。

「損害てん補説」と「条件付金銭給付説」

　ここでいう損害てん補説とは，損害保険に固有のそれではない。保険の加入動機に力点を置くこの学説では，保険契約者は保険加入に際して「主観的な損害てん補」の目的で保険者と保険契約を締結するという（支払保険金は保険契約者側が決定する。したがって，生命保険における死亡や保険期間満了時点での生存は保険事故であると同時に主観的損害の発生であるとする）。ただし，これだとモノ保険では容易に保険事故が招致され，保険システムが瓦解する。そこで，モノ保険については利益を客観的に証明することを要するとして，保険価額の概念が導入されていると解する。イタリアでトゥリオ・アスカレッリ（T. Ascarelli），アンティゴーノ・ドナーティ（A. Donati）という有力な商法学者により展開され，いまなお通説的地位を保っている。擬制が強すぎるという批判はあるが，この説の利点は，わが国で損害保険に固有と考えられる被保険利益概念を生命保険にも拡張して，危険な「他人の生命の保険」を失効させ得ることである。生命保険に被保険利益を認める英米のみならず，解釈上これを肯定するイタリア，立法で再び被保険利益主義を明確にしたベルギー，あるいは中国などはこの学説の利用価値は少なくない。一方，わが国では大森博士により展開され，いまなおかつてヴィルヘルム・キッシュ（W. Kisch）などが主張してドイツの通説とされるのは後者である（給付義務の危険負担給付説が有力になりつつあるが）。この説ではてん補性は後退し，公序良俗に反しない（つまり被保険利益がある）限りあらかじめ約定した条件によるいかなる給付も，保険契約上可能であるとする。

1・3 保険類似のシステムと保険を支えるシステム

1・3・1 保険に似て非なるもの

何らかのリスクに対応するのは，何も保険システムばかりではない。そこで，以下では，これに類似する若干の制度について触れる。

互酬（reciprocity）　家族内の給付関係，近所や親しい者同士の贈与・贈答関係が互酬である。この中には親子間のように，そもそも反対給付が予定されていない一般的互酬（generalized reciprocity。たとえば，子供に食事を提供して対価を要求したり，将来の反対給付を予定したりすることはない）と，贈答関係のように，個々には贈与であるが長期には双方の出捐が均衡するというフィクションに基づく均衡的互酬（balanced reciprocity）がある。狩猟採集型の未開社会では一人が大型の獣を獲得するのは数十日に一度であるし，老齢になればその機会を失う。そこで，互酬慣行があれば直接的な対価は予定されないので，資源配分を反対給付なしに受けることが可能となる。これは義務ではないから強制されないが，履行しなければ反射効として相手からの贈与も得られないことになる。西欧社会では，ペストの流行や農民戦争など西欧社会の変容をもたらした14世紀頃から共同体（comune）の崩壊とともにこのような互酬慣行は消滅した。しかし，わが国はこの慣行が今でも残っていて，その代表が中元・歳暮であるといわれる。

江戸時代と保険

互酬と保険システムは代替関係にある。江戸時代までのわが国には，手形・共同海損をはじめプリペイドカード（蕎麦切手など）から，果ては世界最古の商品先物市場（大坂・堂島の米市場）まである。ほとんど取引先進国であった。しかし，保険だけが存在しないのである。このことは，明治期に来日し東大でも教えていたバジル・ホール・チェンバレン（B. H. Chamberlain）が『日本事物誌』（東洋文庫）の中で，日本は火事にまつわる語彙が豊富だが，保険に関するものがないと指摘している。さらに彼は，日本人の人間相互の関係について「自称キリスト教国よりも」遙かに助け合いの精神に富んでいると述べている。そのことからも，互酬が保険代替機能を果たしており，保険こそ互酬なき自助社会の産物だと分かるのである。

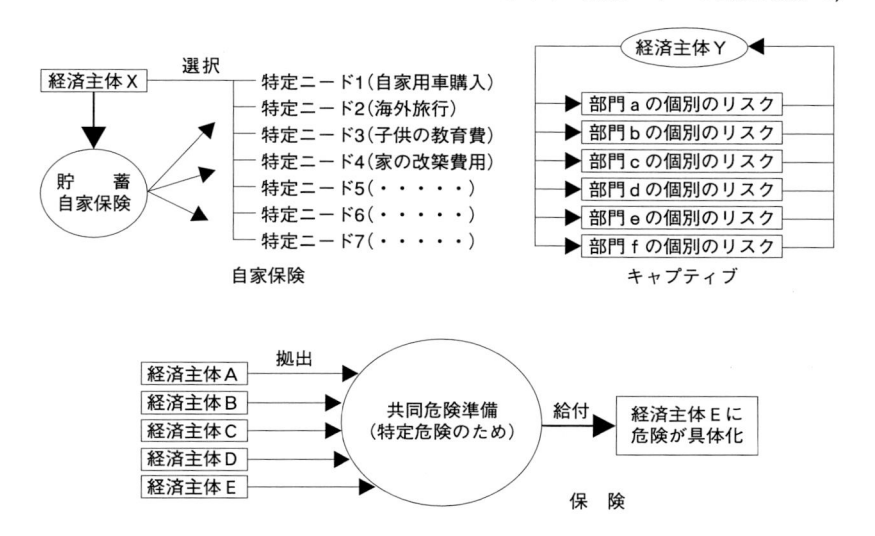

第1章　保険システムの目的と機能　17

```
経済主体X ──選択──→ 特定ニード1（自家用車購入）
    │              → 特定ニード2（海外旅行）
    ↓              → 特定ニード3（子供の教育費）
  貯　蓄          → 特定ニード4（家の改築費用）
  自家保険        → 特定ニード5（・・・・）
                  → 特定ニード6（・・・・）
                  → 特定ニード7（・・・・）
                    自家保険
```

```
                経済主体Y
                   │
                   ├→ 部門aの個別のリスク
                   ├→ 部門bの個別のリスク
                   ├→ 部門cの個別のリスク
                   ├→ 部門dの個別のリスク
                   ├→ 部門eの個別のリスク
                   └→ 部門fの個別のリスク
                    キャプティブ
```

```
経済主体A ─┐ 拠出
経済主体B ─┤      共同危険準備       給付   経済主体Eに
経済主体C ─┼──→ （特定危険のため） ─────→ 危険が具体化
経済主体D ─┤
経済主体E ─┘
                     保　険
```

貯蓄・自家保険　貯蓄も保険も将来需要に対する経済準備である点で共通の性質を有する。しかし、保険が同一の危険を有する経済主体間での危険の持ち合い（リスク・シェアリング）であるのに対して、貯蓄は不特定の需要に対して各経済主体が独自に準備する側面を有している。自家保険も貯蓄と同様に偶然の事故による危険を一定金額の「大数の法則」に基づく積立てにより行なおうとする。これが保険と異なるのは、多数当事者間で危険を持ち合う共同の危険準備を形成しないことで、したがって自家保険は貯蓄と変わるところがない。

　しかし、ひとつの企業グループにとって複数の危険が同時に発生する可能性は少ない。たとえば、多国籍企業では建物火災、石油流出、工場の生産ラインの停止、投資・信用リスクの発生（売掛代金が回収できない、土地や株式投資の失敗など）などを各国に点在する各事業所ごとに生じる可能性がある。これについて、それぞれの危険を事業所ごとに保険することは可能だが、危険は通常同時に多発する可能性が小さいのでそれぞれ自分のリスクをそれぞれ自家保険した方が経済的である。この場合は、多数当事者間でリスク・シェアリングするのではなく、一事業者の複数危険間でのリスク・シェアリングということにな

る。通常これをキャプティヴ保険（captive insurance）といい，多くのコングロマリットではその信用部門（アメリカの総合電器メーカーであるゼネラル・エレクトリック・グループの場合のGEキャピタルなど）が扱い，その本拠をケイマンなどのタックス・ヘイヴンに置くのが通例である。

共済・少額短期保険業者 共済は，システム的には保険と同一の機能を果たすものである。多数の組合構成員が特定の事故に対して保険料に相当する共済掛金を拠出し，共済事故を生じた加入者に一定の条件で共済金を払い戻すシステムである。わが国では実体はほとんど保険と変わらないが，主務官庁が異なる（農協共済事業は農林省など）ことで，保険監督法の規制を免れてきた面は否定できない（農協共済事業では生命共済と損害共済とを兼営しているが，保険業法上の兼営が禁止されている。保険業3Ⅲ）。しかし，誰が営業主体かによって適用法令が異なるというのは好ましい解釈態度ではない（たとえば，イギリスの金融サービス市場法では，主体のいかんを問わず，何が投資商品かによって投資規制が適用されるとする）ため，保険法はその2条1号の定義に該当する者については名称のいかんを問わず保険法の規制に服するものとした。

一方，保険業法の改正により，従来の野放しだった無認可共済については，新たに定められる少額短期保険業者となるか，保険会社となるか，2008年4月以降の新規の募集を停止するかのいずれかの選択を迫ることとした。このうち少額短期保険業とは，①保険期間が2年以内の政令で定める期間（保険業令1の6により，保険期間は1年だが，保険業3Ⅴ①の損害保険については2年とされる），②保険金額1,000万円を超えない範囲内において政令で定める金額以内の保険（死亡保険については300万円，死亡を除く疾病傷害等ないし傷害疾病等による治療については80万円など。他に重度障害や特定重度障害保険の定めがある）のみの引受けを行う事業とした（保険業2⑰）。

保　証 債務者が，その債務を履行しえない場合に，その債務内容と同一の給付を債権者に対して負担する担保手段である（民446以下参照）。保証とは，有償性が前提にならないこと，多数人間の結合が予定されないことなどが保険と異なる。ただし，このようなリスクを有する債権者が保険料を支出してこれを保険する保証保険もある（身元保証保険など）。もっとも保証保険で

は，保険事故は債務者の債務不履行などであるから，保険事故の偶然性や事故招致免責の規定に反するので疑問視する見解もある。

オプション　先物市場では将来の価格の変動により大きなリスクが発生する。この場合，あらかじめ留保条件を付けることで，将来の価格変動リスクを回避する方法がある。たとえば，相手方に原資産を現在価格で売りつける権利があれば，値下がりリスクを回避することができるであろう。また，相手方から原資産を一定価格で買い付ける権利があれば，市場高騰により得られる利潤機会を逃さないであろう。この売り付ける権利をプット・オプション（put option），買い付ける権利をコール・オプション（call option）と呼び，現物の資産とは別に risk premium を対価として売買されている。保険取引は，このプット・オプションと同一の構造があるとの指摘がある。これは，保険が契約期間内に保険事故発生による損害が保険の目的に生じた場合（火災保険の契約について，保険料を risk premium，原資産を付保建物や家財と考える。当該建物や家財が火災や風水災で滅失した場合がこれに該当する），それを所定の保険金額で保険者に売り付ける権利を，あらかじめ保険料と引換えに購入していると考えられるからである。一方，目的物の減価が生じない場合は，この権利は放棄されるのである。

一方，ワラント債（bond with warrant；以下 WB と呼ぶ）の場合は，とくに分離型 WB のワラント部分が典型的コール・オプションであるといわれる。分離型 WB とは，普通社債部分とワラント部分が分離して売買されるものをいう。ワラント部分を購入した者は，権利行使期間内に転換条件の株価を超えて株価が上昇すれば買いつけ権を行使して新株を引き受け，それに至らない場合は権利を放棄する。

いずれの場合も，オプションの買い手は，risk premium であるオプション料の範囲でしかリスクを負わないというところにオプション取引のメリットがある。前述のようにプット・オプションは保険であるという有力な見解もあるが，あらゆるオプションが保険と同じように，大数の法則によるリスク平均化を介して危険準備の形成が可能であるわけではなく，売り手はオプション料と引換えに無限の価格上昇や価格下落リスクを背負ってしまう場合も少なくない。

その結果，オプションの買い手側も，オプション契約によりリスクをヘッジしたと思い込んでいても，オプションの売り手が倒産してしまえば，処分しえたと思ったリスクを再び負う場合も出てくる（スワップ取引における仲介銀行の倒産も同様である）ので，必ずしもオプションを保険と同一視はできないのではないかと思われる。

1・3・2 保険のための保険

保険システムには，これを支えるシステムの存在も必要である。たとえば，自動車保険のように，1保険会社が引き受ける保険契約だけで危険が分散されるものもあれば，巨大なタンカーやジャンボ・ジェット，あるいは巨大なプラント施設のように1保険会社だけではリスクを分散できないもの，支払保険金額が保険会社の経営を左右するほど巨大であるものもある。そこで，保険者側にもこれに対応するシステムが必要になる。この代表的なものは共同保険と再保険である。また，これとは別にPIクラブと呼ばれる保険システムもある（⇨213頁）。

共同保険　共同保険は，後述の再保険と同様に複数の保険者が共同してひとつのリスクを引き受けるシステムである。しかし，共同保険では，保険者が並立的に直接リスクの所持人から危険を引き受ける場合をいう。たとえば，単独で自己の引受限度一杯の単一リスクを引き受けた場合を想定しよう。受け取る保険料額は大きくなるが，事故が発生してしまえば莫大な保険金を支払うことになり，経営は破綻してしまう。しかし，小口のリスクを多数引き受けるのであれば，そのすべてが保険事故を発生することはないであろうから，引受危険についてのリスク分散を図ることが可能になる。そこで，比較的巨大なリスクについては，複数の保険者が共同で保険を引き受けるのである。すでに言及したように中世に保険がはじまった当時の保険は，おおむね共同保険であった。

再保険　再保険は，保険者が並列的にリスクを引き受けるのではなく，保険者相互が重層的に危険を引き受ける場合をいう（⇨216頁）。ここでは，一人の保険者（元受保険者）がひとつのリスクを引き受けた後，その一部

をさらに他の保険者（再保険者）に保険料（再保険料）を支払って付保するシステムである。保険事故が発生した場合，リスクの帰属する被保険者は元受保険者に保険金を請求する権利を有しているので，元受保険者が支払保険金額全額の支払いをなす義務を負う（外部関係）。しかし，元受保険者と再保険者の間には再保険契約があるので（内部関係），元受保険者は再保険者に再保険部分の保険金の支払いを求めることができる。もとより，再保険者もこれをさらに保険に付することが可能である（再々保険）。

　再保険の法的性質は，かつては議論のあったところだが，現在は元受保険契約が生命保険であると損害保険であるとを問わず損害保険，とくに元受保険者の保険金支払義務に基づいて再保険金の支払義務を生じるところから，責任保険と解するのが通説である。

　再保険契約を元受保険者と再保険者が締結する方式は，その都度任意的になされる場合とあらかじめの合意に基づいて義務的になされる場合とがある。後者のケースが一般的といわれるが，これにも①比例特約方式（Quota Share Treaty）と，②超過額特約（Surplus Treaty）などの方式がある。①は引き受けた元受保険全契約の約定した一定割合を必ず再付保するもの，②は元受保険者の引受限度（再保険者との間で，あらかじめ約定におく）を超えた部分についてのみ再付保するものである。前者は，実際には多数の共同保険の特約にすぎず，危険の負担が軽減されるのみで危険の平均化が図られるわけではない点で欠陥があるが，危険分散に必要な契約数が集積していない場合には，この方法をとらざるを得ない。

巨大リスクの引受け　近年増加する巨大リスク，たとえば，航空機事故損害，油濁損害，原子力損害などは，元受保険会社にとって危険分散に必要なほどの契約数を確保することが困難なだけでなく，保険事故も少なくて平均化が困難である（1964（昭和39）年6月16日に発生した新潟地震以降は，日本海中部地震と阪神淡路大震災が地震保険発動の顕著な例であるが，発生時期は著しい偏りが見られる）。また，事故が発生すれば保険者の支払不能を引き起こす可能性のある大災害となる。そこで，これらについては，共同保険と再保険を用い，さらには国家補償制度をリンクさせる方法が考案されている（地震保

険，原子力保険など）。これらのケースでは，まず元受保険段階で共同保険が行われ，複数の元受保険者がこれを再保険（一定額以上の損害を生じた場合のみ再保険者が危険を負担する Excess of Loss 特約といわれる方式や，損害率の累積が一定損害率を超えた場合に再保険者が支払いを行う Stop Loss 特約などがある）に付する。ただし，それぞれの元受保険者について共同再保険されるのが通例で，共同して再保険を引き受けた再保険者も，さらに共同再々保険する。そして，このうちの一部が国家の保険プールに強制再保険される。このような形態で，世界中の保険者間，あるいは国家によりリスクを分散するシステムがとられるのである。

　それから，必ずしも巨大損害というわけではないが自動車事故被害者救済のために，政府の自動車損害賠償保障事業がある。これは交通事故加害車両が特定できない場合（ひき逃げ）および無保険車両による事故の被害者を救済し，あるいは被保険者の悪意（故意）による事故の被害者の被害者直接請求（自賠法16Ⅰ）により損害賠償額を支払った保険者からの補償の請求（自賠法16Ⅳ）に応じるためである（自賠法71Ⅰ）。

　PI クラブ　これは，保険者側の保険バックアップ・システムではなく，被保険者側の相互補償システムである。これは，通常の船舶保険では被保険者である船主の損害防止義務を担保するために，あるいは事故招致インセンティブを縮減する目的で，一般に船舶価額の４分の３までしか船体保険を引受ない実務がある。そこで，被保険者である船主たちは非営利的船主団体である PI（Protection and Indemnity）クラブを結成して，クラブ加入船主の船舶の未付保部分をはじめ，当該船舶に関する荷主に対する責任保険，あるいは海難に遭遇した場合に船員に支払うべき手当などを相互保険しており，このような保険を PI 保険と呼んでいる（⇨213頁）。

第2章 保 険 法

2・1 新しい保険法の制定・施行

2・1・1 保険法の制定の流れ

　保険法とは，およそ保険に関するすべての法源を含む。そこで，本書が扱う私保険に関する法，その中でも，私人である保険者と，私人である保険契約者との間で締結される保険契約に関する法の法源をみてみよう。保険契約に関する法律として，改正前商法では商法第2編第10章と，同法第3編第6章（海上保険契約に関する部分。⇨210頁）が主たる法源であった。ところが，このたび新しい保険法が制定され，2010（平成22）年4月1日より施行されることとなった。これは，直接的には2006（平成18）年9月6日に法務大臣から，「広く社会に定着している保険契約について，保険者，保険契約者等の関係者間におけるルールを現代社会に合った適切なものとする必要があると思われるので，別紙『見直しのポイント』に記載するところに即して検討の上，その要綱を示されたい」旨の諮問が法制審議会に対してなされ，これにもとづいて，保険法部会において審議がなされるにいたった。なお，ここでいう「見直しのポイント」とは，第1に「規律の内容の現代化について」であり，第2が「現代語化その他の改正について」であったが，とくに第1については，①従来の商法で規定されなかった傷害疾病保険の典型契約化，②損害保険に関して，物保険の機能に応じた規律の見直しと責任保険ルールの整備，③高齢化社会に対応した多様なニーズにこたえられるよう生命保険の規律の見直し，および④保険契約の成立，変動，終了に関する規律について，保険契約者保護，保険の健全性維持，高度情報化社会への対応等に配慮した見直しなどが諮問された。そのため，新保険法では，これを受けて傷害疾病保険について，傷害疾病損害保険と傷害疾

病定額保険という2つの保険類型を設定し，前者は損害保険の一分野とされたが，後者については第3章に固有の類型として新たに規定されることになった。また，責任保険について，被害者保護を徹底するため，被害者の先取特権を法定し（保険22Ⅰ），また，原則として保険給付を請求する権利について，当該権利を譲渡し，質権の目的とすること，またはこれを差し押さえることが禁じられることになった（保険22Ⅲ）。また，生命保険や傷害疾病定額保険についても，保険金受取人に関する規定（保険43，72），同意の撤回が条件付きながら明文で規定される（保険58，87）とともに，遺言による保険金受取人の変更（保険44，73）も可能とされるにいたった。また，介入権制度も導入されることとなった（保険60，89）。告知義務に関しても，保険契約者保護が徹底されるべく，保険者から質問された事項について告知すれば足りるものとされ（保険4，37，66），また告知妨害に対する解除権の制限に関する規定も新設された（保険28Ⅱ，55Ⅱ，84Ⅱ）。

これとは別に，1908年ドイツ保険契約法にその淵源を求めることができる片面的強行規定も，ついにわが国でも導入されることとなったのである。

2・1・2 保険法の法源

このような保険法が，改正前商法第2編第10章に代わって新たな法源となったが，このほか，「自動車損害賠償保障法」，「原子力損害の賠償に関する法律」あるいは「地震保険に関する法律」なども保険契約の法源である。なお，前述したように，保険類似の共済については保険契約を規律する商法の規定の適用を免れてきた経緯があるが，保険法は2条1号において，名称のいかんを問わず，当事者の一方が一定の事由が生じたことを条件として財産上の給付を行うことを約し，相手方がこれに対して当該一定の事由の発生の可能性に応じた者として保険料（共済掛金）を支払うことを約する契約については，保険法の規制に服するものとなった。

商慣習法（商1）も保険契約の法源ではあるが，再保険に関して商慣習法を認めた判例がある程度である（大判昭15・2・21民集19・4・273）。

立法形態的に，わが国同様保険契約法を単行法として独立させるのは，1908

年のドイツ保険契約法と2008年1月1日施行のドイツ新保険契約法，1992年6月25日のベルギー陸上保険契約法などがある。スイス保険契約法やかつてのフランス保険契約法などもこの流れである。しかし，近時は保険法典という形で，契約法と監督法を統合するやり方も登場している。現在では，フランス保険法典や中国保険法などがこの手法をとっている。なお，これまでのわが国のように，民法や商法の中で規定する方式は，イタリアやオランダで採用されており，1942年のイタリア民法典（民商統一法典）は保険契約をその中で規律し，またオランダ商法には1838年以来保険契約に関する規定を包含してきた。オランダでは，2006年1月1日から，新たに保険契約に関する規定を，今度は新民法の中に設けることにした（総則，損害保険，定額保険の3部構成である）。

2・1・3 保険監督のための法

さらに，保険を営利目的で引き受ける主体，営利目的としないで引き受ける主体を監督し，そして保険の募集主体ないしその行為を規制するための法律として「保険業法」がある。なお，保険監督に関する保険業法以外の法律としては，「損害保険料率算出団体に関する法律」があり，料率カルテルについてはこの法律の範囲で独占禁止法の適用が排除される（同法7の3）。また地震保険については，「地震保険に関する法律」により責任の限度額が法定（地保法2Ⅱ④）される他，保険金の削減（地保法4）などの規制が別に定められることとなる。

2・2 普通保険約款

2・2・1 「約款」による取引

さて，実際の保険契約の内容を詳細に規定するのは保険会社が定める「普通保険約款」である。約款は，取引コストを削減し安価なサービスを提供するために案出されたもので，契約内容の定型化により大衆をサービスの需要者として組み込むことに大きな貢献をした。

もっとも，顧客にはサービスに関する十分な知識も保険会社と対抗できる取

引力もないので，保険会社が一方的に作成した普通保険約款の拘束力が大きな問題となる。知らない事項について合意がないということになれば個別に契約を締結せざるを得ず，大量取引による安価なサービスを受容する者のメリットはいちじるしく減殺されることになろう。しかし，たかだか当事者の一方が定めて契約の「雛形」にすぎない約款に，契約相手方の知・不知にかかわらず拘束力を認める根拠はあるだろうか。これについては，以下のような学説が唱えられてきた。

2・2・2　私たちは約款に拘束される

意思推定理論　大判大4・12・24（民録21・2182）の判決が採用した理論である。これによれば，とくに約款によらないという意思をあらかじめ表示しないと，約款による意思で契約したものと推定すると解する。この説はそれ自体すぐれたものだが，逆に約款によらない意思を証明すれば拘束力を失う点で問題が残る。

自治法理論　約款を当該取引圏における自治法規だとする説である。保険取引界において，当該取引に参加する者の間で法的拘束力を有し，その限りで約款の知・不知にかかわらず当事者を拘束するとする。もっとも法律の授権がないのに，当事者を拘束する根拠に欠ける欠点がある。これに対して，法規制定権限は国家に独占されるいわれはなく，契約も私人間の法規制定権限の行使であるとする見解も提起されている。これによれば，保険約款による取引は当事者の一方が法規制定権限を保険者に委嘱した結果，保険者がその授権により作成した当事者間に効力を有する法規なのであって，当事者をその限りで当然に拘束するとする。興味深い見解ではあるが，法規制定権限を約款作成者に授権する意思を擬制することはいささか行き過ぎのように思われる。また，電気事業法やガス事業法のように，電力会社やガス会社に対して，作成した約款による契約を強制する法律がある場合には，当該約款に法的拘束力を認める見解もあったが，これとても契約相手方まで拘束する趣旨ではないので（ガス会社と電力会社に対してのみ約款の使用強制），これを主張することは困難である。

白地慣習法説 この説は、結局約款の拘束力を当事者の意思に求めざるを得ないとの立場から、当該取引には約款が使用されるのが一般であるという白地慣習（その内容は問わない）があり、これに従う意思があれば、当事者はその約款に拘束されるという。しかしながら、いかなる条項についても包括的に拘束力があるかは疑問で、当該契約に、一般的に期待される限度（他の保険会社と契約した場合も同じように取り扱われるであろう、という期待）を超えた内容の約款規定にまで、それ以外の規定と同じように拘束力を認めることについては批判がある（「不意打ち条項」など）。特別約款の効力をめぐって争われた事例があり、この効力が否認された下級審判例がある（札幌地判昭54・3・30判時941・111など）ので、裁判所もかかる見解にも配慮する方向であるように思われる。

なお、最後に民法学者から約款の解釈について鋭い批判があることを付言しておく。この見解によれば意思の合致のない部分についてまで合意を擬制するとは行き過ぎであるという。なかでも近時有力なものは、契約内容を主要部分と周辺部分に分け、前者については個別合意を要しないが後者については特段の合意がないと当事者を拘束しないとされる。

2・2・3 立法・行政による約款への介入

立法が普通保険約款に介入することがある。近時の保険立法の多くは片面的強行規定で、保険者に有利には約款内容を定めることはできない。この伝統は、1908年のドイツ保険契約法以来のものである。その立法過程で、契約自由の原則に基づく任意の契約であっても、①司法権による合理的介入により、②保険者間の激しい競争により、③保険監督庁の行政介入により、それぞれ保険加入者側の利益は保護されるとした業界側の主張があったが、ヨーゼフ・フプカ（J. Pufuka）ら、当時の有力な保険法学者は、①について行使できる介入は限定的であること、②については、対保険者相互の競争はあっても対保険加入者関係ではカルテル的な行動を排除できないこと、③についても、監督庁の介入は保険者の健全経営に限られ、保険消費者保護には及ばないことを理由に、強行規定化に踏み切ったといわれる。任意法であったわが国についての過去の事

例から，これらの批判はほぼ妥当する。新しい保険契約法では片面的強行法化が定められたため，当該規定に反するものについては契約は無効とされることになった。

行政機関の介入は，理論的に可能である。これは約款が保険業免許とリンクしているからである。ただし，保険業法がいう「認可」（免許も同じ）は，行政法上の「許可」にあたり，私法上の効力には影響がない。したがって，無認可約款による保険契約があっても，当該約款を使用した保険者は営業停止，免許取消等の行政処分の対象とはなっても，強行法規に反しない限り当事者の契約上の効力に影響を生じない（最判昭45・12・24民集24・13・2187）。

2・2・4　司法による約款への介入

最後に司法による約款への介入についてであるが，たとえば，不明確約款については約款作成者の不利に解釈を行ったケースがある。自動車保険に関して，自動車がスピード違反で踏切に進入した事案において，保険会社は重過失免責を主張したが，裁判所はスピード違反を重過失とするのであれば，あらかじめ約款に規定する必要があるとしてこれを斥ける判決を下している。また，下級審ではあるが，商法の保険に関する任意規定を約款で排除するにしても，合理的な理由が必要だとする判決もある（秋田地判昭31・5・22下民集7・5・211）。なお，保険法では，消費者保護の観点から，告知義務などについても保険者の質問した事項について告知をすれば足り，また告知受領権の有無を問わず，保険媒介者の告知妨害については，保険者は原則的に保険契約を解除できないなど，従来の保険契約の考え方に比べれば，保険に不慣れな保険契約者が不測の損害を被る可能性は，相当程度低くなったと評価することはできる。

第3章　保険監督法

3・1　総　説

3・1・1　保険業はなぜ規制されなければならないか

規制の根拠　　保険契約者が保険料という金銭を出捐する見返りとして受け取る商品は保険である。それは，一般の商品とは異なり，購入時点ではこういう場合はこうなりますよという情報でしかない（情報財）。見えない，触れない，試してみることができない商品を，とにかく買う（実際には，その内容が約款に記載されているので，約款を買うともいえる）。その場合，保険会社は自己が提供する商品に関する知識をもちろん有しているだろうが，一般購入者は自分が購入しようとしている保険商品についてよく知らないのが現実である（情報の非対称性）。したがって，商品の供給者と需要者がそのような状態にあるとするならば，適正な価格と品質を保つ機能を保険市場には期待できなくなる（市場の失敗）。そこで，国家が介入して効率的な保険市場になるよう維持，監督することにより，保険者と保険契約者との間の溝を埋めることが要請されるのである。

　また，保険契約者一人ひとりの拠出した額は少ないかもしれないが，保険会社にはそれが積み重なった大量の資金が留保されている。それは，貸付けや有価証券の購入などを通じて世の中に出回る。そのような意味で，保険会社は金融仲介機能も担っている。保険会社の金融仲介は，個々の保険契約者とは離れたところで行われているが，保険会社が貸し付けた金銭が回収できなかったり，投資に失敗した場合にはどうだろう。そのように利用される資金は，そもそも保険金支払資金であるので，保険会社が他に流用した結果それが減少するようなことになれば，実質的に損害を被るのは保険契約者である。そのような意味

においても、保険会社の業務内容について、保険契約者のために目を光らせておく必要があるのである。

規制の目的　規制の根拠法である保険業法1条を読んでみよう。その文言によると、「この法律は、保険業の公共性にかんがみ、保険業を行う者の業務の健全かつ適切な運営及び保険募集の公正を確保することにより、保険契約者等の保護を図り、もって国民生活の安定及び国民経済の健全な発展に資することを目的とする。」という。さて、保険業法の目的は端的に何か。「により」という文言から、「保険業を行う者の業務の健全かつ適切な運営及び保険募集の公正を確保すること」が目的達成のための手段であることは分かる。「目的とする」という文言があるので、その直前の「国民生活の安定及び国民経済の健全な発展に資すること」が保険業法の目的であるようにもみえるが、その前の「もって」に注目してほしい。「A, もってB」という場合、Aを受けて、Aがなされたならば、達成されたならばBという状態になるという意味で「もって」が用いられる。そこでAは「保険契約者等の保護を図」ることであり、そうすればB, すなわち「国民生活の安定及び国民経済の健全な発展」が期待され達成されるということになる。したがって、A, すなわち「保険契約者等の保護を図」ることが保険業法の直接の目的なのである（金融商品取引法1、銀行法1など、参照）。

　保険業に認められる「公共性」とは何か。よく電気や水道、交通機関には「公共性」があるという。それらは恐らく、生活必需品として、私たち生活者が平等かつ公平に利用できるものでなければならないという理解がなされているからであろう（たとえば、憲法25）。それでは、保険業も同じような意味で「公共性」が認められるのであろうか。確かに、保険大国日本における保険の普及はめざましい。しかしながら、電気や水道、交通機関と同じ意味で「公共性」が使われているのではないだろう。ただし、保険業も、不特定多数の者、多数の生活者を相手としてその利害に大いに関わるものであり、保険業が不適正に行なわれるならば、その被害は多数の生活者に及ぶ。そこに、「保険の公共性」ではなく、「保険業の公共性」を強調する必要がある。

3・1・2 保険業法はどのような法律か

沿革 商法典において保険監督の規定を設けていた時代を経て、独立した単行法としての「保険業法」が成立したのは、1900（明治33）年である。その後、3度の改正を経て、1939（昭和14）年に全面的な改正（それまでの保険業法を廃止）が行われた。さらに1995年（平成7）年、現在の新保険業法を成立させた。半世紀以上のインターバルを経て成立した新保険業法の背景は、ひと言でいうと、保険業を取り巻く環境の急速な変化ならびに展開であり、そのキーワードは「消費者ニーズの多様化」、「金融の自由化」、そして「規制の国際的調和」である。時代の進展とともに私たちの価値観やライフスタイルの変化は、保険に対するニーズを多様化させ、先行した銀行、証券そして信託それぞれの業務の自由化の波は保険業をも巻き込み、さらに規制内容を国境を超えた保険企業の進出そして参入に対応したグローバルスタンダードを確立する必要に迫られたのである（1992（平成4）年6月17日保険審議会答申『新しい保険事業の在り方』）。

新保険業法の成立に伴い、「外国保険業者に関する法律」と「保険募集の取締に関する法律」は廃止され、それぞれの内容は新保険業法に吸収されている（その他、保険業法に基づく政令として「保険業法施行令」、内閣府令として「保険業施行規則」があり、そして「損害保険料律算定団体に関する法律」がある）。また、保険監督の権限は、かつての大蔵省から内閣総理大臣に移り、1997（平成9）年の金融監督庁、翌年の金融再生委員会、2000（平成12）年の金融庁、それぞれの設置にともない転々としたが、2001（平成13）年からは再び内閣総理大臣が有するものとなり、実際には、その委任を受けた金融庁長官が行使している（保険業313。本章の記述については、金融庁長官とする）。

保険業の意義 保険とはどのようなシステムかは前章までの記述で分かったと思うが、ここでは、保険業とは何かである。すなわち、保険業が規制の対象となるのであれば、その対象を明確にしなければならない。

保険業法2条1項は、保険業をつぎのように定義している。すなわち、「人の生死に関し一定額の保険金を支払うことを約し保険料を収受する保険、一定の偶然の事故によって生ずることのある損害をてん補することを約し保険料を

収受する保険その他の保険で，第三条第四項各号又は第五項各号に掲げるものの引受けを行なう事業（次に掲げるものを除く。）をいう。」と。2005（平成17）年改正前の定義規定には，以上の文言の前に「不特定多数の者を相手方として」が要件として盛り込まれていた。同年改正によりそれは削除され，①その相手方の数が1,000人以下で（保険業令1条の4Ⅰ），②保険期間が1年（損害保険にあっては2年・保険業令1条の5），そして③保険金額が1,000万円を超えない（保険業令1条の6）システムについて，「少額短期保険業」（保険業2条17項）として金融庁長官の登録を受けることが必要となった（保険業272Ⅰ）。一定のいわゆる「共済事業」についても保険業法の規制対象とすることにより，「根拠法のない共済」という規制の抜け穴をふさいでいる。とにかく，そのようなものを保険業としたうえで，保険業法3条4項各号または5項各号所定の免許の種類に応じた保険の引受けを事業として行う（反復して継続して行う）場合を保険業としている。免許を受ける保険の引受けを事業として行うことを，形式的に保険業としているのである。

3・2 保険業規制の内容

3・2・1 保険業を行うには

免許主義　保険の引受け（商502⑨）を行おうと思っても，そう簡単ではない。保険業は，金融庁長官の免許を受けた，しかも会社でなければ行なうことはできない（保険業2Ⅱ・3Ⅰ）。したがって，わが国では，個人で保険の引受けを業として行うことはできないのである。免許を申請して設立される保険会社は，資本金の額または基金の総額が10億円以上の株式会社または相互会社（⇨38頁）でなければならない（保険業6Ⅰ・Ⅱ，保険業令2条の2）。保険業は，いわゆる「大数の法則」を成立させるだけの多数のリスク主体を集めなければならない。そして，事業運営と信用確保のためにはそれ相応の経済的規模，安定した資産を必要とすると考えられるので，小規模株式会社や人的信用を基礎とする合名ないし合資会社，合同会社，あるいは組合（共済は別問題）が保険業を営むことはできないとしたのである。免許付与のための審査（保険

業 5) を通じて，さらに保険業を行政の実体的監督の下におくことで，「保険業を行う者の業務の健全かつ適切な運営」を確保しようとしている（保険業 1）。

免許の種類　与えられる免許は，以下のとおり「生命保険業免許」（保険業 3 Ⅳ）と「損害保険業免許」（保険業 3 Ⅴ）の 2 種類である。いわゆる第三分野の保険と呼ばれる傷害保険ないし疾病保険は，それのみでは免許を受けることはできないが，生命保険業免許でも，損害保険業免許でもそれぞれ認められる（したがって，それは生命保険会社も損害保険会社も扱うことが可能）。

生命保険業免許（保険業 3 Ⅳ）		損害保険業免許（保険業 3 Ⅴ）
① 人の生存または死亡（当該人の余命が一定の期間以内であると医師により診断された身体の状態を含む）に関し，一定額の保険金を支払うことを約し，保険料を収受する保険（②ハに掲げる死亡のみにかかるものを除く）		① 一定の偶然の事故によって生ずることのある損害をてん補することを約し，保険料を収受する保険
上記①に併せて		
③ 損害保険業免許①に掲げる保険のうち，再保険であって①または②に掲げる保険に係るもの	第三分野の保険 ② 次に掲げる事由に関し，一定額の保険金を支払うことまたはこれらによって生ずることのある当該人の損害をてん補することを約し，保険料を収受する保険 イ 人が疾病にかかったこと ロ 傷害を受けたことまたは疾病にかかったことを原因とする人の状態 ハ 傷害を受けたことを直接の原因とする人の死亡 ニ 人の死亡を除き，イまたはロに掲げるものに類する事由（出産を原因とする人の状態，老衰を直接の原因とする常時の介護を要する身体の状態，骨髄の提供を原因とする人の状態。保険業規則 4） ホ イ，ロまたはニに掲げるものに関し，治療に類する行為（助産師が行う助産，柔道整復師が行う施術，医師の指示に従って行うあん摩マッサージ指圧師，はり師またはきゅう師が行う施術。保険業規則 5）	③ 生命保険業免許①に掲げる保険のうち，人が外国での旅行のために住居を出発した後，住居に帰着するまでの間（海外旅行期間）における当該人の死亡または人が海外旅行期間中にかかった疾病を直接の原因とする当該人の死亡に関する保険

生損保兼営禁止と子会社方式　ひとつの保険会社が生命保険業免許と損害保険業免許を同時に取得することはできないので，一般的にいって，保険会社は生命保険事業と損害保険事業とを合わせて行うことはできない（生損保兼営の原則禁止。保険業 3 Ⅲ）。生命保険はヒトの生死に関してかなりの程度に確実なデータに基づく比較的長期の契約であり，損害保険はさまざまなモノの多

様なリスクを扱い生命保険よりも短い契約といわれている。すなわち，引き受けるリスクの質と程度が異なり，ひとつの保険会社が両者を扱うには適さないと考えられている。それでも，そのようなリスクの差は計算技術の発達により埋まってきているのでそれほど生損保兼営禁止の理由とは考えられなくなってきている。現在は，それぞれのリスクを引受主体で遮断できればよいので，生命保険会社の子会社が損害保険業免許を取得し，損害保険会社の子会社が生命保険業免許を取得して，それぞれその事業を行うことを認めている（子会社方式による相互参入。保険業106以下）。

3・2・2　保険会社は何をしているか（何ができるか）

固有業務・付随業務　保険会社の業務のうち，本来の業務といえるのが「固有業務」である。すなわち，取得した免許の種類に従った保険の引受け（保険業97Ⅰ），そして有価証券の取得や内閣府令に定める方法による資産運用（保険業97Ⅱ，保険業規則47）がそれである。固有業務とまではいえないが，その質や量の点から固有業務とともに行うことができるのが「付随

実体的監督の方法

保険業法は実体的監督主義を採るといわれ，そのために各保険会社は事業年度毎の業務，財産状況について業務報告書の作成，提出が義務づけられており（保険業110），監督機関である金融庁に以下のような権限を認めている。
- 基礎書類の変更の認可（保険業4Ⅱ②～④・123Ⅰ）
- 報告聴求権，立入検査権（保険業128・129）
- 基礎書類の変更命令（保険業131）
- 業務の全部，一部の停止命令（保険業132）
- 取締役，監査役の解任命令，免許の取消その他監督上必要な措置（保険業133・134）

そして，保険会社の財産上の安全性を見極める基準として「ソルベンシー・マージン（solvency margin・支払余力）基準」を採用している（保険業130。銀行などの自己資本比率基準に相当）。すなわち，資本（基金，資本金，法定準備金，任意積立金など），価格変動準備金，危険準備金，株式や不動産の含み益などで構成される「ソルベンシー・マージン」を，保険リスク（第三分野保険リスクを含む），予定利率リスク，最低保障リスク，資産運用リスク，そして経営管理リスクで構成される「リスク」の合計額で除した数値を金融庁の介入の判断基準としている（金融庁が各改善命令，業務の全部ないし一部の停止命令を発するのは，その数値が200％に満たない場合である。それで十分か……）。
ソルベンシー・マージン比率＝ソルベンシー・マージン／リスクの合計額

業務」である。それには，他の保険会社の業務の代理，事務の代行（保険業98Ⅰ①），債務の保証（保険業98Ⅰ②），国債，地方債等の引受け，引き受けた国債等の募集の取扱い（保険業98Ⅰ③），金銭債権の取得または譲渡（保険業98Ⅰ④），有価証券の私募の取扱い（保険業98Ⅰ⑤），デリバティヴ取引（保険業98Ⅰ⑥）などがある。

法定他業 以上のような業務は広い意味で保険業といえるけれど，保険会社は保険業以外の業務を行うことで，その他業のリスクが保険業に影響を与え，その財産を危うくさせるようなことはあってはならないはずである（他業禁止。保険業100）。それでも，固有業務の「遂行を妨げない限度において」，保険業法は「法定他業」として保険会社に限定的に行うことを認めているものがある。それは，公共債の売買（ディーリング）や公共債の売出しの目的をもってする媒介，取次，代理ならびに売出しの募集，取扱い（保険業99Ⅰ，金融商品取引法33Ⅱ），社債の募集または管理の受託，そして保険金信託（生命保険会社のみ）（保険業99Ⅱ）である。

3・2・3 保険会社が経営危機に陥った場合にはどうするか

契約内容の変更 保険会社の経営は金融庁の監督の下に行われるが，思わぬ経営環境の変化やその対応の失敗，あるいは獲得契約高の減少により，契約締結時に約束した保険金の支払いを行えない蓋然性が高くなることがある。特に長期の契約である生命保険にあっては，契約締結時に設定した予定利率が負担となり，会社の維持そのものが困難となる場合がくるかもしれない。保険会社の経営者はその手腕で会社の財務状態を健全なものにするよう，そして約束した保険金の支払いを確保するよう賢明に経営するであろう。約束は守られなければならないはずであるが，もし約束の相手方が許してくれるのであれば，その約束の内容を変更して（負担を軽くして）契約を継続することができるならば，約束の両当事者にとって将来的に好ましいことかもしれない。そこで，保険会社が破綻する前にそれを回避し保険契約者等の保護を図るためにやむを得ない場合には，保険金額の削減その他の契約条件の変更，例えば予定利率の引下げを認めることとした（⇨254頁）。

保険会社は，その業務または財産の状況に照らして保険業の継続が困難となる蓋然性がある場合には，契約条件の変更を行わなければ保険業の継続が困難となる蓋然性があり，保険契約者等の保護のため契約条件の変更がやむを得ない旨および理由を文書をもって示し，金融庁に対して保険金額の削減その他の契約条件の変更を行う旨を申し出ることができる（保険業240の2）。保険会社自身が契約条件の変更を申し出ることができるのであり，金融庁が変更を命じるものではない。すなわち，経営危機回避の方策のひとつとして保険会社あるいは契約者の自治により，以下のような手続を経ることでその集団的処理を法的に認めたものである。

　以上のような申出が金融庁によって承認されたならば（金融庁は変更内容が保険契約者等の権利を不当に害していないかを保険調査人に調査させることができる。保険業240の8。また，承認されたことにより保険契約者等が大量の解約請求をせまり，手続が混乱しては困るので，金融庁は保険会社に対し解約にかかる業務の停止を命じることができる。保険業240の3），保険会社は契約条件の変更案について株主総会（あるいは社員総会または総代会）の特別決議を経なければならないが（保険業240の5），その決議を行うべき日の2週間前から，①契約条件の変更がやむを得ない理由，②契約条件の変更の内容，③契約条件変更後の業務および財産の状況の予測，④基金および保険契約者以外の債権者に対する債務の取扱い，⑤経営責任に関する事項，に関する書類を各営業所または各事務所に備え置き，保険会社の株主または保険契約者の閲覧・謄写に供しなければならない（保険業240の7）。

　特別決議を経た変更案は金融庁の承認（保険業240の11）を得た後2週間以内に，契約条件の変更の対象となる保険契約者（変更対象契約者）に異議を述べさせるために（その期間は1か月を下ってはならない），契約条件の変更の主たる内容を公告し，変更対象契約者に通知しなければならない（保険業240の12。異議を述べた者が変更対象契約者の10％を超え，かつ，その者の保険契約にかかる債権額が変更対象者の当該金額の10％を超えるときは，契約条件の変更はできない）。保険会社は，契約条件の変更後，遅滞なく，契約条件を変更したことを公告しなければならない（保険業240の13）。

金融庁の介入 それでも,「保険会社……の業務若しくは財産の状況に照らしてその保険業の継続が困難であると認めるとき,又はその業務……の運営が著しく不適切でありその保険業の継続が保険契約者等の保護に欠ける事態を招くおそれがあると認められるとき」には,金融庁長官は,そのような保険会社（破綻保険会社）に対して次のような命令を発し,保険契約者等を保護しようとする（保険業241～249の4）。①業務の全部または一部の停止命令（業務停止命令），②保険契約の包括移転または合併の協議その他必要な措置を講ずべきことの命令（移転・合併協議命令），そして③保険管理人による業務および財産の管理命令（管理命令）である。

　破綻保険会社の保険契約者にとって最大の関心事は,自分の保険契約がどうなってしまうかであろう。そこで,破綻した保険会社を一般事業会社のように精算して残余財産の分配にあずかるよりも,保険契約については他の保険会社（救済保険会社）に引き継いでもらうこと（包括移転。保険業135以下）がベターである。

保険契約者保護機構 救済保険会社にとっては,破綻保険会社の保険契約を引き受けたことによって,今度は自分がそれに耐えられなくなり破綻に至っては困る（包括移転する保険契約については,保険金の削減や契約条件の変更を行うことが認められているが。保険業250以下）。そこで,救済保険会社が現れないときは,自らが破綻保険会社の保険契約を引き受けることも行う「保険契約者保護機構」が設立された（保険業259以下）。それは,保険会社がその会員となって,その収入保険料および責任準備金の額に応じて負担金を拠出し,救済保険会社への資金援助,あるいは自ら引き受けた破綻保険会社の保険契約の維持に努めるものである。保険会社が破綻した場合には,保険業界が自らその救済を図り保険契約者等を保護していこうとする対応である。それでも,保険業界自体がその負担に耐えきれず,保険業界に対する信頼性を損ねてしまうことは好ましくないので,現在は,破綻した生命保険会社について,2012（平成24）年までは政府補助を行うことができるとされている（セーフティネット）。

3・2・4 「相互会社」って何

相互会社とは 相互会社とは，保険業を行なうことを目的として，保険業法に基づき設立される保険契約者をその社員とする社団である（保険業2Ⅴ・18以下）。社員相互の扶助精神を理念とする保険思想は，とくにヒト保険において尊重されたといえるが，それでもわが国の生命保険会社のスタートは営利目的の株式会社であった（1881（明治14）年設立の明治生命保険株式会社）。その後，保険業法の整備成立に尽力した矢野恒太が1902（明治35）年にわが国相互会社としては最初の「第一生命保険相互会社」を設立し，戦後の保険会社の経営危機は既存の保険株式会社から相互会社への移管を促進させ，現在も主要な生命保険会社の一部は相互会社形態をとっている。

相互会社は，社員となる者が相互に保険を引き受け合う（相互保険）契約を締結することにより結合している社団である。そして，その社団としての意思決定も社員が行ない，基本的には株式会社とは異なり営利を目的としない中間法人と理解されている。したがって，新しく相互会社の相互保険に加入しようとする者は，社団と入社契約を結び社員となるのである。現象面では，加入者は社員であると同時に保険契約者でもある。加入者は保険相互会社の社員としての会社に対する権利および義務と保険契約者としての権利および義務を有することになるが，その社員関係と保険関係との理解に基づく加入者の法的地位について争いのあるところである。現在の保険相互会社と保険株式会社との間における構造的な均質化と社員個々人の意識，また，社員でない保険契約が認められるに至っていることは（非社員契約。保険業63），現実としてその議論の

相互会社		株式会社
中間法人（保険業18）	法的性質	営利法人（会社3，105Ⅰ①）
基金拠出者（保険業23Ⅰ⑤）	出資者	株主（会社104）
社員（保険業2Ⅴ，55の2以下）	構成員 損益の帰属者	株主（会社105Ⅰ①）
社員総会（保険業37以下） ・社員総代会（保険業42以下）	意思決定機関	株主総会（会社295）
取締役・取締役会（保険業51。執行役，保険業53の24以下）	運　営	取締役・取締役会（会社348，362）

実益を奪っているとはいえ，相互会社の存在が認められている以上，保険関係を社員関係の内容として吸収されると説く社員関係説が妥当ではないか。

「相互会社」から「株式会社」への組織変更　保険相互会社は，保険思想のうえでは評価できる組織形態であり，また，手続的には保険契約者が社員として経営について発言できる機会があることも魅力である。それでも，最近の企業再編やその必要性からは相互会社組織をどこまで維持できるかに懸念がもたれている。たとえば，資金調達の面からは新たな基金の募集（保険業60）や社債の発行が認められているが（保険業61），それでも多様な資金調達の方法（たとえば，新株発行）が必要であるし，他の企業との結びつきを強化するため（たとえば，株式の相互保有，持株会社の設立）には株式会社形態を選択することの方が企業経営にとっては賢明であるといえそうである。そして，保険会社の経営を株式市場の評価にさらすことも考えられる。

そこで，1995（平成7）年の改正により，保険業法は，保険相互会社から保険株式会社への組織変更（demutualization）の規定を整備した（保険業85以下。なお，株式会社から相互会社への組織変更は，保険業68～84）。とりわけ，相互会社の社員にとって（すなわち保険契約者にとって），組織変更後の株式会社の株式がどれほど割り当てられるのかが問題である。その割当ては，会社資産への貢献度としての「寄与分」を基準として行われる。「寄与分」とは，「社員の支払った保険料及び当該保険料として収受した金銭を運用することによって得られた収益のうち，保険金，返戻金その他の給付金の支払，事業費の支出その他の支出に充てられていないもの」から「当該社員に対する保険契約上の債務を履行するために確保すべき資産の額」を控除した額である（保険業89）。実際には，それほど期待できないかもしれない。上述した「第一生命保険相互会社」は，2010（平成22）年4月1日から株式会社に組織変更し約150万人が株主となっている。

これも保険？──金融時限爆弾 CDS ──

　変転極まりない現代社会を生きるということは，予想もつかないリスクから身を守ることに腐心することだ。保険は，まさにその申し子で，保有する財貨の滅失リスク，自己の生命の死亡リスクや生存リスク，あるいはさらに自己の行動からもたらされる損害賠償リスクなどに対応するために，さまざまな保険商品が開発されてきた。ところが，保険のメカニズムそのものは賭博のそれと変わらないので，一攫千金のビジネス・モデルも登場する。たとえば，火災保険に代表される損害保険の多くは，ある財貨の保有者（被保険者）がある条件の下で，火災の発生によって劣化してしまった財貨を当初の価額で売りつける権利を，あらかじめ相手方（保険者）から購入しておく契約であるといってよい。それがオプション（選択権）と呼ばれるのは，目的物の価額が現状を維持している場合には当初の価額で売却する権利を放棄する選択権がオプションの買い手に与えられているからである。オプションの売り手（Option writer）にとって，劣化した財貨の買取件数が増加すると，価額が上昇した財貨を安値で購入する可能性は期待できないので，結果的に予想もしない損害を被ることになる。したがって，リスク平均化が可能なもののみが保険の対象となるのである。この逆がコール・オプションで，買付権がオプションとなる。たとえば，将来のある時点での株式の売買価額をあらかじめ約定しておけば，市場取引価額がそれより高い場合には転売利益が見込めるため権利を行使し，低い場合には権利を放棄するオプションがあり得る。新株予約権やストック・オプションがそれである。この場合，オプションの売り手としては，株価が暴騰してしまえば，莫大な出費をして手に入れた株式を二束三文で売却する羽目に陥るから，売り手は，保険のようにリスク分散を図れないと経済的に破たんする危険も少なくない。

　ところが，「物理的には分解不可能な集積・累積リスクを経済学的に分解しようという動向」が近年高まってきた。デリバティブ商品の登場がそれである。たとえば，ある債権の信用リスクを一定のプレミアム（CDS fee または spread）を支払ってヘッジする CDS（credit default swap）という商品が有名である。与信業を営む者（銀行など）は，つねに貸出先が倒産し不良債権化するリスクを負っているが，もしこれが100％ヘッジ可能であれば，プレミアム（四半期ごとに担保される債権額の100ベイシス・ポイントといった具合で支払われる。1bp は0.01％）より高い貸出金利さえ設定しておけば，もはや銀行には債権が貸し倒れるというリスクはないことになる。これは債権を担保する一種の保険のように見え，担保されている債権先が倒産した場合（credit event）には，債権の額面または債権の減少部分が CDS の売り手から買い手に支払われることになる。もっとも，そのための計算は，当該債権の破たんリスクのみならず，売り手の破たんリスクも組み込んで計算しなければならないため著しく複雑で，しかもこのような商品が大量に売買されるようになると，リスク相互が影響しあうため一部の信用リスクの上昇によって CDS の売り手の資産状態が一気に悪化する複雑で集積的なリスクである。そもそも，CDS は保険のように危険を分散できる構造を持たないので，厳しい保険規制が課されていないし，時価会計基準によってもいない。保険会社の場合，大数の法則に基づく危険準備金の積み立てでリスクに対処することになるが，CDS の売り手では，保険のようなリスク平均化が困難なので，他の業者と保有 CDS を相殺したり，債券市場での売買を通じてリスク移転を図るデリバティブ商品である。したがって，ひとたび信用リスクが発生すると，市場での転売（リスクの他者転嫁）は著しく困難になってしまい，CDS の買い手が保険のつもりでヘッジしたと思っていたビジネス・リスクが，ふたたび不良債権として帳簿の上に登場してしまうのである。時限爆弾あるいは大量破壊兵器といわれるゆえんである。

3・3 保険募集規制

3・3・1 募集行為はなぜ規制されなければならないか

沿革 私たちの生活あるいは経済活動においてリスク管理に関する思想が浸透していなかったころには、保険契約者は、地域の名士であったり一部の資産家に限られていた。その後の急速な保険商品の生活への浸透は（保険思想の浸透ではない），保険会社の積極的な販売競争を加速させることになる。ときに，保険をよく知らない人びとに，その無知につけ込んだ不正な募集行為，たとえば，あいまいで良いことばかり書いてある書面（不正刊行物）を用いて保険契約者を欺く行為，契約の不当な乗り換え勧誘，約款を提示しないことなどが行われ，さらに募集を行う者の完全歩合給制もひとつの原因として，保険会社間の過当競争を招いていた。そこで，いわゆる業界の自主規制での対応の限界から，1931（昭和6）年商工省省令「保険募集取締規則」（生命保険および徴兵保険の募集のみを対象とする）の制定を経て，募集主体の登録制を採用しその行為を規制する「保険募集の取締に関する法律」が1948（昭和23）年に成立した。その後現在は，先にも述べたように募集に関する規制も1995（平成7）年新保険業法に組み込まれている。

規制の目的 もう一度，保険業法1条をみると，「保険契約者等の保護」を図るために「保険募集の公正を確保すること」も唱われている。それでは，募集行為を規制することによって保護されるべき保険契約者等の利益は何か。保険商品は見えない，触れない，難しい商品であり，保険事故が起こってみなければその真の価値は保険契約者には分からない。また，保険商品のそのような特性から，「買う商品でなく，売られる商品」として，保険者サイドからの積極的な販売活動が展開されるのである。そういう状況の中で，保険契約者が自己に最も適した，必要な保険契約を締結する（保険商品を購入する）ことはかなりやっかいである。もちろん，契約するのもしないのも自由であるし，それなりの勉強も必要である（自己決定権と自己責任）。それでもやはり，保険契約の特殊性は，保険の募集に際して，相手方の申込の意思を形成す

る材料を正確に分かりやすく提供することを募集に従事する者に期待し，それによって相手方の申込の意思が正当に形成されるという利益が保護される必要がある（「保険契約者等」には，契約締結前の潜在的保険契約者，見込客，さらに被保険者，保険金受取人が含まれる）。そこで，募集ができる者，その行為，そして不幸にも保険契約者等に損害が生じた場合の手当がなされるのである（以上は，一般消費者を念頭においての理解であるが，企業を相手とする募集については「契約自由の原則」がおおむね妥当する）。

「保険募集」とは　「保険募集」とは保険業法2条22項において，「保険契約の締結の代理又は媒介を行うこと」と定義付けられている。「代理」とは，保険会社を代理して相手方と保険契約の締結を行う，すなわちその者と相手方の意思表示の効果が保険会社に及ぶ行為（法律行為）であり，「媒介」とは保険会社と相手方との間で保険契約が締結されるよう尽力すること（法的効果を発生させない事実行為）である。したがって，自分の目の前にいる募集人は「代理」をする者なのか，「媒介」をするにすぎない者なのか，それを見極めることは自分のなした意思表示が保険者に及ぶのか，またはその者の意思表示が保険者の意思表示なのかを決定する意味でも重要である。そこで，募集人は募集行為を行なおうとする場合に，その相手方に対して自己が保険会社の代理人として契約を締結するのか，または保険契約の媒介をするにすぎないのかを明示することが要求される（保険業294）。

3・3・2 どのような者が保険募集を行うことができるか

保険募集人　保険募集を行う者は登録が必要である（保険業275・276）。登録の申請，審査，登録の実施ないし拒否，あるいは登録の取消ないし抹消手続を通じて，保険契約者等に損害を与えるおそれのある募集人を淘汰しようというのである（保険業276〜281・287〜289・307・308）。保険業法の規定する「保険募集人」（保険業2 XXIII）には，次頁の表のように「生命保険募集人」，「損害保険募集人」，そして「少額短期保険募集人」があり，登録が必要な募集人は，生命保険募集人，損害保険代理店，そして特定少額保険募集人（保険業275 I カッコ書き）以外の少額短期保険募集人である（特定保険募集人。保

険業276)。

　保険会社の監査役は，その職務上，保険募集はできないこととした。また，代表権のある役員の行う行為は会社そのものの行為であり，「保険募集」には該当しない。おそらく注意が必要なのは，「損害保険代理店」（保険業 2 XIII）であろう。「代理店」という名称から当然に代理権を有しているものと思われがちだが，保険契約の「媒介」をなすにすぎない「代理店」もあるのである（保険業21Ⅰ→会社16：「締約代理商」「媒介代理商」）。

生命保険募集人 （保険業 2 XIX）	損害保険募集人 （保険業 2 XX）	少額短期保険募集人 （保険業 2 XXII）
① 生命保険会社の役員（代表権ある役員，監査役を除く） ② 生命保険会社の使用人 ③ ①②の使用人 ④ 生命保険会社の委託を受けた者（法人でない社団または財団で代表者または管理人の定めのあるものを含む） ⑤ ④の役員もしくは使用人	① 損害保険会社の役員・使用人（代表権のある役員，監査役を除く） ② 損害保険代理店：「損害保険会社の委託を受けて，その損害保険会社のために保険契約の締結の代理又は媒介を行なう者（法人でない社団又は財団で代表者又は管理人の定めのあるものを含む。）で，その損害保険会社の役員又は使用人でないものをいう」（保険業 2 XXI） ③ ②の役員・使用人	① 少額短期保険業者の役員もしくは使用人 ② 少額短期保険業者の委託を受けた者（法人でない社団または財団で代表者または管理人の定めのあるものを含む。） ③ ②の役員もしくは使用人

保険仲立人　　保険仲立人とは，「保険契約の締結の媒介であって生命保険募集人，損害保険募集人及び少額短期保険募集人がその所属保険会社のために行う保険契約の締結の媒介以外のものを行う者（法人でない社団又は財団で代表者又は管理人の定めのあるものを含む。）」をいう（保険業 2 XXV）。もちろん，登録が必要である（保険業286）。保険仲立人は，特定の保険会社に属さない，特定の保険会社を代理しない，保険契約の媒介を行う仲介者（保険ブローカーと呼ばれることがある）である（保険業293→商544，546〜550）。保険業法が改正される際に強調された（期待された）保険仲立人の機能は，依頼人の利益のために依頼人にとって最適な保険商品を選択し推奨することであった。そこで，保険仲立人は様々な保険商品の中からその依頼人にとって最適な商品を

選び出し、依頼人のためにその保険会社と交渉し、顧客が満足する保険契約の締結に向けて努力する保険募集チャネルである。

販売チャネルの展開 保険者の契約獲得競争と契約締結を望む者の保険商品への多様なアプローチ（利便性）の確保は、さまざまな募集チャネルが展開する可能性を期待している。前述したような保険業法が規定している募集人の典型は、生命保険会社の営業職員（原則として特定のひとつの会社の保険募集を行う者であるが（一社専属制。一部例外として複数の会社のための募集も可。保険業282Ⅲ、保険業令40））と、損害保険会社の代理店（保険募集のみを専業として行う「プロ代理店」、他の業務を行いながら保険代理店を営む「兼業代理店」、さらに複数の会社の募集を行う「乗合代理店」がある）、そして保険仲立人である。これまで、とくに生命保険商品の募集、販売といえば個人の営業職員がその重要な戦力として位置づけられてきたが、人件費の削減のために既存の損害保険代理店に募集を委託する傾向がでてきた。また、生命保険会社の営業職員がその損害保険子会社の代理店として損害保険の募集を行ったり（クロスマーケティング）、損害保険会社の代理店がその損害保険会社の生命保険子会社の商品を扱っている。そして、直接に保険会社に電話やインターネットで申込み（direct sales）が行われるようになった。さらに証券会社が保険会社と代理店契約を締結したり、2001（平成13）年4月から、銀行の窓口で保険の販売（募集）が認められるようになった（保険業275、保険業令39）。

3・3・3 どのような募集行為が規制されるか

情報提供規制 私たちにとって、募集人から提供される情報は自己の意思決定において重要な材料である。保険業法はその300条において、募集人が保険契約の締結または保険募集に際して行ってはならない行為（禁止行為）を列挙しているが、保険業法の改正時の議論、その経緯から保険契約者の利益のためには必要な情報を積極的に募集人が提供するよう期待していると考えられる。

① 正確な情報の提供・重要な契約事項の説明（保険業300Ⅰ①）

保険募集人が募集を行っている保険商品についてその相手方に対して正確な

情報提供を行うことは当然であり，たとえば，保険料ならびに保険金に関する事項，告知義務に関する事項，保険者の免責事由，特約事項については顧客の理解可能性を基準とした具体的説明が必要である。

現在では，金融庁の事務ガイドライン（「保険会社向けの総合的な監督指針」）において，重要な事項のうち顧客が保険商品の内容を理解するために必要なものとして「契約概要」と，顧客に対して注意を喚起すべきものとして「注意喚起情報」を提供しなければならないとされている。

② 乗り換えに関する正確な情報の提供（保険業300Ⅰ④）

保険契約者が契約の見直しを行う際に，既契約を消滅させて新たに保険契約を締結することに伴うメリット・デメリットの比較は重要なことである。そこで，保険募集人が乗り換えを伴う募集行為を行う場合には，保険契約者または被保険者に対して，不利益となるべき事実を正確に告げなければならない。

③ 比較情報，将来予測情報の提供（保険業300Ⅰ⑥・⑦）

顧客にとって，ますます多様化する保険商品の中から自己に適したものを選択するには，それぞれがどのような商品なのか，Aという商品とBという商品はどこが違うのか，または積立型商品における配当の額が気になるところである。もちろんそれぞれの商品を正確に比較することは困難かもしれないけれど，その比較基準を明確にしたうえで，あるいは将来の合理的な予測基準に基づく配当額を提供することは顧客の商品選択において有益である。

その他の行為規制 保険業法はその他，禁止行為として以下のことを規定している。保険契約の締結の際に，告知事項に関して告げてしまうと契約者にとって不利益になる場合（負担する保険料が上がる），あるいは契約の締結に至らない場合がある（募集人の募集成績にも反映する）。そこで，募集人が告知すべき事項を秘してとにかく顧客に契約させようとする。保険者が必要な情報を入手できず，また正確な情報に基づく計算が行われなければ，保険システムの合理的運営はままならない。他方保険契約者にとっては，後で告知義務違反により保険者に契約を解除されたらたまらない（保険28Ⅰ，55Ⅰ，84Ⅰ）。そこで，募集人が告知義務者の告知を妨害する行為または告知義務者に告知義務違反を勧める行為は禁止される（保険業300Ⅰ②・③。なお，保険28Ⅱ

②③，55Ⅱ②③，84Ⅱ②③。⇨148頁，257頁）。

　他の一般商品を購入すると，その価格の割引きがなされたり「おまけ」ないし御礼の品をもらえるときがある。それらは，販売戦略として効果的であり，購入者にとってもうれしい。保険募集の際にはどうであろうか。特定の顧客（保険契約者）に保険料の割引きを認めることは，保険契約者の平等待遇の原則ないし契約者間の公平性（保険団体構成員の公平性）に反し認められない。また，募集人の保険料の立替えも保険料の確保という点から好ましくない。したがって，保険業法はそれらの行為を禁止する（保険業300Ⅰ⑤）。ただし，保険加入に際し御礼として渡される比較的に少額の商品（たとえば，ティッシュペーパー，うちわ，タオル，etc.）は，世間一般の社会通念ないし常識に任されることになろう。

保険仲立人の誠実義務　保険仲立人制度の導入に伴い，保険仲立人の固有の義務として，「保険仲立人は，顧客のため誠実に保険契約の締結の媒介を行わなければならない」と規定された（保険業299）。これを，保険仲立人の誠実義務という。保険仲立人は，他の募集主体とは異なり所属保険会社は存在せず，顧客の委託に基づき保険契約の締結に向けて最大限努力しなければならない。そのために保険仲立人は，第1に顧客の有するリスクの内容を正確に把握し，第2にそれに応じた保険契約の選択のための最善のアドバイスを提供し（best advise rule），第3に顧客が選択した（場合によっては保険仲立人が選択して推奨し，顧客が応じた）保険契約を保険会社と締結するために尽力する必要がある。特に，保険仲立人に限ったことではないが，金利や通貨市場の指標に連動して受取金額が変動するタイプの保険契約（特定保険契約）の募集については，いわゆる「適合性の原則（suitability rule）」が適用される（保険業300の2，金融商品取引法40）。

3・3・4　募集人が顧客に損害を与えた場合

所属保険会社等の賠償責任　所属保険会社等（保険業2 XXIV）は，生命保険募集人または損害保険募集人が保険募集につき保険契約者（見込み客も含まれる）に加えた損害を賠償しなければならない（保険業283Ⅰ）。所属保険会社

等と各募集人との関係は，雇用の場合，委託の場合とさまざまなので民法715条では対応できない場合に備えてその責任の所在を明確にし，また保険契約者にとっても所属保険会社等が責任を負うことで安心してつきあえることになる（もちろん，賠償責任を履行した保険会社は，加害募集人に対してそれを求償できる。保険業283Ⅲ）。

保険仲立人の直接責任 保険仲立人は前述の募集人とは異なり所属保険会社等をもたないため，当然にその顧客に対して直接責任を負わなければならない（民415・709）。そこで，保険仲立人に賠償請求に耐えられるだけの資力がなければ，顧客は救われない。それを担保するために，保険仲立人は，保証金を主たる事務所の最寄りの供託所に供託することが要求され，その旨を金融庁長官に届け出た後でなければ保険契約の締結の媒介を行うことができないとされている（保険業291Ⅰ・Ⅴ。供託金の額は，最低4,000万円，その後の収入手数料等の額に応じて増加する。保険業291Ⅱ，保険業令41）。それにより，保険仲立人に媒介を委託した保険契約者，被保険者ないし保険金受取人は，その媒介に関して生じた債権に関し，優先して保証金から弁済を受けることができる（保険業

「代理店の人はいってくれなかった」

Xの長女Aさんは18歳になったので，念願の自動車運転免許を取得した。そこでAさんは，父親Xが所有する自動車を運転していたところ，不注意から歩行者Cさんに接触し傷害を負わせてしまった。Cさんからの損害賠償請求に対し，自動車保険でまかなおうと思ってXが本件自動車についてY保険会社と締結していた自動車保険を確認して驚いた。その自動車保険契約には，その運転者が26歳未満の場合には担保されない旨の条項（年齢制限条項）が含まれていたのである。やむなく，X（A）は賠償金を他から調達しなければならなかった。XはY保険会社に対して，保険金の給付が受けられなかった損害の賠償を以下の理由から請求した。本件保険契約の更新に際して，Yの代理店Dは，Xの家族構成，とくにその長女Aが免許を取得し本件自動車を運転する可能性があることを知りながら，年齢制限条項について適切なアドバイスをしてくれなかった。そのような代理店Dの不作為により保険金の支払いを受けられなかったという損害が発生したのであり，Y保険会社はその責めを負う，と。

保険金給付の有無を左右するような年齢制限条項が，重要な契約条項として保険募集人の説明しなければならない事項であることに疑いはない。それでは，年齢制限条項自体の詳しい内容の説明以上に，より積極的に顧客の家族構成等にピッタリする保険契約を薦めなければならない法的義務が保険代理店にあるのだろうか（東京高判平3・6・6判タ767・236）。それが，保険仲立人である場合にはどうか。

291Ⅵ)。保証金を供託したくなければ，保険仲立人は，保険仲立人賠償責任保険契約を締結すればよい。それによって，金融庁長官の承認を受けるならば，その責任保険契約の有効な間はその保険金の額に応じ保証金の全部または一部の供託を免れる（保険業292）。

**損害保険代理店が開設した
専用口座は誰の口座**

損害保険代理店の業務は，会社法16条所定の代理商として，損害保険会社との間の「損害保険代理店委託契約」に基づき行われる。そこで，損害保険代理店が保険契約者から収受した保険料は，代理店名義で開設した金融機関の専用口座に一旦入金され，月極めで代理店が保険会社から受け取るべき代理店手数料と相殺したうえで，損害保険会社に送金される実務が確立している。それでは，損害保険代理店が損害保険会社に送金する前に破産宣告を受けてしまった場合，保険会社は保険料を回収できるだろうか。すなわち，損害保険代理店が破産しその財産が破産財団に組み込まれてしまった場合，損害保険会社は他の債権者と同等の地位に立ち，割合的請求で満足すべきか，それとも優先的に取戻権を主張することができるのだろうか。この問題は，金融機関の預金口座の預金債権は誰に帰属するのかを中心として，また似たような問題として，問屋（商551）とその委託者との関係を参考とすることができる。最高裁の多数意見は，専用口座の開設は損害保険会社からそのための代理権を授与されて代理店が行なったものでもなく，また金銭の所有権は金銭の占有者にあることを理由として，専用口座の預金債権といえども，それは損害保険代理店に帰属すると判断した（最判平15・2・21民集57・2・95。同様の場合として，マンションの管理会社が管理組合から預かった管理料の保管のために金融機関に開設した専用口座がある）。

第2編
損害保険契約総論

第1章　損害保険契約総説

1・1　損害保険契約の意義・特徴

1・1・1　損害保険契約とは

　損害保険契約とは，保険契約，共済契約その他いかなる名称であるかを問わず，当事者の一方が一定の偶然の事故によって生ずることのある損害，または，人の傷害疾病によって生ずることのある損害をてん補することを約束し，相手方がこれに対して一定の事由の発生の可能性に応じたものとして保険料（または共済掛金）を支払うことを約束する保険契約をいう（保険2①・⑥・⑦）。

　損害保険契約では，保険事故により損害を被るかもしれない経済的利益の帰属者（保険金請求権者）のことを，被保険者と呼んでいる（生命保険など，ヒト保険における被保険者の定義とは異なるので注意。⇨226頁）。

1・1・2　損害保険契約にみられる特徴は

　被保険利益の存在　　損害保険契約では，保険事故によって被保険者が損害を被る前提として，この者が保険の目的物に対して利害関係（被保険利益）を有していなければならない（保険3。⇨78頁）。これには，目的物の所有関係であることが多い。

　被保険利益との関係で，損害保険契約では，保険者は生じた損害を「てん補」，つまり，それを埋め合わせカバーするところに契約の主たる目的がある。生命保険契約のように保険事故発生によりあらかじめ定めた保険金額を，保険者がただ支払うのではなく，被保険者が保険事故により被った損害額について，原則的には損害額を超えない範囲で「てん補」するのである。その意味で，損害保険契約は保険契約の最も基本的形態であるといえる。それでも損害保険契

約は，あくまでも当事者が合意した保険金額の範囲内で，保険者が責任を負担する契約なので，後述するように，実際の目的物の価格によっては「一部保険」・「超過保険」による保険者責任範囲の限定，「評価済保険」・「新価保険」などのてん補範囲についての例外，損害の発生と同時に生じる残存物や他の請求権をめぐる保険代位（残存物代位・請求権代位）などの制度，ともすれば保険事故を招致したり損害拡大を放置しやすい性質から認められた告知義務・他保険の通知義務・損害防止義務・損害発生通知義務などさまざまな義務，また義務違反による保険者免責の手段など，その内容は多彩で特殊の法理を有している。

利得禁止原則 損害保険契約では，保険契約により保険契約者側が利得することは許されない（狭義の利得禁止原則）。これは解釈上の原則であり，強行法として扱われる（⇨85頁）。

それゆえに，保険給付につき，狭義の利得禁止原則から，①損害保険契約は目的物の価値を限度として締結される，②損害保険では，保険者は，被保険者が保険事故の発生によって被った損害額を，その損害額を超えない範囲内でてん補するなどの制約が生じる。

損害保険契約において狭義の利得禁止原則が存在する理由は，つぎのように説明される。①被保険者が利得することは，被保険者に生じる経済的損害をカバーするという損害保険の目的に反する，②被保険者に利得を認めると，保険契約者は損害が発生したほうが経済的に有利になるから，モラル・ハザードが高まり，保険制度が成り立たなくなる，③保険事故招致は法秩序の観点から容認できないだけでなく，保険事故が誘発されるおそれがある，そして④保険事故の発生前よりも立派な目的物を取得することは社会的に認められないなどである。

1・2 損害保険契約の種類

1・2・1 損害保険契約のいろいろ

損害保険契約の種類は多い。保険法は，損害保険契約について共通な原則を

定めているが，個別の損害保険契約に関する規定はなく（保険16, 22参照），また商法において，海上保険契約に関する規定が定められている（商815～841ノ2）。

損害保険会社が扱っている損害保険契約として，①火災保険，②海上保険等が古くから存在している。これらの他に，③自動車保険，④自動車損害賠償保障法に定める自動車損害賠償責任保険（自賠責保険）をはじめ任意の自動車対人・対物責任保険，原子力損害賠償責任保険などの各種責任保険，⑤第三分野の保険といわれるが，実損てん補型も存在する傷害保険（普通傷害保険における遭難費用特約，海外旅行傷害保険における疾病治療費用担保特約など），⑥新価保険（再調達価格てん補）を原則とする機械保険やその発展型のコンピュータ保険，⑦各種の信用保険（たとえば，身元信用保険）・保証保険（たとえば，住宅ローン保証保険）などのように，債権者の信用リスク・与信を保険の目的としたものなどがある。これらは，①②の保険に対して，新しいニーズに対応するため誕生した新しい保険（新種保険）であるといえよう。しかしながら，新種保険として総合的に把捉できる分類があるわけではなく，新たな射程を目的とする保険が誕生すれば（たとえば，ゴルファー保険・ハンター保険・テニス保険など）そのつど金融庁長官に免許申請して，認可を受けるだけのことである（基礎書類（事業方法書，普通取引約款，保険料及び責任準備金の算出方法書）の変更の認可。保険業123Ⅰ。ただし，保険契約者等の保護に欠ける恐れにないものとして内閣府令で定めるものについては届出制。同Ⅱ，保険業規則83①・③）。そこで，③④の自動車保険は著しく普及し，また関心度が高いため本書では別に扱う。

1・2・2 新種保険の分類をみてみると

法律上，新種保険という分類はないが，ここでは社会の発展に伴い創設されるに至った保険種目という程度の意味で用いることにする。分類方法にはいくつかあるが，保険保護の対象などに着目して，ヒトを対象とするもの（ゴルファー，ハンター，テニスプレーヤーの各種傷害保険，所得補償保険など），モノを対象とするもの（上記のスポーツでの用具の破損・盗難，猟犬の傷害死亡，航空機保険，機械・組立保険，原子力財産保険など），債権を対象とするもの（信用・保証保険），

費用・利益を対象とするもの（興業中止保険，スポンサー保険など），その他の新種責任保険（ハンター保険での狩猟中の賠償責任，医師・取締役・公認会計士・弁護士等の専門職業賠償責任保険，建設工事保険，原子力施設賠償責任保険など）等の種

「われわれは個人としては保険引受人であるが全体としてはロイズである」

この種の保険の起源は中世に始まる商業の復活により，冒険商人の必要から誕生した海上保険であった。とくにイタリア商人たちは，地中海東部のイスラム圏からの香料をはじめ，当時世界の最先進地域であった東方の文物をヨーロッパに輸入しては莫大な利益を上げていたが，海上交易は大資本を必要とするのみならず危険も大きかった（イスラム勢力との戦争危険，東地中海の海賊危険，暴風などの天候危険の他に，イタリア都市相互で他の都市の交易船を攻撃・拿捕することが頻繁に行われた）。そこで，プラート（フィレンツェ近郊の都市）のフランチェスコ・ディ・マルコ・ダティーニ（F. di M. Datini）など大商人が，融資の形態で共同で海上リスクを引き受ける営業が開始された（冒険貸借）。これは，事故発生時には貸金の返済を要しないが，無事に航海が成功すれば，多額の利息を支払うという契約である（約25％程度）。これが，こんにちのような対価として保険料と引換えに海上危険を担保するようになるのは，イタリアで14世紀末である。

近代的海上保険の代表は，イギリスのロイズ（Lloyd's）である。ロイズとは，エドワード・ロイド（E. Lloyd）が経営するコーヒーショップの名称で，その創始は不明だが，1691年からはロンドンのロンバード通りで営業した（現在は同通りに記念のプレートがある）。船長を優遇するロイドの営業方針が当たって（メッセンジャーを港に配置し入港情報をいち早く店に伝達した。さらに，キャプテンズ・コーナーという席を設けたりして，船長・荷主・保険引受人など海事関係者の集う店として繁栄した。当時同店で刊行されたロイズ・ニュースは政府批判により廃刊となったため現存しないが，最古の新聞といわれる。この喫茶店を舞台に，荷主などのために保険を引き受けたのがロイズ保険引受人たちであり，現在世界有数の保険取引市場であるロンドン・ロイズ（Lloyd's of London）は，この後裔にあたる。

ロイズの特徴は，現在も当時から個人保険引受人（Lloyd's underwriter）の集合体で，わが国の保険会社のような有限責任の会社組織ではないことである。保険引受人は，自ら保険を引き受ける実質的な引受人（Active underwriter）と，彼らに資産を担保として提供して報酬を受領するだけのネーム（Name）と呼ばれる名目的引受人とがあり，実質的引受人がネームの資産を担保に，数人または数十人で共同保険のかたちで保険を引き受ける。彼らは，それぞれ個人として無限責任を負担し，集合体としてのロイズが保険を引き受けるのではない点で，保険会社とは異なっている。もっとも，近時の大規模保険事故の多発によって，全体としてロイズは赤字に転落，そのため資金の拠出を強いられたネームの脱退によりロイズは危機に瀕している。個人ネームの数は，1988年の32,433人から，2000年には，3,317人までに減少した。そこで，1993年4月，新しいロイズの構築をねらったビジネス・プランが発表され，引受業務の改善，管理機構とその運営の構造的改革等の作業が行われた。このプランでは，有限責任の法人資本を導入することとされ，1994年からは，法人ネームの引受会員が急増し，2000年には，法人会員が853社にまで増加し，ロイズ全体の引受能力の約80％を法人会員が占めることとなった。

類がある。もちろん，一般の賠償責任保険や傷害保険も新種保険に分類されるが，これらはその重要性から本書では個別に扱うことにする。

1・2・3 たとえば，こんな新種保険

**ハンター保険と
ゴルファー保険**　被保険者であるハンターが所持する射撃用銃器または猟犬によって生じた賠償責任を主として対象とするのがハンター保険である。これにはハンター自身の傷害・それによる後遺障害・医療費などの傷害特約，または猟具の破損・盗難などに対する猟具担保特約，それに猟犬の傷害死亡特約などが付加される。そして，ゴルファー保険も賠償責任の他，ゴルファーの傷害・後遺障害・入院および通院費，ゴルフ用品の破損・盗難などであるが，さらにはゲーム中にホールインワン・アルバトロスを記録したことにより，慣習として記念品（贈呈用記念品・ゴルフ場の記念植樹等）・祝賀会費用などによる損害をてん補する費用負担特約などもある。

航空保険　航空機に関連する機体自体の損害保険，搭乗者に対する責任保険・傷害保険，捜索・救助の費用保険など，航空機に関係するリスクをオール・リスクで担保する。

原子力保険　原子力事業者を対象とした原子力損害賠償責任保険（強制保険）と原子力施設内の物件の原子力危険から生じる損害を担保する原子力財産保険とがある。前者は，無過失の場合でも，あるいは第三者の軽過失によって原子力損害を惹起した場合も，原子力事業者が責任を負担する「責任の集中（canalization）」に配慮した保険となっている。

動産総合保険　あらゆる種類の動産（美術品・宝石など）を対象に，その保険期間中の保管・輸送・使用中に生じた事故による損害を担保する（「特定動産期間建契約」）のが原則である。美術品等では，美術館などでの展示期間中に生じる損害に対応した「展示契約」，流通過程にある商品の危険を担保する「商品・在庫品包括契約」などの特約による契約もある。

住宅ローン保証保険　銀行等の金融機関が住宅ローンを貸し付けた場合，何らかの事情で債務者が弁済できない場合がある。もちろん対象となる不動産には抵当権が付されているのが一般だが，その実行には時間

や経費がかかり銀行にとって負担である。そこで，信用補完制度として考案されたのが住宅ローン保証保険である。住宅ローンの形態により保険の形態が異なる。すなわち，①金融機関と建設業者・不動産業者（以下「業者」）間での協定で，住宅購入者で住宅ローン借入希望者に，協定金融機関を斡旋するもの（提携ローン方式），②金融機関が独自に住宅ローン希望者に融資する方法，である。①は住宅購入者の信用調査の履行や，人的・物的担保の担保権者には業者がなり，さらに金融機関にはこれら業者がローン債務の連帯保証人となるため，金融機関は手間もかからず業者信用を利用できるので，金融機関には便利である。しかし信用力の小さな業者とは提携できない，業者と住宅購入者とのトラブルが原因の返済金不払いなどの問題を生じるケースが散見された。その点②は，金融機関は業者の信用に依存しないだけに，自由な融資を自ら行うことができ，また住宅購入者もこれら業者に関係なく自由に住宅を取得することができる。もっとも，上述の信用調査を金融機関自身が行ない，担保権者も金融機関自身であるという点で金融機関にとっては手続的にめんどうである。さて，住宅ローンの信用を保険で補完する場合，以下で述べる保証保険で行なう場合と信用保険で行なう場合（「信用保険」の項参照）の2種類がある。

　住宅ローン保証保険では，上で述べたように提携型住宅ローン保証保険と非提携型住宅ローン保証保険とがある。前者の場合，業者・金融機関（被保険者）・保険会社（保険者）の三者の覚書きに基づいて，後者では金融機関（被保険者）と保険会社（保険者）の覚書きに基づいてローン債務者である保険契約者（保険契約者）との間に保証保険契約が締結される。これは，前者は金融機関に対して業者がローン債務者の連帯保証する構造から，あらかじめ担保権を保険者に得せしめて業者の保証債務を軽減する点に特色がある。これに対して，非提携型では担保権者は金融機関である。この場合，保険金が支払われる状況になれば，請求権代位により，担保権が保険者に移転する。いずれにしても，保険者とローン債務者が保険契約関係を構成するため，保険者が信用調査や担保取得の責任を負うことになる。

　信用保険　債権の貸倒れ損害を被るおそれのある債権者（割賦販売代金保険など）や，被用者の誠実さを保証する身元信用保険などがこれに該

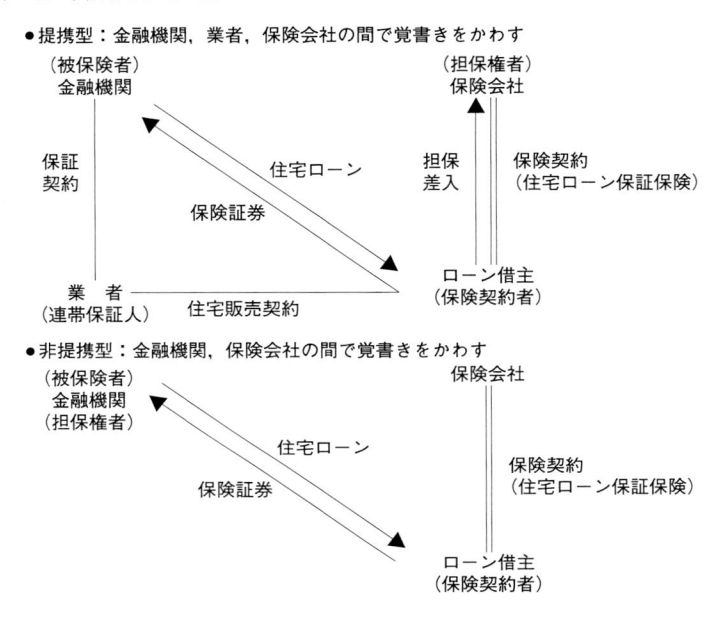

```
●提携型：金融機関，業者，保険会社の間で覚書きをかわす
    （被保険者）                    （担保権者）
    金融機関                        保険会社
      │  ↖                           ↑
   保証    住宅ローン          担保    保険契約
   契約    保険証券            差入   （住宅ローン保証保険）
      │       ↘                  │       │
    業　者 ─────────────────→ ローン借主
   （連帯保証人）  住宅販売契約  （保険契約者）

●非提携型：金融機関，保険会社の間で覚書きをかわす
    （被保険者）                    保険会社
    金融機関
    （担保権者）
      ↖                                   │
         住宅ローン                  保険契約
         保険証券                   （住宅ローン保証保険）
            ↘                            │
                              ローン借主
                             （保険契約者）
```

当する。割賦販売代金保険では，債務が貸し倒れとなった場合，未回収代金債権と引換に保険金の支払いを受ける。ただし，モラル・ハザードを生じやすいので，購入者の信用状態・対象商品・割賦期間・支払回数・頭金割合などについて当事者で基準を設定し，その条件を満たすものについてはすべて付保する包括契約とされる。身元信用保険は，被保証人が職務上不誠実行為により生じた使用者の損害を担保する。てん補範囲は被保険者の被る直接損害で，この中には被用者の不誠実行為により第三者に対して負担する賠償責任を含み（身元保証保険約款1），さらに損害防止費用や第三者への損害賠償請求権の行使・保全の費用等についても，保険者の承認を得たものについては損害とみなしている（同約款11Ⅱ）。住宅ローン信用保険では，金融機関が保険契約者・被保険者になる。この場合，ローン債務者が保険関係に登場しないので保険者にとっては契約手続が単純だが，ローンの弁済ができない状態（保険事故）が発生すると，未支払債務が保険金として金融機関に支払われる一方，ローン債権が保険者に譲渡されるため，保険者が債権回収ないしは担保権の実行の事務を担当す

第1章 損害保険契約総説 57

ることになる。

1・3 片面的強行規定の適用除外

1・3・1 その趣旨は

　保険法は，一定の規定につき，当該規定に関する特約で保険契約者等にとって不利なものは無効とする旨を定めている。このような規定を片面的強行規定という。損害保険契約に関しては，保険法7条，12条，26条，33条がこれにあたる。しかし，企業保険については，このような保険契約者等の保護を必要としないことから，保険法は，これらの保険契約については，以上の4ヶ条に定める一定の規定について片面的強行規定とする旨の規定の適用を除外することを定めている（保険36）。

1・3・2 適用除外される保険契約は

海上保険契約　海上保険契約（商815Ⅰ）には，商法第3編第6章に「別段ノ定アル場合ヲ除ク外保険法（平成20年法律第56号）第2章第1節乃至第4節及ビ第6節並ニ第5章ノ規定ヲ適用ス」と定められ，保険法の規定が適用されることを明示しているが（商815Ⅱ），保険法36条1号によって海上保険契約には片面的強行規定の適用が除外される。さらに，商法841条ノ2において「本章ノ規定ハ相互保険ニ之ヲ準用ス但其性質ガ之ヲ許サザルトキハ此限ニ在ラズ」と定めていることから，その性質が許さない場合を除いて，商法の海上保険契約の規定がPI保険（⇒213頁）にも準用されるので，PI保険については，保険法の片面的強行規定は及ばないことになる。

航空機・航空貨物損害保険契約等　航空機体保険，航空貨物保険，航空機事故賠償責任保険は企業保険に属するので，保険法の片面的強行規定は及ばない（保険36②）。

原子力施設損害保険契約等　原子力施設を目的物とする損害保険契約，原子力施設の事故により生じた損害を賠償する責任に関する責任保険契約は，巨大損害が発生する可能性があること等から，企業保険に属するので，保険法

の片面的強行規定は及ばない（保険36③）。

事業活動関係損害保険契約等　以上の他に，法人その他の団体または事業を行う個人の事業活動に伴って生ずることのある損害をてん補する損害保険契約（傷害疾病損害保険契約に該当するものを除く。）もまた片面的強行規定の適用除外とされている（保険36④）。それらには再保険契約，海外 PL 保険契約，運送保険契約，保証保険契約，信用保険契約，包括予定保険などが該当する。

第 2 章　損害保険契約の成立

2・1　損害保険契約の当事者と関係者

2・1・1　損害保険契約の当事者は

保険法上の定義から　保険法をみてみると，保険契約および損害保険契約とは何かについて定義づけ，さらにその当事者も定義づけられている。そこで，その規定を利用して，損害保険契約の当事者を確認しよう。

まず，保険契約は，「保険契約，共済契約その他いかなる名称であるかを問わず，当事者の一方が一定の事由が生じたことを条件として財産上の給付（(略)以下「保険給付」という。）を行うことを約し，相手方がこれに対して当該一定の事由の発生の可能性に応じたものとして保険料（共済掛金を含む（略））を支払うことを約する契約をいう」と定められている（保険2①）。そして，損害保険契約は，「保険契約のうち，保険者が一定の偶然の事故によって生ずることのある損害をてん補することを約するものをいう」と定められている（保険法2⑥）。そこで，「当事者の一方」が損害保険契約においては保険給付義務を負う「保険者」であり（保険2②），保険法は共済契約も対象としていることから，保険法にいう保険者とは，一般的理解による保険者および共済者が包まれる。すなわち，保険者とは，保険事故が発生した場合に，損害てん補という保険給付義務（保険金支払義務である場合が多い。以下では適宜，保険金支払義務，それに対する保険金請求権ということがある）を負担し，保険の引受け（商502⑨）を行なう者である。他方で，「相手方」が自己の名をもって保険者と保険契約を締結し保険料の支払義務を負う「保険契約者」である（保険2③）。

当事者の資格　保険者となりうる者については，損害保険に関しては，保険業法上，保険者は保険業法の定める要件を充足した損害保険

会社または少額短期保険者に限定される（保険業2Ⅱ・Ⅳ・ⅩⅧ，3Ⅰ）。保険契約者の資格には制限がないので，自然人，法人，あるいは商人，非商人を問わず誰でも保険契約者として保険契約を締結することができる。保険契約の申込をする者を保険申込人といい，保険契約が成立すると，通常，保険申込人が保険契約者となることが多い。

2・1・2 当事者を補助する者は

契約締結段階 保険契約ではさまざまな人が登場する。なかでも保険契約の成立プロセスにおいて保険者サイドから登場する人が，保険契約者となる者にとって重要である（保険者は実際には遠い存在である）。いわゆる「保険募集」に従事する者として，損害保険契約の締結段階では損害保険募集人がいる。損害保険募集人とは，損害保険会社から損害保険契約の締結代理権または媒介代理権を付与され，特定の損害保険会社のために，この者が引き受ける損害保険契約の募集を行う者をいう（保険業2ⅩⅩ，275①・②）。これには，保険者に帰属して募集を行う損害保険会社の役員または使用人と，保険者とは独立した主体として損害保険契約の募集を行う損害保険代理店（保険業2ⅩⅩⅠ）とが存在する。保険法上，保険者のために保険契約の締結の媒介を行うことができる者を保険媒介者といい（保険28Ⅱ②・③），この者も保険者の補助者に含まれ，損害保険募集人がこれに該当する。また，少額短期保険業者の役員もしくは使用人または少額短期保険業者の委託を受けて者もしくはその者の役員もしくは使用人で，少額短期保険業者の補助者として損害保険契約の締結の代理または媒介を行う者を少額短期保険募集人という（保険業2ⅩⅩⅡ，275①・②。⇨42頁）。

それに対し，保険仲立人（保険業2ⅩⅩⅤ，275④）は，保険者と保険契約者との間では独立した中立の第三者といえるが，理念として保険契約者サイドに立ち，契約者の利益を第1に考えて行動することが期待されている。

保険事故発生時 保険事故（⇨70頁）が発生すると保険者は保険金支払義務を負わなければならないのだが，保険事故の発生の事実を確認し，損害保険の場合には発生した損害を確定し支払われる保険金の額を決定

しなければならない（生命保険の場合は定額給付。⇨225頁）。その際に，保険者の内部組織である調査部門がそれにあたることもあるが，外部の調査機関にそれを委託することもある。たとえば，そのために，調査員，自賠責保険の調査事務所（自動車保険料率算定会の下部組織として主要都市に設置されている）がある。

2・1・3 その他の関係者は

損害保険契約における被保険者　被保険者という用語については，注意が必要である。損害保険契約において，保険事故が発生した場合に保険者が具体的に保険金を支払う相手方は，その保険事故によって損害を被った者である。すなわち，「金銭に見積もること」ができる経済的利益（保険3）を有する者が損害を被った場合にそれをてん補することが損害保険の機能であるから，保険金を受け取るべき者はその被保険利益の帰属主体である。このように，損害保険契約において，てん補することとされる損害を受ける者を被保険者という。（保険2④イ）。被保険者が同時に保険契約者である場合（自己のためにする損害保険）は別として，その者は保険者に対して保険金請求権を有するだけであるが，具体的な保険の目的物に対する支配の程度が通常は高いと考えられることから，被保険者は保険者に対して通知義務（保険14），損害防止義務（保険13）を負う。

それに対し，生命保険契約により保険者が一定金額の支払義務を負うのは，「人の生存または死亡に関し」てである（保険2⑧）。その生死が問題とされる者，保険事故の対象とされている者を生命保険契約では被保険者という（保険2④ロ。傷害疾病保険契約について，⇨270頁）。

損害てん補請求権の担保権者　損害保険は被保険者の損害をてん補する機能に関連して債権者の債権を保全する機能もある。債権者が自己の債権の担保を目的として保険制度を利用することを保険担保という。保険担保には，①債権者が，債務者の締結した損害保険契約に基づく損害てん補請求権を活用する場合（物上代位，質権設定方式，抵当権者特約条項），②債権者が自己の債権に生ずることのある損害をてん補することを目的として損害保険契約を締結する場合（債権保全火災保険）とがある。①の場合の担保権者は，債務者の締結した損害保険契約に利害関係を有することから，損害保険契約の関係者であると

いうことができる。

2・2 損害保険契約の成立：総説

2・2・1 契約の成立について理論的には，実際は

保険に入りたい，保険契約を締結したい場合には，契約の一方当事者が他方当事者に対してその意思を表示する必要がある。通常の場合は保険者でない当事者がその意思，すなわち申込みを行う。それに対して保険者がそれに応える意思，すなわち承諾を行うと契約は成立する。その意味で保険契約は，一方当事者の申込みという意思表示に対する他方当事者の承諾という意思表示の合致によって成立する諾成契約であるという。

実際には，保険契約者となる申込者が保険者の用意した申込書に必要事項を記入しその申込みの意思を明らかにし，そして保険者はとくに承諾の意思を明確にすることなく保険証券（保険法では書面（保険6））を送付してくる。それでも，そのような申込書という書面の作成，または保険証券の交付を契約成立にとって不可欠の要件とする，すなわち保険契約は要式契約あるいは要物契約

頭を冷やしてよく考えて

私たちの申込みに対して保険者が承諾すると保険契約は成立し，成立した契約に私たちは拘束される（保険料支払義務等，各種義務を負う）。それでも，後日，頭を冷やして（cooling）よく考えてみたら，自分には適していない保険だった，あるいは，いい加減な気持ちで申し込んでしまったと感じて，契約をなかったことにして欲しい，拘束から逃れたい（off）場合がある。もちろん，申込みという意思表示に錯誤（民95）や詐欺（民96）があってその無効や取消を主張できる場合がある。しかし，その主張立証はやっかいである。そこで，一定期間に申込みの撤回または解除を行うことができるシステムとしてクーリング・オフがある。保険業界は自主的にこのシステムを設けていたが，保険業法は，保険契約の申込みの撤回等に関する事項を記載した書面を交付された場合には，その交付された日，実際に申込みを行なった日のいずれか遅い日から起算して8日までの間にクーリング・オフすることを認めた（保険業309。ただし，自ら積極的に申込みを行った場合，保険期間が1年内の場合などにはできない。保険業令45）。確かに，保険商品という複雑怪奇な商品の購入にはそれなりの熟慮が必要であり，募集人の高圧的な募集行為があったとするならば，このシステムは有意義である（たとえば，割賦販売法4の4，特定商取引に関する法律9，24，40，簡易生命保険法45，参照）。

であるとは考えられていない。申込書の作成は申込者の意思を慎重に確認するためであり，保険証券の交付は成立した保険契約の内容を確定し（証拠証券）保険者の義務の履行としてなされるにすぎない（⇨101頁）。それでも，申込書に記入しなければ保険者としては申込みがなされたとはみなさないし，そして保険料の払込み（分割の第1回保険料，あるいは全額）がなされないと保険者の責任が開始しないとすれば，保険契約の成立については要式化，要物化していると評価できるかもしれない。

2・2・2 申込みは誘因される

そこで通常の場合，保険者サイドの人（保険募集人）がやって来てあれこれ説得することがあり（代理権を有していると否とを問わず），または，他の商品の購入に付随して保険契約の締結を勧められる（たとえば，家屋，自家用車の購入）。すなわち，保険契約者になる者（見込み客）に申込みをさせるような申し出が行なわれることが多い（とくに生命保険契約の場合）。このような申し出を「申込みの誘因」という。したがって，「申込みの誘因」に応じてなされた意思表示が申込みである。

保険者の契約獲得のための行動として，新聞広告，あるいは各マスメディアを通じたCMがみられるが，それらは「申込みの誘因」である。それでは，空港の搭乗ロビーに設置されている航空傷害保険の自動契約機で契約したいと思った場合はどうだろうか。自動契約機の表示に従って画面を操作し保険料に相当する金額を投入すると，もちろん誤操作の場合は別として，それだけで契約が締結されると考えられる。ということは，保険者が自動契約機を設置すること自体が不特定多数の飛行機利用者に対する契約の申込みであり，それを利用する者の操作，行動がそれに対する承諾と考えられ契約が成立する。

2・2・3 保険者は承諾しなければならないか

保険者は，申込書に記載された内容としての申込みの意思表示を受領し（申込みの意思表示は相手方に到達して初めてその効力を生じる。民97Ⅰ），その内容を検討したうえで承諾するか否かを判断することになる。すなわち，承諾するか否

かは保険者の自由なのである（自賠責保険は承諾義務。自賠法24）。したがって，保険者が承諾しなければ保険契約は成立しない。また，直接に保険者でなくとも，保険者から申込みを受領し承諾する権限を与えられている者が保険契約者となる者（潜在的保険契約者）と対面して契約締結に至る場合は良いが，私たちに接触してくる者が保険者から権限を必ず与えられているとは限らない。

2・3 告知義務

2・3・1 告知義務とは何か

意　義　保険法4条によると，「保険契約者又は被保険者になる者は，損害保険契約の締結に際し，損害保険契約によりてん補することとされる損害の発生の可能性（以下この章において「危険」という。）に関する重要な事項のうち保険者になる者が告知を求めたもの（第二十八条第一項及び第二十九条第一項において「告知事項」という。）について，事実の告知をしなければならない。」と定められている。これを告知義務という。

約款には，保険契約者等になる者が，保険契約の締結の際，告知事項について，保険会社に事実を正確に告げなければならず，保険会社は，保険契約締結の際，保険契約者等が，告知事項について，故意または重大な過失によって事実を告げなかった場合，または事実と異なることを告げた場合は，保険契約者に対する書面による通知をもって保険契約を解除することができると定められている（住宅総16Ⅰ・Ⅱ，自動車（基本）4Ⅰ・Ⅱ，傷害12Ⅰ・Ⅱ）。

根　拠　それでは，なぜ保険契約者は「重要な事項」を告げなければならないのだろうか。なぜ保険者は「重要な事項」について真実を知る必要があるのだろうか。

保険システムは，保険事故の発生率を基礎としているが，その発生率は正確に計算されなければならない。そのためには保険の目的物あるいは保険事故の発生の客体である人物について知る必要がある。そのような情報は，通常，保険契約者あるいは被保険者自身が有していると考えられるので，その情報を保険者に対し提供させることにしたのである（技術説・危険測定説）。そのような

意味で、告知義務は保険システムを合理的に運用するために必要な制度である。ただし、そのことは、法的に保険契約者等が告知義務を負わされる根拠を説明したことにはならない。そこで、告知義務の根拠を保険契約の特殊性から説明することが考えられる。すなわち、保険契約は射倖契約、善意契約なのだから、一定の出来事の発生（それによりどちらかが具体的な給付義務を負う）を基礎づける事実を一方が知っていて他方が知らないということは不衡平である。そこで、その事実を知る当事者にそれを他方に開示させることにより契約当事者間の衡平を維持させることが法の要請であると主張されている（契約法理説）。

性　質　以上のように告知は保険契約者等の義務であるといった。そうだとすると、告知義務に違反した場合、私法上の一般原則から違反者は相手方に対し損害賠償責任を負わなければならないのか（民415・709）。告知義務の違反については、後述するように保険者に解除権を認めている。それは、保険者の権利であるから行使するかしないかは保険者の自由である。とくに告

射倖契約性・善意契約性

英国判例をひとつの拠り所として、また英国1906年海上保険法17条に注目して、保険契約は最大善意（utmost good faith）あるいは最高信義（uberrimae fides）の契約であることを強調することがある。わが国においても、大森博士以来、保険契約に射倖契約としての構造を認めることを前提に、契約当事者の相手方に対する信義誠実を確保するための具体的法則を要求するために（たとえば、告知義務、あるいは通知義務、損害防止義務）、保険契約の善意契約性を認める見解がある。射倖契約とは、その構造的特性として、契約当事者がその契約に基づいて実際上果たすべき給付義務またはその範囲が契約成立当時には不確定な偶然の事実によって左右されるという関係にある契約をいう（単なるギャンブル等にみられる射倖性ではない）。したがって、そのような射倖契約にあっては、契約当事者の一方がその不確定な偶然の事実に関して不当な動機を持ち込む可能性があり、他方当事者のためにはそれを排除することが必要となる。そこで、保険契約が射倖契約であり特に善意契約性を認めることによって、契約当事者に一定の作為・不作為を要求することになる。

それに対し、善意契約性の意味が契約の成立から履行に至る間、契約当事者が信義誠実にしたがって行動しなければならない契約という意味にすぎないとしたならば、それはすべての契約に等しく認められるのであり、保険契約についてのみ特段取り上げる必要はないとの見解もみられる。もちろん、保険契約者側にモラルリスクを疑われるような行為・行動を抑止するためにも、保険契約の善意契約性を強調する必要がある一方で、保険者側についても、免責事由の解釈・適用、またはいわゆる不払い問題の対応についても善意契約性に基づき理解することができるのではないだろうか。

知義務違反によりどのような損害が保険者に発生しているかも明確ではない。そこで，告知義務は厳格な意味での法的な義務ではなく，保険者に契約を解除されて保険金支払いを受けられなくなる事態を回避するために求められる前提条件だと理解することもできる（自己義務・間接義務）。それでもやはり，保険契約者がその義務違反により不利益を被るという意味で強制力を有するのであり，弱いながら法的な義務と認められるとする見解がある（オブリーゲンハイト（Obliegenheit）としての性質）。

2・3・2 告知義務を履行するには

告知義務者　告知義務を負う者は，保険法4条によると保険契約者または被保険者である。損害保険契約において，保険の目的物についての情報を有しているのは，通常は保険契約者であろう。それでも，保険契約者が自分以外の者を被保険者とする損害保険契約（第三者のためにする損害保険契約（保険8））を締結する場合，そのような情報を有しているのはむしろ被保険者である。それゆえに，被保険者もまた告知義務者とされている。

質問応答義務　告知事項が損害の発生の可能性に関する重要な事項のうち，「保険者になる者が告知を求めたもの」であるから（保険4条），告知義務は質問応答義務である。というのは，保険に関する知識の乏しい告知義務者が危険測定に関する事実を十分に認識しているとはいえないからである。したがって，保険者が，告知を求めていなかった事項について告知義務違反を理由として保険契約を解除することは許されない。また，実際にも，申込書に添付されている質問表（告知書）に記入して行う，すなわち聞かれたことについて答える形がとられている。

告知の相手方，時期・方法　告知義務者は保険者になる者が告知を求めた事項について告知すべきことが定められているので（保険4），告知の相手方（告知受領者）は保険者になる者である。保険者になる者とは，保険契約の締結後に保険者になる者をいい，保険会社および共済者をいう（保険2①）。

告知は，保険者になる者から保険者に代わって告知を受領する権限（告知受領権）が付与された者に対しても行うことができる。損害保険募集人等は，特

定の損害保険会社等から損害保険契約の締結代理権または媒介代理権を付与されて、募集にあたり、保険契約について有するのは締結代理権か媒介代理権かについて相手方に明示する義務を負担していることから（保険業294②）、告知受領権が保険者から明確に付与されていない場合であっても、保険契約の締結代理権を有する者は、原則として、締結代理権を有する保険契約に限り告知受領権をも有すると解される。保険仲立人は、独立の商人として保険契約締結の媒介を行うにすぎないので（保険業2ⅩⅩⅠ，275条Ⅰ④），保険会社等から特別に告知受領権が付与されていない限り、原則として、これを有しているとはいえない。

後述するように（⇨148頁），解除権阻却事由について問題となる保険媒介者は、保険契約の締結権限を有する者ではないので、告知受領者に含まれないと解されるが、この者による告知義務履行の妨害行為等は告知義務違反を理由とする保険契約の解除権阻却事由にあたることから、保険契約者保護の観点からして、保険媒介者を告知受領者とみなすこともできる場合があるかもしれない。

告知義務の違反について問題となるのは、損害保険契約の締結の当時である（保険4）。また、保険者は保険契約者または被保険者の告知を受け、保険事故発生の確率を算定する材料がそろってから承諾するか否かを判断する。したがって、告知義務は、保険契約の成立までになされる必要がある。

2・3・3 告知が求められる事項は

危 険　告知事項は、損害保険契約によりてん補されることとされる損害の発生の可能性（危険）に関する重要な事項のうち、保険者になる者が告知を求めたものである（保険4）。そこで、危険とは、保険事故の発生率の測定に関する事実（保険危険事実）、保険者が保険契約に基づき不正な保険金支払の請求を受ける危険の測定に関する事実（道徳的危険事実）をいう。

重要な事項　重要な事項とは、保険者の危険測定に関する重要な事項で、保険者が契約締結時にその事実を知っていたならば契約を締結しなかったか、締結したとしてもより高額の保険料を求めたと認められる事実をいう。重要な事項に関する判断基準について、通説・判例は、保険技術に照ら

して客観的に判断すべきであるから，専門家の鑑定を参考にして裁判官が決めるほかないとする（客観的基準説）。これに対して，重要な事項か否かの判断は，保険を引き受ける個々の保険者が契約締結時に準拠していた契約締結基準に従うべきであるとする見解がある（主観的基準説）。実務では，保険契約者等になる者は，危険に関する重要な事項のうち，保険会社が作成した保険契約申込書に記載された質問事項に関して告知することから（住宅総合16 I，自動車（基本）3 I，傷害12 I），保険契約申込書に記載された質問事項はすべて重要事項と解されるか否かについて，これを肯定する見解と否定する見解がある。保険契約の当事者間の著しい情報格差が問題とされるが，告知事項に限れば，保険者と告知事務者との間では保険者が劣後すると考えられるから，告知義務者は告知事項について知りうる限りの事実を告知しなければならず，保険者が求める事項の重要性に格差を設けると，告知義務違反を問えないケースが増えるおそれがある。したがって，保険契約申込書に記載された質問事項はすべて重要事項と解することが必要である。

　ところで，他保険契約を告知事項とすることについて，保険法には明示の規定がない。というのは，保険者が危険選択のために他保険契約の告知を求めた場合には，告知義務による解除に関する保険法の規整で対応できるからである。保険法制定前の約款には，他の保険契約の告知および通知を求める規定が定められていたが，約款規定の効力をめぐって，他保険契約は告知事項に該当しないとする見解とこれを肯定する見解とがある。否定説は，他保険契約の存在によってただちに保険事故の発生率が変化することはありえないとして，その存在が危険測定に関する事実にあたらないと解する。肯定説は，道徳的危険に関する事実も危険測定に関する事実にあたり，その存在は道徳的危険に関する事実であるから，告知事項にあたると解する。そもそも，他保険契約を告知させることの趣旨は，モラル・ハザードを防ぐためである。同じ目的物または被保険者について他保険契約が存在していることは，保険金の不正請求の意図による契約締結の可能性を窺わせるものであり，保険契約締結時には不正請求の意図がなかったとしても，その存在によって不正請求の誘引が働くおそれがあることから，保険金の不正請求を防止しようとするものである。保険法 4 条にい

う危険には，客観的危険と主観的危険とが含まれることから，主観的危険を誘引するような他保険契約は重要な事項にあたる。それゆえに，他保険契約を告知事項とする約款規定は有効である。また，因果関係不存在の特則（保険31Ⅱ①ただし書）が片面的強行規定とされることから，保険事故発生後の他保険契約の告知義務違反による解除の効力は困難になる。

知っている事実 　重要な事項は告知義務者の知っている事実でなければならならない。というのは，告知義務者は知らない事実を告知することはできないからである。そこで，告知義務者は，保険者が告知を求めた時点において知っている事実を告知すれば足りることになる。

2・3・4　告知義務に違反した場合は

告知義務違反があっても，保険契約が当然に無効となったり失効したりするわけではなく，保険者は，保険契約者または被保険者が，告知事項について，故意または重大な過失により事実の告知をせず，または不実の告知をしたときは，損害保険契約を解除することができる（保険28Ⅰ）。すなわち告知義務違反が成立するためにはいくつかの要件がある。まず，告知義務を履行していないことが必要である（客観的要件）。そして，告知義務者である保険契約者または被保険者の「故意又は重大な過失」による履行が必要である（主観的要件）。「故意」とは，告知義務者がその事実の存在を知り，それが重要事実に当たることを知りながらそれを告知しない場合（①）である。そして，「重大な過失」は，その事実は知っているが，その重要性を知らないこと（②）につき，あるいは重要性は知っているが告知しないこと（③）につき重過失がある場合をいう。事実そのものの存在を知らないこと（④）につき重過失を問題とすることは，告知義務者に事実の探知義務を課すことになり酷である。

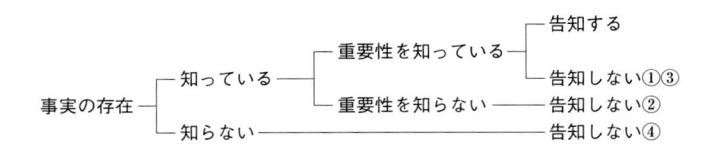

```
                                    ┌─ 告知する
                ┌─ 重要性を知っている ─┤
         ┌─ 知っている ─┤                    └─ 告知しない①③
事実の存在 ─┤              └─ 重要性を知らない ──── 告知しない②
         └─ 知らない ────────────────────── 告知しない④
```

2・4　損害保険契約における保険事故

2・4・1　契約内容が決定されなければならない

　たとえば，家屋の所有者は家屋が焼失した場合における再建費用の調達などに備えて火災保険に加入するであろうし，自家用車の保有者は自動車事故に備えて自動車保険に加入するであろう。このようにさまざまな動機に基づき保険契約が締結されるが，締結にあたり，保険契約の当事者は保険契約の内容を決定しなければならない。すなわち，保険契約の対象（保険事故発生の客体），保険者が責任を負担する出来事（保険事故）および期間（保険期間），保険者が給付する最高限度額（保険金額）とそれに対応して保険契約者が支払う保険料を定めることになる。

　そこで保険者は，保険契約において特定された対象（客体）に一定の事実（以下で述べる「保険事故」）が発生した場合に保険金を支払う。この保険事故発生の客体を，モノ保険または財産保険では，保険の目的または保険の目的物といい（保険6Ⅰ⑦，9，5，16，24参照），ヒト保険では，被保険者という。保険の目的物には，たとえば，火災保険における建物・家財，自動車の車両保険における自動車等の有体物（特定の動産・不動産，交代が予想される包括的動産），債権その他の権利，全財産などがあり，ヒト保険の被保険者は自然人（特定人，交代が予想される特定の団体に所属する人）に限られる。

2・4・2　保険事故とは

　保険者の給付義務が発生する出来事　火災保険における火災あるいは自動車保険における自動車事故，傷害疾病保険における傷害疾病などの事実が発生すれば，保険者は保険給付を行わなければならない（保険2①・⑥・⑨等）。このように，損害保険契約でてん補される損害を生ずることのある偶然の事故として契約で定めるものを保険事故という（保険5Ⅰ）。保険法では，損害保険契約においててん補することとされる損害の発生の可能性を危険という（保険4）。

保険事故は偶然な事故でなければならない（保険2⑥，5Ⅰ）。保
　偶然な事故
　　　　　　　　険事故の偶然性とは，火災保険に関する火災のように，契約成
立時においてその事故が発生することも不発生に終わることもあり得ることで，
どちらにも確定していないことを意味する（不確実性）。なお，生命保険におけ
る保険事故の偶然性は，終身保険の被保険者の死亡のように，発生は確実であ
るがその時期が不確定であることを意味する（⇨227頁）。したがって，契約成
立時にすでに発生している事実または不発生が確定している事実を保険事故と
する保険契約はそもそも成立せず，また，たとえば，海外旅行傷害保険に加入
した者が旅行を取りやめる場合のように，契約成立後に保険事故の不発生が確
定したときはその保険契約は消滅する。

　　　　　　　　保険事故は特定されなければならない。偶然な事故である
　保険事故の特定
　　　　　　　　限り，どのような事実も保険事故とすることができるが，
保険契約を成立させるためには当事者間で保険事故を特定しなければならない。
その特定の仕方は，一個，複数個（団地保険における火災・盗難・傷害・賠償責任
等），または包括的（貨物海上保険における航海に関するあらゆる事故，コンピュータ
総合保険におけるコンピュータに関するあらゆる事故など）のいずれでもよい。保険
事故が特定されると保険者の責任負担の範囲が確定するから，保険者はその範
囲外の事故は負担しない。また，範囲内の事故ではあるが，保険者の免責事由
（保険17等）に該当する場合にも，保険者は責任を負担しない。

　損害保険の約款における保険事故の規定の仕方は，3類型に分類される。①
具体的事故を列挙するもの（住宅総合普通保険約款1等），②具体的事故を列挙し
た上で，「その他偶然の事故」という包括的な事故類型を保険事故とするもの
（自動車（車両）1等），そして③保険事故を「すべての偶然な事故」として包括
的にのみ規定するもの（動産総合普通保険約款1等）に分けられる。②③の保険
をオール・リスク保険という。

2・4・3　保険契約締結前に保険事故が発生していたら

　　　　　　　　保険事故の発生または不発生に関する不確定性は，契約当
　遡及保険の意義
　　　　　　　　事者または保険金請求権者（損害保険では被保険者，傷害疾病

保険では保険金受取人）の知・不知を問わず客観的に判定されるべきである。

　保険者の危険負担の開始時期を保険契約の締結時よりも前の時点に遡らせる保険を遡及保険という。その旨を定めた約款規定を遡及条項といい，遡及条項について，契約の当事者等が保険事故の発生・不発生の事実を知らない限り，それを保険事故とする契約は有効である。というのは，保険契約成立時に，保険事故の発生・不発生が確定していないので，これらの者について主観的な意味で保険事故の偶然性が認められ（保険2⑥），保険契約を有効としても，保険契約者等に不当な利得が生じることがないからである。したがって，海上貨物運送において，運送される貨物がすでに破損し保険事故の発生が客観的に確定している場合であっても，貨物が厳重に梱包されているので契約当事者または関係者がその外観から判断して異常はないと認識してさえいれば，貨物に関する保険契約は有効に成立しうる。

保険法の規定　保険法は，2つのケースを定めている。第1に，損害保険契約を締結する前に発生した保険事故による損害をてん補する旨の定めは，保険契約者が損害保険契約の申込みまたは承諾をした時において，保険契約者等が保険事故が発生していること（事故の発生）を知っていたときは，無効とするものである（保険5Ⅰ）。そして2つ目は，損害保険契約の申込みの時より前に発生した保険事故による損害をてん補する旨の定めは，保険者または保険契約者が損害保険契約の申込みをした時において，保険者が保険事故が発生していないこと（事故の不発生）を知っていたときは，無効ととしている（保険5Ⅱ）。

遡及保険の要件　保険者または保険契約者という関係者が保険事故の発生を知っていたとき，すなわちそれを認識したとされる時点は，保険契約者が契約の申込みまたは承諾をした時（保険5Ⅰ），または，保険者または保険契約者が契約の申込みをした時である（保険5Ⅱ）。このように保険法では認識の時点として，保険契約者の承諾（保険5Ⅰ）および保険者の申込み（保険5Ⅱ）が明示されている。これは，保険者が保険契約者の申込みに対して条件を付した場合等において，これに基づく保険者の意思表示が新たな申込みとなり，これに対する保険契約者の意思表示が承諾となることを想定したもの

であろう（民528条参照）。

2・4・4 保険法5条が適用されると

契約の無効　　所定の要件が充足されると，遡及条項は無効となる（保険5Ⅰ）。保険契約者等が保険事故が発生していることを承知で，保険期間がその時点以前にまで遡る保険契約を締結したとしても保険契約は無効であり，被保険者は保険金を取得できない。保険契約が無効となった場合，保険者は保険料を返還する義務を負わない（保険32②本文）。ただし，保険者が保険事故の発生を知って保険契約の申込みまたは承諾をしたときは，保険者は保険料の返還義務を負う（保険32②ただし書）。そして，損害保険契約の申込みの時より前に発生した保険事故による損害をてん補する旨の遡及条項は無効となる（保険5Ⅱ）。すなわち，保険事故発生の可能性が消滅している場合に，保険事故の不発生について保険契約者等の知・不知を問わず，保険者がそれを承知で保険契約を締結したとしても保険契約は無効であり，保険者は保険料を取得できない（保険5Ⅱ）。

無効となる保険契約の範囲　遡及保険は契約締結前に発生した保険事故による損害をてん補するものであるが，損害保険契約の締結時には，保険事故が既に発生していたか，発生していないかのどちらかであり，客観的には偶然性を欠くことから，保険契約は成立しておらず，保険契約を無効とすることは適切ではないので，無効の対象は所定の遡及条項の部分に限定される。それゆえに，損害保険契約を締結する前に発生した保険事故による損害をてん補する旨の遡及条項（保険5Ⅰ）と，損害保険契約の申込みの時より前に発生した保険事故による損害をてん補する旨の遡及条項（保険5Ⅱ）が無効となる。

強行規定　　保険法5条1項の規定は公序に関する規定なので，強行規定（絶対的強行規定）である。これに対して，同5条2項および保険料の返還に関する同32条の規定は片面的強行規定である（保険7，33Ⅰ）。それゆえに，保険契約者が契約の申込みをした時点において保険者が事故の不発生を知っている場合にも契約を有効とする旨の約定は無効である。

2・4・5　保険事故が発生しても保険金が支払われないケース

　損害保険において保険金が支払われるためには，いずれも各契約で特定された保険事故が約定の期間内に発生することを必要とする。しかし，たとえ約定の期間内に保険事故が発生しても，発生の原因（事由）によっては保険金が支払われない場合がある。このような原因を保険者の免責事由という。免責事由は保険法に定められるもの（法定免責事由。保険17，商829）の他，各約款において，保険に対応させるために，法定免責事由に変更を加えたり，保険契約の内容とする免責事由（約定免責事由）が定められている（⇨122頁）。

2・5　保 険 期 間

2・5・1　保険者が責任を負担する期間

　保険者の責任が開始してから終了するまでの期間を保険期間（責任期間）といい，この期間内に保険事故が発生した場合，あるいは満期が到来した場合に保険者は給付義務を負う。したがって，火災保険の付された家屋が保険期間の開始する直前に焼失した場合，あるいは保険期間の終了する直後に出火した場合などにおいては，理論的には保険者からの給付がなされない。

2・5・2　保険期間はどのように定めるか

　保険期間は当事者間の約定により限定される。確定期間をもって定めることが多く，たとえば，損害保険の約款では，保険期間の初日の午後４時に開始し，末日の午後４時に終了すると定めるのが通例である（住火約23等。生命保険では，何年間とか，被保険者が一定の年齢に達するまでと定めている）。この他に，一定事実の存続期間として定める場合（たとえば，Ａ港からＢ港までの１航海），両者を併用する場合（たとえば，Ａ港からＢ港まで航海する間の１週間）などがある。なお，生命保険では，保険期間の終期を定めない場合（終身保険）がある。

2・5・3　保険契約存続期間，保険料期間との区別

保険契約存続期間　保険契約存続期間とは，契約成立時から終了時までの期間をいう。この期間は，通常，保険期間と一致するが，たとえば海外旅行傷害保険においてみられるように，契約成立後の特定時点（旅行出発日）から保険期間が開始する場合や遡及保険の場合には一致しない。

保険料期間　保険料の算定は，後述するように，一定期間（損害保険では1年が原則）を1単位とし，この期間内における平均的な事故発生率（危険率）を基礎とする。このように保険料算定の基礎とされる単位期間を保険料期間（危険測定期間）という。保険期間が複数年にわたる保険では，1保険期間が複数の保険料期間で構成される場合もある。

2・6　保　険　料

2・6・1　保険契約者が支払う対価としての保険料

保険者の危険負担に対する対価として保険契約者が保険者に支払う金額を保険料という（保険2①）。実際の保険料は純保険料と付加保険料によって構成されており，両者をあわせて営業保険料といい，一般にいわれる保険料とは営業保険料を意味する。純保険料は，保険金額に保険料期間における事故発生率（危険率）を乗じて算定され，保険事故が発生したときに支払われる保険金にあてられる。そして，収支相等の原則に基づいて，保険期間内に締結した同じ種類の契約について保険契約者が支払う純保険料の額と，それらの契約に基づいて保険者が支払う保険金の総額とが一致するように定められる。これに対して，付加保険料は，代理店手数料，保険者の人件費・物件費（社費），利潤などを考慮して算定される。したがって，たとえば，保険の申込みを電話，ファックスまたはインターネットなどによる方法に限定すれば，保険者は保険代理店に対して支払う手数料を支払わなくてもすむので，付加保険料の額を抑えることができ，営業保険料の安い保険の販売が可能となり，その結果，保険経営の効率が高められる（⇨11頁）。

2・6・2 保険料不可分の原則

意義 保険料は，保険料期間内における事故発生率を基礎として算定される純保険料を含み，事故発生率は保険料期間を1単位とするので細分できない。すなわち，たとえば，保険期間を6か月とする火災保険の保険料を1年分の保険料の2分の1にすることはできない。そこで，保険者が保険料期間の一部について責任を負担した場合，その後，契約が失効したり解約されても，保険者は当該保険料期間に対する保険料の全部を取得することができると解されている。これを保険料不可分の原則という。保険法にはこの原則を認める規定はないが，保険料は保険料期間に基づいて算定されること，保険者による単一かつ不可分の危険の引受けに対する報酬であることなどを理由に，この原則を認める学説・判例（大判大15・6・12民集5・8・495）がある。しかし，この原則に疑問を抱く見解もある。すなわち，保険料期間より短い期間に対応する保険料を算定することが技術的に可能であること，保険者による危険負担の長短にかかわらず一律に1年分の保険料を支払うことは保険契約者にとり不公平であることなどがその理由である。

約款における取扱い 約款では，保険契約が解約されまたは失効した場合でも，保険料不可分の原則によらない旨を定めることが多い。すなわち，保険契約の中途の解約または失効の場合には，未経過の保険期間について日割をもって計算した保険料を返還すると定め（住宅火災14Ⅰ・Ⅲ等），保険契約者が契約を解除した場合には，領収した保険料から既経過期間に対する短期料率によって計算した保険料を控除して，その残額を返還すると定めるものがある（住宅火災15Ⅲ等）。

2・7 損害保険契約の構造

2・7・1 損害のてん補とは

てん補される損害 損害保険契約とは，損害をてん補する契約である。「損害てん補」とは，保険契約上保険金の支払いが可能になる限界を定める意味での「損害」を，保険金により埋め合わせることで，民事上

の損害賠償とは異なる。民事上の損害賠償とは，故意または過失によって他人の権利を違法に侵害した者（加害者）が，被侵害者（被害者）に生じた損害を加害者側にシフトするというケース（不法行為）と，契約により履行義務を負う者（債務者）が，責めに帰すべき事情により債務を履行しない（できない）場合に，相手方（債権者）に生じた損害を，債務者が負担すべきであるというケース（債務不履行）のことをいう。したがって被保険者自身の自損事故によるものや，第三者あるいは契約相手方に責任のないものについては賠償されることはない（一部無過失責任を定めたものはこの限りでない。また，失火責任については第三者に軽過失があっても不法行為上の責任は問えない（「失火ノ責任ニ関スル法律」））。

これに対して，保険契約上の損害の「てん補」においては，相手方に責任がない損害はもとより，自らが招致した事故（自損事故）による損害についても，軽過失であれば保険者はその損害に対して保険によるカバーを行う。場合によっては重過失についても保険者が保険金の支払いを行なう場合もある（保険17Ⅱ，自賠法14）。この意味で，保険契約上の「てん補責任」は，民事上の一般の損害賠償責任より広い概念ということができる。

損害はすべててん補されない　もっとも，保険のてん補範囲はその保険客体の性格や事故の性質から，保険契約では一般に損害について必ずしも全部をカバーしないのが通例である。たとえば，事故招致やモラル・ハザードの

借家人はつらいよ！

条文がたったひとつしかない「失火ノ責任ニ関スル法律」は，きわめて日本的な，しかし重大な効果を有する法律である。つまり，軽過失による失火で隣家を延焼させてしまっても，この者に対して不法行為による損害賠償義務を免れさせるのである。わが国の家屋が「木と紙」でできていることから延焼範囲が広く，莫大な賠償義務を負担するおそれがあったため，このような免責規定が設けられたという。したがって，被害者としてはつねに火災保険によって自己家屋を付保しておく必要はあるが，火災に関する賠償責任保険に加入する必要はないことになる。わが国で責任保険の加入率が低いことの原因の一端はここにある。

しかしながら，この法律で責任を免れるのは不法行為責任だけであることに注意しなければならない。たとえば，失火により家主の家屋を焼失させた借家人は，家主に対して不法行為責任は免れても，家屋賃貸借契約の債務不履行責任を免れない（契約終了時点で賃借家屋を元通りの状態で返還できなくなる）。そこで，賃借家屋について損害賠償責任が残るのである。賃借人利益を被保険利益とする火災保険を締結する必要が生じるのである。その意味でも「借家人は気楽だ」とはいっていられない。

危険が大きな一部の保険については保険者は危険の全部を引き受けることはない。さらに，一般に船体保険について4分の3を限度に保険者は損害を引き受け（残りはPIクラブという船主の相互保険組合でクラブ加入者の危険について引き受けるのが通例。⇨213頁。クラブに加入できないと付保されないので匿名性がもたらす事故招致やモラル・ハザードの危険を縮減している），自動車保険における車両保険では小損害不担保条項により一定金額までの損害は被保険者の自己負担となっている。したがって，てん補といいながら，これにも大きな制約があることに留意する必要がある。

2・7・2 被保険利益が必要である

被保険利益とは 被保険利益とは，損害保険契約において，保険事故の発生により被保険者が損害を被ることあるべき利益をいう。損害を生じる可能性を欠けば損害をてん補するという契約の目的そのものが存在しないので，保険契約そのものが無効ということになる。被保険利益は，金銭に見積もることができる利益であるとされる（保険3条）。したがって，損害保険契約の成立要件として，何らかの滅失するおそれのある経済的利益の存在が要請される。ところで，かつて「利益なければ保険なし（Ohne Interesse, keine Versicherung）」といわれたように被保険利益は保険契約の要素ではあるが，そこでの利益とはモノそれ自体の利益（所有者利益）であった。火災保険におけ

もし原発に飛行機が墜落したら？

原子力発電所の原子炉などは，コンクリート製の分厚い格納装置の中に格納され，万が一にも事故は起こらないかもしれない。しかし，アメリカの原子力船「サヴァンナ号」の安全データでは，衝突角30度を超える船舶衝突については安全性の保証はなかった。したがって，他の船舶や航空機が過失で原子炉格納容器に安全角度を超えて激突すれば原子力損害を発生させるおそれはあった（原子力発電所でもその危険はあるかもしれない）。その場合の損害は莫大だが，一般の船会社や航空会社は，このような希有な事例に備えて，民事賠償責任保険に加入する必要があるのだろうか？

答えは，ノーである。これら原子力施設については，国際条約に基づいて責任の集中（canalization）により，加害者に軽過失がある場合でも無過失賠償責任が原子力施設保有者（原子力船の場合はその運航者。かならずしも船主ではない）が負担する。したがって，これらの者のみが原子力損害賠償責任保険に加入する義務を負う。

る自己所有の家屋などがそれである。しかし，この概念はその後拡大し，抵当権者利益のような債権的利益に広がった。そこでは，責任保険のように保険事故不発生時には特段の利益はなくとも，保険事故の発生により第三者に対して民事賠償責任を生じるような，消極的利益も被保険利益たり得る。

被保険利益の必要性 損害保険契約において被保険利益が必要とされるのは，モラル・ハザードを防止するためにある。保険事故が発生しても損害が生じる可能性がない者に保険給付を行うことは認められないことから，被保険利益は利得禁止原則と密接な関係にある。モラル・ハザード防止の観点から，保険者のてん補額は被保険者が被った損害の額を超えてはならないという利得禁止原則が導かれるが，この原則が，保険事故の発生により被保険者に損害が生じた段階において保険者による保険給付の限界を画するのに対して，被保険利益は，損害保険契約の締結の段階において，被保険者について利得を防止する機能を果たす。そして，被保険利益について定める保険法3条は，明文の規定はないが，強行規定であり，本条に反する規定を有する保険契約は無効である。

2・7・3 被保険利益であるためには

経済的利益であること 被保険利益は経済的利益であることが必要である（保険3）。これは，損害保険において客観的に証明できる利益の存在を要求していると解される。もとより，精神的・感情的利益や宗教的利益なども失われることあるべき利益に該当するであろうことは想定される。しかしながら，そのような主観的利益は，保険のように双方の出捐が不均衡な契約にあっては賭博や詐欺の対象になりやすい。そこで，モノ損害保険にあっては，客観的に証明可能な利益に限られる。

不法な利益でないこと 被保険利益は適法なものでなければならない。契約が不法な目的，たとえば，密輸品ないし禁制品（麻薬・銃器など）について運送保険や盗難保険を付すことは，公序良俗に反するので無効である（民90）。危険負担の態様が公序良俗に反する場合も同様である。当事者の善意または悪意は問わない。

確実な利益であること　被保険利益は現存する利益であることは必要ない。将来生じるべき利益であってもかまわないが，それでもその実現が確実な利益であることを要する。社会通念上存在しないものの利益を保険の目的とすることはできない。また，不確実な利益も保険の目的にはできない。不特定人のためにする保険にあっては，船積みの当時誰が将来被保険者になるか特定されているわけではない。しかし，船荷証券と保険証券・運賃の領収証をともに譲渡することで運送中の積荷の所有権を譲渡するCIF売買などの契約では，保険事故発生時にこれら証券の所持人が被保険者として特定される。このように客観的に被保険利益が存在すれば足りるのである。

確定可能な利益であること　被保険利益の概念は保険契約の目的を確定する機能を果たすことから，被保険利益が確定可能であることが必要とされる。

積極利益・消極利益　被保険利益には，被保険者が所有または占有する資産（積極財産）を喪失することに対する利益である積極利益と，事故の発生により被保険者が加害者として負担することとなった第三者に対する賠償責任という債務や負債（消極財産）が増大することにより財産の状態が悪化することに対する利益である消極利益が存在する。積極利益を対象とする保険を積極保険といい，所有者が家屋について，所有権を被保険利益として加入する火災保険が典型である。消極利益を対象とする保険を消極保険といい，消極保険における被保険利益は，被保険者の全財産あるいは被保険者の現在の財産状態を維持する利益である。

2・7・4　不動産をめぐる被保険利益

二重譲渡の場合　二重譲渡された家屋について，第1の取引で当該家屋を取得した者が真正な登記をしていなくとも，当該目的物に火災保険契約についての被保険利益を有することについては問題がない。なぜなら，わが国では登記に公信力を認めず，それは対抗力にすぎないから，所有権の有無と登記の有無は直接には関係がないのである。しかし，当該家屋について第2の取引で真正な登記を取得した者が現れたときは，先に売買された事実や誤登記をもってこの者に対抗できず，したがって被保険利益（所有者利益）

を失う。もちろん，譲渡人に対して債務不履行による損害賠償を請求するか，契約を解除してすでに支払った代金の返還を主張することができるのは当然であるが（あわせて損害の賠償を請求することもできるから，支払った保険料も回収できるはずである），当該家屋が焼失しても保険者に保険金の支払いを請求することはできない（最判昭36・3・16民集15・3・512）。

譲渡担保の場合　当該家屋が譲渡担保の目的である場合，譲渡担保権者と譲渡担保権設定者がそれぞれ所有者利益を被保険利益として火災保険契約を締結することは可能だろうか。譲渡担保については，かつての信託的譲渡説のように担保権者が所有権を有し，設定者が占有権を有するのみであるという構成をとることはできない。もし，信託的譲渡説の見解をとるとすれば，設定者は自己所有の家屋について被保険利益（所有者利益）を否定されるという，いちじるしく不利な立場におかれることになるからである。そこで，譲渡担保の今日的解釈であると思われる担保権的構成（たとえば，抵当権説）をとるとすれば，譲渡担保権者の有する被保険利益は，登記簿上はともかく，担保権者利益に過ぎず，所有者利益はあくまでも譲渡担保権設定者にあると考えるべきであろう。最高裁において譲渡担保権者と同設定者がそれぞれ所有者利益を被保険利益として火災保険を付した事案について争われたが，双方の契約をともに有効とした（最判平5・2・26民集47・2・1653）。しかし，このそれぞれの利益がいかなるものであるかについて言及がない点で若干の問題を残しているように思われる（被保険利益が異なるので後で述べる重複保険の問題ではない）。なお，実際にこのような問題を生じる場合（抵当権の設定においても同様）には，当該家屋に債務者が火災保険を付している場合には，債権者は火災保険について質権（債権質）を設定させる方法が簡便な解決策となろう。

所有権留保　売買契約の目的物について所有権留保がなされた場合，売主と買主の双方が目的物について別個に保険契約を締結することがあり，この場合の取扱について裁判所の判断は分かれている（大阪地判昭55・5・28判タ427・183（売主・買主間で所有権は価値的に分離しており，売主・買主の双方に被保険利益が認められることから，買主を被保険者として締結した車両保険契約は有効であり，買主は既払金額の代金総額に対する割合分のみ損害てん補を受けられる），

名古屋高判平11・4・14金判1071・28（所有権留保特約付売買の買主あるいは承継人は，目的物につき保険事故が発生することによる経済上の損害を受ける関係にあるゆえに，自動車損害保険契約の被保険利益を有すると解され，所有権の分属を基礎とした損害てん補を行うべきではない））。

2・7・5 損害をてん補する契約とは

損害保険契約は，偶然の保険事故による損害をてん補する契約である。この場合，「てん補」が発生した損害のカバーであることはすでに述べたが，てん補の性質をめぐって以下のような学説上の対立があった。

絶対説 かつては，発生した実損害を埋め合わせることを契約の本質と解し，したがって，失うことあるべき経済的利益である被保険利益こそ保険契約の絶対的要件であるとする見解（絶対説）が主張された。この立場をとると，被保険利益がない部分の契約は成立要件を欠くため無効となり，保険金が支払われることはない。しかし，これでは再調達価格を保険の目的とする機械保険など新価保険，企業の積荷保険などで用いる評価済保険（保険9），船体保険において座礁船舶を全損扱いとする方法として定める保険委付（商833）などは生じる余地がない。また，こんにちの責任保険は，被害者救済のために被保険者（加害者）の請求により保険者が直接被害者に保険金を支払う形態にな

私も所有者？

本件建物の所有者であるXはAから借入をなし，Aとの間で本件建物につき譲渡担保を設定するとともに，A名義で所有権保存登記がなされた。Aは，本件建物につきB農協との間で共済金額を2,000万円とする建物更正共済契約を締結し，XもY保険会社との間で，本件建物につき保険金額を3,000万円とする火災保険契約を締結した。本件建物の焼失により，AはBから火災共済金1,770万9,111円等の支払いを受けた。Xは，Yに対して火災保険金2,100万円の支払いを求めたが，Yは，Xは本件建物につき被保険利益がなかったとして，支払いを拒絶した。最高裁判所は，譲渡担保の趣旨・効力を考えると，担保権者および担保設定者はともに目的物につき保険事故の発生による経済的損害を受ける立場にあり，いずれも被保険利益を有すると解され，両者に帰属する被保険利益は同じ対象物件にかかるゆえに，重複保険と同様の状態が生ずるので，旧商法632条を類推適用して，各契約の保険金額の割合によって各保険者の負担額を決定すると解するのが相当であると判示した（最判平5・2・26民集47・2・1653）。

っているが（被保険者の民事責任を保険金の範囲で免脱することを目的とする＝責任免脱型責任保険），被保険者の一般財産に損害を生じないこのような保険も成立する余地がないことになる。

相対説　保険契約を一元的に捉える学説として一世を風靡した。保険契約の本質を金銭給付契約であるとする。しかし，こうすると損害保険においては保険が賭博目的に利用されるので，これを政策的に抑制する手法として，とくに損害てん補性が要求されているにすぎないとする。わが国ではとくに大森忠夫博士によって主張された。実損てん補には適合しない新種の損害保険（たとえば新価保険など）にも，公序良俗概念とリンクさせた被保険利益概念を用いることで，公序良俗に反しない限り実損を超えて保険金を支払う損害保険も理論的に有効となった。イタリアの新損害てん補説（国際保険法学会創設者の一人であるアンティグノ・ドナーティ（A. Donati）などにより主唱される）と近似するが，後者は損害てん補概念を定額保険にも持ち込み（主観的損害てん補），ただし同様に賭博保険の危険のある損害保険に客観的損害の証明を要求することで，賭博転用や事故招致を回避するものである。その意味で，前者を定額保険理論の拡張型，後者を損害保険理論の拡張型とみることができる。しかし，相対説に問題点がないわけではない。それは，保険加入者側の保険加入動機が考慮されない相対説では，その他の条件付金銭給付契約と保険とを峻別することができない。

修正絶対説　損害保険契約を純粋に「損害のてん補」であるというと，たとえば，①新価保険・評価済保険（保険9）などはいささか損害概念を拡張しないと対応できない。また，②保険委付（商838）・保険代位（保険24，25）・免脱型責任保険などは，そもそも説明がつかないことになる。たとえば，船舶普通保険約款10条によれば，汽船で60日（当該船舶の最後の消息のあった地点，および次の寄港または到達すべき港が東経100度以東，同150度以西，北緯20度以北，同50度以南の地域にあるとき）ないし120日（それ以外の場合）間行方が分からない場合，あるいは修繕が不能な場合には，船舶を委付して保険金が支払われる。また，第三者の不法行為などで保険の目的物が滅失した場合も，被保険者の第三者に対する請求権を保険者に代位させることで保険金が支払われる。

いずれにしても，これらについては損害が発生したとはいえない。責任保険についても，民事責任を負担する被保険者が損害を賠償しなければ被保険者の一般財産に損害を生じないのだから，保険者は保険金を支払う状況にないはずである。これについて，修正絶対説の主唱者の一人である西嶋梅治博士は，損害保険契約の本質は，もはやこれらについては変更を余儀なくされるとして，保険法2条6号（改正前商629）にいう「損害をてん補する（損害ヲ塡補スル）」契約の趣旨は，「不確定損害」に対する救済契約をも含む，いわば損害てん補原則の質的例外であると主張する。そして，①については従来の損害原則をそのまま拡張的に適用するものの，②については，必ず利得予防の措置をとらせる根拠を与えるものと位置づける。海上保険における「ローン・フォーム」のようなケースもこの主張を裏づけるように思われる。たとえば，海上衝突の場合では，にわかに責任の帰趨を判断することはできないが，迅速に損害防止措置をとらないと損失は莫大なものになる。しかも，沈没阻止などの業務は専門家の技術・機材を投入せざるを得ないであろう。そこで，保険者は自ら保険金を支払うべき義務はいまだ不明だが，保険金を仮に支払って損害防止の手段をとらせる場合がある。この場合，保険金を支払うべき義務が確定した場合には保険金の一部となるが，かかる義務がないことが判明した場合には，被保険者に対する無利息の貸付（ローン）となるのである。修正絶対説によれば，これも説明することができよう。

どのように考えたらよいか　これらの理論について，現在格別の激しい対立があるわけではなく，当初の絶対説のような硬直的な損害てん補概念を主張する理論は今日ではほとんど存在しない。しかもその後，民法の不法行為法の発展にともない，不法行為法上の損害賠償と保険契約にともなう損害てん補概念はいちじるしく接近した。たとえば，自動車損害賠償保障法（自賠法）における自動車損害賠償責任保険（自賠責保険）のように，社会的な効用に必然的に内在する負の効用としての自動車事故損害を，どのようなシステムを通じて，最小のコストで被害者からシフト可能か，という側面から検討すべきであるとの理論も登場する。このような理論では，その目的を有効に実現させるべく不法行為法上の過失概念そのものが極度に形骸化されてしまっている。その

意味で相対説とは，このような近代保険生成当時の保険原理主義とは離れて，保険が有する危険の分散と損害のシフトという機能（システム）に大いに着目する，保険実際主義学説であったと評価できる。しかし，これは逆に保険のもつ当初の目的をいちじるしく希薄化させるものであったことは否めない。その意味では，修正絶対説こそは，このような保険のもつ2つの要素に着目して展開された学説に，理論的架橋を試みたものと評価することができよう。

2・7・6 利得禁止原則

　保険契約を締結することにより，保険契約者や被保険者は利得をしてはならないと解されている。これを保険契約の利得禁止原則という。この原則は，保険法の解釈上導かれるものである。

　損害保険契約においては利得禁止原則が絶対的強行規定として妥当し，被保険利益について発生した損害額を超える保険給付は許されないと解されてきた。しかし，このような解釈では，被保険利益を超える保険給付を認める新価保険等の保険が認められない。そこで，利得禁止原則を緩やかに解する見解が提唱されている。それによると，損害をてん補することが要求されているという意味での狭義の利得禁止原則と，公益の観点から容認されない著しい利得をもたらす保険給付をなすことが禁止されるという意味での広義の利得禁止原則がある。それゆえに，定額保険についても広義の利得禁止原則は妥当する。そして，損害保険契約については，狭義の利得禁止原則が妥当し，最狭義の利得禁止原則と狭義の利得禁止原則とが存在する。最狭義の利得禁止原則とは，保険法の定める損害てん補方式を意味し，狭義の利得禁止原則とは，保険法の定める損害てん補方式よりは緩やかな制限しかない保険給付も損害てん補として容認するが，損害と保険給付との間の関連性は必要であり，この関連性を説明できない保険給付は容認されないというものである。

　後述するように，損害保険契約を締結するにあたって，保険給付の限度額として保険者と保険契約者との間において約定される金額を保険金額という（保険6Ⅰ⑥）。そこで，損害保険契約では，保険者は，保険事故によって被保険者が被った損害をてん補するのであるから（保険2⑥・⑦），保険金額は，客観的

基準である保険の目的物の有する価額である保険価額を超えて約定することはできない（保険6Ⅰ⑥・⑦）。

2・8　保険金額と保険価額

2・8・1　保険金額とは

意　義　XがY保険会社（保険者）と損害保険契約を締結する場合を想定しよう。Xが新たに居住用住宅を購入したので，これを保険の目的物として（つまりX自身を被保険者として），Yとの間に火災保険契約を締結しようとしたとする。この場合，保険契約締結にあたって，まず決定されるのが「保険金額（amount insured）」である（ここではX・Y間で2,000万円の契約を締結したことにしよう）。ここでいう保険金額とは，保険者が保険事故の発生（Xの締結した火災保険の場合，火事のみならず，落雷・破裂または爆発・台風や暴風などの風害・雪害などが担保される）に際して，YがXに対して，当事者の合意に基づいて負担する責任の最高限度額をいう（保険6Ⅰ⑥）。保険金額は，保険契約締結に際して当事者間で約定されることから主観的基準であり，保険者の約定限度額である。

機　能　保険金額は実際に支払われる保険金とは一致しない。保険金額が実際の保険の目的物の価額（後に述べる「保険価額」）を超えて約定されると，超過部分について，保険契約者は取り消すことができる（保険9）。X所有家屋の価額が1,000万円であるとすれば，保険金額が1,000万円を超える部分を取り消すことができる。逆に，当該家屋の保険価額が3,000万円であっても，Yの責任限度額である保険金額が2,000万円までなので，Yはこれを超えて責任を負担することはない。

　これに対して，生命保険などの定額保険の場合は，通説によればそもそも被保険者の保険価額が算定されることがない。したがって，約定した保険事故が発生した場合（一般に被保険者の「死亡」または「生存」），損害を考慮することなく，ただちに保険金が支払われる。このときの保険者の責任は「保険金額」，

つまりは保険者の責任限度額ということになる。傷害保険では，一般に死亡傷害保険金が保険金額の約定となり，契約の条件に合致する傷害により被保険者が死亡という結果を生じたときは，保険金として保険金額が支払われる。ところが，それ以外の身体の傷害を被った場合は，約款に定める傷害の程度に従い死亡傷害保険金に対する割合で保険金が支払われる（傷約6別表2）。たとえば，両目失明では傷害死亡と同額（100%），手の拇指（おやゆび）を指関節以上で失ったときはその20%，拇指以外の指を第2指関節以上で失ったときは8%などである。

2・8・2 保険価額とは

保険金額とどこが違うか 被保険利益の評価額を「保険価額（insurable value）」という（保険法3条）。家屋を所有するXの，当該家屋の所有者として有する経済的利益の評価額が保険価額ということになる（保険法9条では，「保険の目的物の価額」と表記される）。損害保険では利得禁止原則が適用されるのが一般的で，保険価額が保険者の法定責任限度ということになる（これを超えて任意に保険者の責任限度額を定めても，保険者は原則として保険価額の範囲でしか保険金支払義務を生じない）。

責任保険等の消極保険では，被保険者の全財産あるいは被保険者の財産状態を被保険利益とし，事故の発生によって被保険者に債務や負債等（消極財産）が増大することにより財産の状態が悪化することを前提とする。消極財産の額は事故発生後でなければ判明しないし，その額はケースにおいて異なるので，消極保険では，保険契約の締結時において被保険利益の額である保険価額を具体的に評価することはできない（⇨188頁）。

保険価額は何によっていつ評価されるか 保険金額が，保険契約締結に際してあらかじめ当事者間で約定される主観的基準であるのに対して，保険価額は被保険利益の評価額であるから，一般的・客観的基準で評価されなければならない。これは，保険価額こそが支払保険金を具体的に決定する基準となるからである。つまり保険価額を超えて保険者に保険金支払いの責任が発生することはなく，後述する一部保険における比例てん補の基準となるのも，あくまでも

保険価額だからである。まさにこれによって保険の恣意的な賭博転用が阻止されているということができる。

　保険価額は物価の変動・時間の経過などで変化する。国際的な相場のある穀物・羊毛・金属などは，生産地の天候・治安，消費地の景気や流行の変化などに絶えず敏感に反応する。そこで，保険価額の評価時期が問題となる。

　まず，①支払保険金の額を決定する基準としては，原則として保険事故発生地・発生時においてである（保険18Ⅰ）。例外は海上保険で，船舶保険では保険契約締結時の価格を保険価額とする（商818）。実務でも同様で，実際には保険契約締結時において保険価額の協定がなされる（たとえば，ドイツ普通海上保険約款70）。海上貨物を対象とする積荷保険では，船積地における船積時の価額を保険価額とする（商819）。実務では，インボイス（仕切状）に記載された価格（運賃・保険料の記載がない場合，これを加算する）に希望利益10％を上乗せして協定する（貨物海上10Ⅱ）。

　②損害保険契約の締結の時において保険金額が保険価額を超えていたことにつき，保険契約者および被保険者が善意でかつ重大な過失がなかったときは，保険契約者は，その超過部分について，損害保険契約を取り消すことができる（保険9本文）。ただし，保険価額について約定した一定の価額（約定保険価額）があるときは，この限りでない（同ただし書）。

　そして，③損害保険契約の締結後に保険価額が著しく減少したときは，保険契約者は，保険者に対し，将来に向かって，保険金額または約定保険価額については減少後の保険価額に至るまでの減額を，保険料についてはその減額後の保険金額に対応する保険料に至るまでの減額をそれぞれ請求することができる（保険10）。この請求のための保険価額の算定は，保険事故の発生や契約締結時における保険価額の決定とは異なり，このような事態が生じた場合に，随時に行われねばならない。

　つぎに，保険価額は，保険の目的物が商品で交換価値を有する処分財産については時価を基準として評価されることになる。不動産などの使用財産については，取得価格を基準にその減損額を控除した額を保険価額とする。しかしながら，住宅・自動車あるいは発電所の発電機等は，保険事故の発生により保険

金を受領しても，同種・同性能のものの調達が困難なケースが少なくない。このようなものには再調達価額を保険価額とすることが認められる。とくに後者の機械やターボ・セットを保険の目的物とする場合には，いかなる場合も再調達価額の保険でなければならない。これらの保険を，とくに新価保険という。

2・8・3 評価済保険という便利な保険

意義・必要性　たとえば，海上保険の多くは保険契約締結時に保険価額を合意によって定める場合が多い。これは，保険の目的物の価額の変動が被保険者に不測の損失をもたらす場合が少なくないことによる。たとえば，商社がアメリカで小麦を買付け，これを食品会社に転売する目的で日本へ向け運送するとしよう。なんらかの事情でこれが滅失した際（海上運送中の船舶の沈没や濡れ荷による商品価値の喪失），たまたま小麦の市場価格が下落していたとすると，商社は転売利益はもとより仕入れ価格・運送賃等もカバーできないことになろう（運送までの諸費用はすべて自弁となる）。また，運送中の小麦を買受けた食品会社も，買取価額や運賃・保険料が保険でカバーされなければ損失を生じることになる。これでは企業としてビジネスを行なうことができない。もちろん，利益まで保険でカバーできるとなれば，被保険者サイドには保険事故を招改する危険が生じるかもしれない。しかし，企業保険では保険を毎年何回も利用する必要があるため，被保険者が保険事故を招致することにより，

スーパー・コンピュータのお値段

コンピュータの命は演算速度である。超高速演算を必要としている領域は，宇宙ロケットの軌道計算や，航空機の開発，天気予報など様々だ。しかしこれらの領域では，現在のコンピュータ機種が適当だとしてこれを利用しているわけではない。もっと高速のコンピュータがあれば，それを利用したいのに手に入らないから現在の機種を利用しているにすぎない。したがって，これら先端技術開発を目指す業界ではこの種のコンピュータが事故により滅失した場合，可能な限りの高性能の新機種を再調達したいと考える。もはや旧機種の利用は，技術開発競争での敗北を意味するし，そもそも旧機種の値段は新機種の登場で暴落してしまうのがこのスーパー・コンピュータの領域である。そこで，実損てん補どころか再調達価額てん補すら超えて，最新機種調達価額てん補型保険も考案されている。これを一般に「超新価保険」と呼んでいる。

今後の保険契約から排除されるリスクは莫大であるから，このような危険は一般に小さいといえる。そこで，これらの保険においては当事者によって事前に保険価額の合意がなされることがあり，保険価額の変動に備え，契約当事者があらかじめ保険価額を協定し，このように，客観的な評価額にかかわらず，保険者が協定額に拘束された保険金支払義務を負う保険を「評価済保険」という。保険法は，以下のように保険価額の評価時期の特則として評価済保険を定めている。

保険法の規定　損害保険契約の当事者は，契約締結時に，保険価額を約定することができる。約定された保険価額を約定保険価額といい，これを定めた保険契約を評価済保険という（保険9，18Ⅱ）。評価済保険が有効とされる理由として，①保険事故発生後の評価に関する紛争を回避すること，②保険価額を事前に約定することにより，被保険者の不安を取り除くこと，または③約定保険価額が絶対的なものではないのであるから（保険18Ⅱ），利得禁止原則は維持されること等があげられる。

保険価額の約定　保険価額が約定されるためには，損害保険契約の締結時に，当事者間で保険価額を約定し，約定価額を保険価額とし，損害額算定の基礎にする旨の合意を要する。貨物海上保険約款では，保険価額を約定しなかったときは，原則として，保険価額は保険金額と同額とすると定めているが（貨物海上6Ⅰ等），この約款に基づいて保険契約が成立した場合には，評価済保険契約が成立したとみなされる。

評価済保険の効果　保険価額が約定されると，約定保険価額が客観的な評価額に一致しているか否かにかかわらず，当事者はこの価額を保険価額とする。したがって，約定保険価額が超過保険（保険9）や重複保険（保険20）の判断基準となる。

約定保険価額があるときは，てん補損害額は約定保険価額で算定するが（保険18Ⅱ本文），約定保険価額が保険価額を著しく超えるときは，評価済保険の効力は失われ未評価保険の原則に立ち戻り，てん補損害額は実際の保険価額によって算定される（同ただし書）。著しく超えるか否かの判断は社会通念により行われ，判断の基準となる保険価額は損害発生の地および時の保険価額である

（保険18Ⅰ）。このような評価済保険に関する保険法18条2項本文は任意規定であるが，同条2項ただし書は，その趣旨からすると強行規定である。

2・8・4　保険価額不変更主義

　保険期間が比較的短期の契約で，その間の保険価額の変動が少ないものについて，評価が容易な時点における保険価額をもって全保険期間の保険価額とすることが認められる場合がある。その趣旨は価額の協定と同様に保険価額の算定時期・場所について協定するものである。これは運送保険や海上保険では，保険の目的物が場所的に移動したり，保険事故発生時・発生地の価額が存しない（積荷等が海上で滅失した場合）ことがあるから，あらかじめこれらの算定の時点・場所を特定して紛争を回避することを目的とする。したがって，このような保険では，ある時点・場所の保険価額をもって全保険期間を通じた保険価額とする。ただし，特段の価額を協定することなく，保険価額不変更主義のみを合意した場合，保険価額算定の時期・場所については争いがなくなるが，その時点での保険価額をめぐってはなお当事者間で争いを生じる。そこで，協定保険価額は，これを避ける目的で海上保険実務上合意されるようになったのである。

2・8・5　全部保険・一部保険・超過保険とは何か

　「保険価額」は保険の目的物の評価可能な経済的価額であることはすでに触れた。そして，この金額について保険者との間で保険契約を締結すれば，これを全部保険（full insurance）といい，保険の目的物に生じ得る損害の限度額一杯まで保険に付されていることになり，被保険者は損害を生じても十分なカバーを過不足なく受けることができるはずである。

　ところがここに問題が生じる。すなわち，保険価額の算定は一般に保険事故発生後になされる場合が多く，保険契約を締結する際にはその額はしばしば不知である（再調達価額を保険価額とする新価保険などは例外）。そこで保険契約当事者は，契約の締結に際して保険者による損害てん補限度額である「保険金額」のみを定める（以下，便宜的に保険金額を「a」，保険価額を「v」と表記する）。

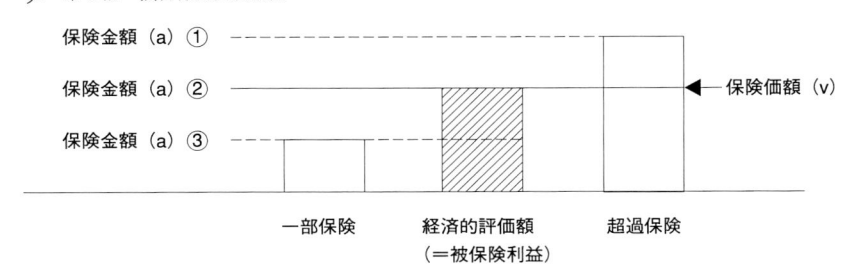

```
保険金額（a）①  ┄┄┄┄┄┄┄┄┄┄┄┄┄┄┄┄
保険金額（a）②  ─────────────── ← 保険価額（v）
保険金額（a）③  ┄┄┄┄┄┄┄┄┄┄

            一部保険    経済的評価額    超過保険
                      （＝被保険利益）
```

① 保険金額＞保険価額：超過保険
② 保険金額＝保険価額：全部保険
③ 保険金額＜保険価額：一部保険

さて，保険事故が発生すると保険価額が算定される。このとき，保険者の責任の限度である保険金額が保険価額に不足する場合がある（a＜v）がある。これを一部保険（under insurance）という。この場合，保険者は保険金額から保険価額までの部分（v−a）について保険金を支払う責任はない。一方，逆に保険金額が保険価額を超えて保険契約が締結されてしまうケースもある（a＞v）。これを超過保険（over insurance）という。実損てん補が損害保険の原則であるから，この場合たとえ保険者の責任限度額である保険金額をいくら高額に定めても，利得禁止原則から，保険者はこれが保険価額を超過する部分（a−v）については保険金を支払う責任がない。保険価額は保険期間中に変動することが多いので，超過保険の判断時期が問題となるが，保険法では損害保険契約の締結の時としている（保険9）。実際には，過不足なく目的物に保険を付する全部保険（a＝v）のケースはまれなので，たいていは一部保険か超過保険を生じることになる。

2・8・6 一部保険ではいくら支払われる

一部保険を生じる理由には，①保険契約者が保険料を節約するため，②保険者が被保険者の注意力の減殺を防止する目的で被保険者の負担分を意図的に残しておく場合などの他，さらに③保険の目的物の価額の急騰などによる場合も

ある。①および②は，保険契約者・保険者により契約当初から意図されていたものであるが，③については一部保険のてん補額が原則として比例てん補（保険19）であるため問題を生じる。

一部保険におけるてん補額は，保険事故によって生じた損害額に保険金額の保険価額に対する割合を乗じて（てん補額＝損害額×a／v）算定される。たとえば，1,000万円の保険価額を有している家屋を保険の目的物とする場合，これに保険金額600万円の火災保険契約を締結するものとしよう。ところが，火災が発生し家屋の半分が滅失した（損害額500万円）。保険者は，損害が保険金額の範囲内だからといって500万円を支払うわけではない。一部保険の比例てん補の原則により，500万円（損害額）×600万円／1,000万円＝300万円（てん補額）という計算で，300万円しか支払われないことになる。比例てん補の根拠については，保険者または保険契約者が任意で一部保険契約を締結する場合は，保険者と被保険者間で危険を分担する合意であるとみることができる。しかし，結果的に一部保険となるケースもあるので，このような事案については実損てん補に必要なコストが加算された保険料が支払われていないことを根拠にする説が有力である。

保険法19条は任意規定なので（保険26参照），一部保険の場合でも，保険者のてん補額を被保険者に有利に緩和したり，そもそも保険金額の範囲で実損てん補する合意も有効である。前者を付保割合条件付き実損てん補条項（co-insurance clause）といい，後者を実損てん補契約と呼んでいる。前述の例で具体的にみてみよう。たとえば，80％のコ・インシュアランスで前述の契約を締結すると，比例てん補計算の分母を構成する保険価額が，80％（800万円）で計算される。したがって，500万円×600万円／800万円＝支払保険金（375万円）となるのである。この場合被保険者は75万円の負担をこれにより免れることになる。したがって，保険金額までのコ・インシュアランス契約を締結しておけば（この例では，割合計算の分母を600万円にすればよいから，60％のコ・インシュアランスとする），保険金額までは実損害がてん補されることになる。盗難保険などは実損てん補契約の例である。

2·8·7　超過保険の超過部分はどうなる

超過部分の取消　損害保険契約の締結の時において，保険金額が保険価額を超過していることについて，保険契約者および被保険者が善意でかつ重大な過失がなかったときは，保険契約者は，超過部分に相当する損害保険契約を取り消すことができる（保険9本文）。保険法によれば，超過部分の取消権は保険契約者に帰属するので（保険9本文），保険契約者は超過部分を取り消すことなく保険契約を超過保険のままで継続させることもできることから，保険法は超過保険を有効であると認めたものである。保険法が，保険契約者に超過部分に相当する部分の取消を認める趣旨は，①損害保険契約では，損害額を超えて保険給付を受けることができないのが原則であり，不当な利得を防止するために超過部分の保険契約を一律に無効とする必要はないこと，または②契約締結後に保険価額が変動する場合もあるため，将来の保険価額の上昇を見込んで契約締結時に保険価額よりも高い保険金額を設定することも許容すべきであること等が立法論的に指摘されており，保険契約者のニーズに応じて柔軟に保険契約を締結することを可能にすることがあげられる。

取消の要件　しかし，保険契約者が誤って保険価額よりも高い保険金額の保険契約を締結した場合などには，保険契約者が過大に支払った保険料の返還を請求する可能性を確保する必要がある。超過保険であっても，約定保険価額があるときは，保険契約者は取り消すことができないと定められている（保険9ただし書）。評価済保険では，超過保険に関する保険法9条本文の規律が馴染まないので，それを明確にすることが本条ただし書の趣旨である。すなわち，保険契約者による取消が認められるためには，①損害保険契約が未評価保険であり，②超過保険であることについて，損害保険契約の締結時に，保険契約者および被保険者が善意・無重過失であったことが必要である。

①については，保険法9条ただし書に「約定保険価額があるときは，この限りでない」と明示されていることから，取消が認められるためには，損害保険契約が未評価保険であることが必要であることが分かる。評価済保険では，約定保険価額は保険期間中変動しないとされ，それが保険者のてん補損害額にもなるのが原則であり，約定保険金額が保険価額を著しく超えるときは，てん補

損害額は保険価額により算定されるから（保険18Ⅱ），評価済保険では取消は認められない。損害保険契約の締結後，保険期間中に，保険価額が著しく減少した場合には，保険契約者は，将来に向かって，約定保険価額を減少後の保険価額までの減額を請求することができ，減額に対応する保険料の減額請求も可能とされる（保険10）。

②については，保険契約者および被保険者が善意かつ無重過失であったことを要する。超過保険となることを認識しながら，物価上昇を見込んで超過保険を締結する場合，悪意の超過保険になるので，保険契約者に超過部分の取消権は認められないことを意味する。重大な過失がどの程度のものであるかについて，保険法には明示されていないので解釈に委ねられているが，故意に近い著しい注意欠如の状態をいう（たとえば，失火責任法の「重大ナル過失」に関する最判昭32・7・9民集11・7・1203では，「通常人に要求される程度の相当な注意をしないでも，わずかの注意さえすれば，たやすく違法有害な結果を予見することができた場合であるのに，漫然これを見過ごしたような，ほとんど故意に近い著しい注意欠如の状態を指す」と述べている。）。

2・8・8 取消権が行使されると

取消権の行使者は保険契約者である。取消権の行使は，保険期間中でも，保険契約の終了後においても認められる。取消権は民法上の取消権であることから，保険契約を取り消すことができることを保険契約者が知った後に取消権者が追認した場合には行使できなくなる（民122）。追認することができる時から5年間が経過した場合，または，契約締結時から20年間が経過した場合には時効により消滅する（民126）。超過部分の全部を取り消すか否かは，保険契約者の判断に委ねられる。

保険契約者が超過部分を取り消した場合，超過部分は契約締結時に遡って無効となる（民121）。保険契約者は，超過部分に対応する保険料について，不当利得返還請求権（民703）に基づき，返還を請求できる。

なお，保険法9条本文は片面的強行規定である（保険12）。超過保険について，保険契約者および被保険者が善意かつ無重過失の場合にも取消を認めないよう

な約款は，本条の規定に反し，保険契約者に不利な特約であることから無効である。

2・9 重複保険

2・9・1 重複保険とは

　同一の目的物につき，被保険利益，保険事故および保険期間をほぼ同じくする複数の損害保険契約を広い意味での重複保険といい，各損害保険契約の保険金額の合計額が保険価額を超える重複超過保険を狭い意味での重複保険という。そこでまず，重複保険（double insurance）と判断されるためには，つぎのような要件を充たす必要がある。

　複数の損害保険契約が締結される必要がある。保険法20条1項からは，複数の保険者の必要性は明確ではないが，2項では，複数の保険者の存在を前提としている。単一の保険者との間であっても，複数の保険募集人を介することによって，同一の目的物について別々の保険契約を締結することも可能であることから，複数の保険者との間で締結された結果，重複保険となったケースと異なった扱いをする必要性もない。

　同一の目的物につき同一の被保険利益でなければならない。同一の目的物であっても，所有者が所有者利益に基づき，抵当権者が抵当権に基づき保険契約を締結しても，重複保険とはならない。複数の保険契約につき，被保険者を同一人である必要はあるが，保険契約者は同一人である必要はない。

　複数の保険契約につき同一の保険事故でなければならない。ただし，複数の保険契約の保険事故が完全に同じである必要はなく，部分的であっても，他の保険契約における保険事故と同一である限り，重複保険となる。

　複数の保険契約につき同一の保険期間でなければならない。ただし，複数の保険契約の保険期間が完全に一致する必要はなく，部分的に一致している限り，重複保険となる。

　そして重複超過保険であるためには，複数の保険契約の保険金額の合計額が保険価額を超過していることを要する。重複超過保険の判断時期につき，保険

法は，保険給付の額の合計額がてん補損害額を超えるときについて定めていることから（保険20Ⅱ），損害発生時の保険価額（保険18）であるてん補損害額を基準に判断される。

2・9・2 重複保険はどのように処理されるのか

独立責任額全額主義　損害保険契約でてん補される損害について他の損害保険契約がこれをてん補することとなっている場合においても，保険者は，てん補損害額の全額について，そして，一部保険となる場合には，一部保険について定める保険法19条の規定により行う保険給付の額の全額について，保険給付を行う義務を負う（保険20Ⅰ。独立責任額全額主義）。損害を被った被保険者は，各保険者に対してそれが負う負担額のいかんにかかわらず，てん補損害額全額について支払を請求できる。

独立責任額按分主義　実務では，重複保険について，各保険者が独立に責任を負担する場合の責任額に応じて損害を分担することを定める場合がある。たとえば，保険価額が2,000万円の家屋に，A社1,000万円，B社と500万円，C社と2,500万円の保険金額を，それぞれ所有者利益を被保険利益とする火災保険契約が締結されたとする。この場合，A社の独立責任額は当然1,000円，B社の独立責任額も500万円となるが，C社は単独で超過保険となるため，その独立責任額は2,000万円である。そこで各保険者が支払う保険金額は以下のとおりになる。

$$A社 = 2,000 \times \frac{1,000万円}{(1,000万円 + 500万円 + 2,000万円)} \fallingdotseq 571万4,286円$$

$$B社 = 2,000 \times \frac{500万円}{(1,000万円 + 500万円 + 2,000万円)} \fallingdotseq 285万7,143円$$

$$C社 = 2,000 \times \frac{2,000万円}{(1,000万円 + 500万円 + 2,000万円)} \fallingdotseq 1,142万8,571円$$

もっとも，火災保険の場合には通常の時価てん補方式の他に，新価保険による契約を締結することで重複保険となる場合があり，実際に訴訟となったケー

スもある。そこで実務では時価てん補保険と新価保険が重複した場合には，時価保険部分を優先的に支払い，残額を新価保険で支払うとの約款規定がある（火災5）。これについては，時価・新価にかかわらず独立責任按分主義がとられるべきだ，との有力な批判がある。

　　求　償　　重複保険では，保険者は自己の独立責任額の全額について保険給付する義務を負うので（保険20Ⅰ），自己の最終負担額を超えて保険給付をすることもある。そこで，2つ以上の損害保険契約の各保険者が行う保険給付の額の合計額がてん補損害額（各損害保険契約に基づいて算定したてん補損害額が異なるときは，最も高い額）を超える場合において，保険者の一人が自己の負担部分（他の損害保険契約がないとする場合における各保険者が行う保険給付の額の合計額に対する割合をてん補損害額に乗じて得た額）を超えて保険給付を行い，これにより共同の免責を得たときは，保険者は，自己の負担部分を超える部分に限り，他の保険者に対し，各自の負担部について求償権を有する（保険20Ⅱ。民442参照）。そこで先の例では，Ｃ社が2,000万円を被保険者に支払った場合には，Ａ社Ｂ社それぞれに対し，その独立責任額である約571万円，285万円を求償することができる。保険者が求償権を取得するのは，自己の負担部分を超える保険給付を行ったときであることから，資金不足等で負担部分を給付できなかった保険者は求償権を取得できない。また，求償権は法律上の権利であることから，約款で独立責任額全額主義を定めていない保険者に対しても求償することができる。

　保険法20条は任意規定であることから，重複超過保険の処理に関して同条2項とは異なる取扱をすることも可能である。

2・9・3　重複（超過）保険とモラル・ハザード

　超過保険が，とくに重複保険の形態をとりながら締結されることが，しばしばモラル・ハザードを惹起するという問題は確かに存在する。火災保険でも，実在が疑わしい家財に莫大な火災保険を付し，しかも保険者の従業員にこれをわざわざ確認させた後に火災が生じたという事例（京都地判平6・1・31判夕847・274）などの他，とくに保険金の支払いが実損てん補方式ではなく，かつ

生命保険のように被保険者の死亡を要しないのみならず，保険料も割安な傷害保険ではこのような危険が多発する。

これに対処する方策としては，他保険契約の存在を告知ないし通知する義務を課す必要がある。たとえば，イタリア法（イタリア民法1910Ⅰ）によれば，他の保険者とともに同一危険について保険を締結させる場合には，各々の保険者にその旨を告知・通知をなす義務を被保険者（保険契約者のこと）に課し，故意にかかる義務を懈怠すれば保険者はてん補義務を負わないと規定する。わが国の従来の理論では告知義務は危険測定上の重要な事実について告知すべきとされ（旧商644参照），他保険契約の告知は必ずしも危険測定上の重要事実とはされなかった時代があった（理論的には，保険金の不当な取得の契機とはなっても，それが保険事故発生確率を左右することにはならないからである）。しかし，利益保険や所得補償保険をはじめ，各種の傷害保険の開発は，複数の保険に加入して保険事故を招致し，保険者から多額の保険金・給付金を取得しようとする不法な目的の保険契約者を登場させることとなった。

このような保険を悪用して保険金を詐取しようとする者に対抗する手段として，これまで考えられたのは，①不法利得の目的を理由に，民法90条違反で契約を無効とするケース（上記京都地判平6・1・31），②約款に定める保険契約者・被保険者の悪意・重過失による他保険契約の告知・通知義務違反を理由として，契約解除を認めるケースである。ただし，この場合は解除権行使が正当

ミッション・インポッシブル

〔1〕 X保険会社は，Yとの間で，Yに高価な家財があるとして，6か月間に保険金額の合計が12億円となる3個の火災保険契約を締結したところ，目的物である家屋・家財を焼失した。Xは，Yが保険金の不正取得を目的として本件保険契約を締結したものであるから，公序良俗に反し契約は無効であるとし，保険金支払義務はないと主張した。京都地裁は，高価な家財の存在が疑わしいこと，火災発生前後にYらが不審な行動をとっていたことなどから，Yに不法利得の目的を認め，契約を無効とした（京都地判平6・1・31判タ847・274）。

〔2〕 Xは，Y保険会社との間で，保険金額を1億2,740万円とする火災保険契約を締結したところ，不審火により目的物である倉庫が焼失した。名古屋地裁は，目的物の保険価額が233万円程度にすぎないにもかかわらず，保険金額を1億2,740万円と約定した上に，火災の態様や保険契約締結の態様が不自然であることなどから，Xに不法利得の目的を認め，契約を無効とした（名古屋地判平9・3・26判時1609・144）。

と認められる事実が必要とされる（たとえば，仙台高裁秋田支判平成4・8・31判時1449・142）。②については，損害保険の場合ある程度保険に通暁し，告知・通知義務あることを知りながら，重大な過失でこれをせず，また保険事故までの態様が保険者をして契約を解除させることが相当と思われる状況（過去の保険金受給の経歴等から事故招致の可能性が高い）にあったときにはじめて解除が可能である。したがって，②が出動する可能性はかなり限局されることから，①の可能性を，取引的不法行為が問題となった事例（取引相手の無知につけ込んで，たとえば，商品取引会社従業員が不当な売買を繰り返す行為など。従来は，取引をなす契約それ自体に錯誤・詐欺を認容せず，勧誘から取引に至る一連の行為を不法行為として損害賠償を認めた。しかし，この一連の行為を「市場秩序破壊行為」であるとして公序良俗違反で無効とする有力な見解が登場しつつある）などで蓄積された民法上の議論も含めて探る必要があると思われる。

第3章　損害保険契約の成立の効果

3・1　保険者の権利・義務

3・1・1　保険契約に関する書面を交付しなければならない

交付義務　保険者は，損害保険契約を締結したときは，遅滞なく，保険契約者に対して，所定の事項を記載し，署名した書面（一般に，保険証券）を交付しなければならない（保険6Ⅰ・Ⅱ）。遅滞なくとは，契約申込みに際して保険契約申込書の控えが保険契約者に残ることなどから，少なくとも1週間以内でよいといえる。これまでの保険の実務でも，保険契約が成立すると，保険契約者の請求にかかわりなく（旧商649），保険証券が発行されていた。ここで保険証券とは，保険者の作成する証券で，保険契約の成立・内容を証明するために，契約内容を記載し，保険者が署名して保険契約者に交付する証券をいう。これに対して，共済契約では，共済契約証書や加入証明書などという名称で共済契約の内容を記載した書面が交付されている。保険法では，共済契約をも対象に取り入れていることから，両者を含ませる意味で，契約に関する一定の事項を記載した書面という文言を定めている（保険6Ⅰ，2①参照）。

　保険証券の交付について定める保険法6条は任意規定である（保険7参照）。それゆえに，保険者は保険契約の締結に際して保険証券を交付しないと定めることは可能であり，電磁的方式でこれを発行することも可能である。

記載事項　損害保険契約に関する記載事項は，保険者または保険契約者の氏名または名称，被保険者を特定するための必要な事項，保険事故，保険期間，保険金額に関する事項，保険の目的物に関する事項，約定保険価額に関する事項，保険料に関する事項，危険増加に係る告知事項についての通知義務に関する事項，契約締結日，書面作成日とされている（保険6Ⅰ）。以上の

ように記載事項が法定されているのは，保険契約者が法定事項を正確に記載した保険証券の交付請求権を有することを明らかにするためである。諾成契約である損害保険契約では，保険証券は，締結された保険契約の成立や内容を証明する機能を有しており，被保険者が保険者に対して保険給付を請求する際に，保険契約者が締結した保険契約の個別的な内容を証明するうえでも重要な機能を果たす。

3・1・2 保険証券の法的性質

要式・証拠証券性等 保険契約に関する書面である保険証券は，記載事項が法定されている要式証券である。ただし，多少の記載事項を欠く場合あるいは法定記載事項でない事項を記載した場合であっても，当該書面は有効とされ，厳格な意味の要式証券ではない。保険契約は諾成かつ不要式の契約であるから，書面の作成ないし交付は保険契約の成立要件ではない。そして，保険証券は，保険契約の成立および内容を証明するための証拠証券である。さらに，その作成によって保険契約上の法律関係が生ずるものではないから，設権証券ではなく，書面には保険者の署名はなされるものの，契約の相手方である保険契約者の氏名あるいは商号等は記載されるが署名はなされないので，契約書でもない。また，多数説は保険証券の免責証券性を認めている。

有価証券性 保険証券は，保険金請求権者として特定の人の氏名あるいは商号等を記載した記名式証券が一般的である。しかし，たとえば，保険の目的物である貨物が運送中に売買され，その所有者が交代することがあるが，このような貨物に関する権利が船荷証券（商767以下，国際海運6以下参照）などの運送証券に化体されて流通する貨物海上保険などにおいては，所有権等の変更に伴う貨物に関する保険契約上の権利の移転に対応するために，被保険者の氏名あるいは商号等を特定しない指図式または無記名式の保険証券が発行されることが多く，このような保険証券の有価証券性について見解が分かれている。判例には，このような保険証券上の権利は，被保険利益の有無あるいは保険契約者の義務の懈怠など証券外の諸事情に影響されるゆえに，その有価証券性を否定するもの（大判昭10・5・22民集14・11・923）があるが，学説は，

このような保険証券は取引上流通性を有することが要求されているとして有価証券性を認める見解と，運送証券に従属し，これと一体としてのみ有価証券的性質が認められるとする見解とに分かれる。しかし，これらに対して，実務上，保険証券が提示されなくとも保険金が支払われることがあり，また，保険金は被保険利益を確認したうえで支払われているので，そもそもこのような保険証券の有価証券性を議論する実益は乏しいとする見解もある。

3・1・3 保険料を返還しなければならない場合

保険契約の無効 損害保険契約は，以下の場合に無効となる。すなわち，①被保険利益が存在しない場合および保険者の責任負担が生ずる可能性が存在しない場合，傷害疾病損害保険において，保険者の責任開始前に被保険者が死亡している場合，②保険契約者または被保険者（保険契約者等）が保険事故が発生していることを知っていたとき，保険契約を締結する前に発生した保険事故による損害をてん補する旨の定め，および，保険者または保険契約者が保険契約の申込みをした時において，保険者が保険事故が発生していないことを知っていたとき，保険契約の申込みの時より前に発生した保険事故による損害をてん補する旨の定めがある場合（保険5），③保険契約に片面的強行規定に反する規定がある場合（保険12，26），④保険契約が公序良俗に反する場合（民90），⑤保険契約につき要素の錯誤がある場合（民95）などがある。

これらの場合，保険者は保険契約者に対して保険料の支払いを請求できず，受領済保険料は不当利得として保険契約者に返還しなければならない（民703参照）。ただし，保険契約が，保険法5条1項の規定により無効とされる場合で，保険者が保険事故の発生を知って保険契約の申込みまたは承諾をした場合を除いた場合は，保険者は保険料を返還する義務を負わない（保険32②）。

責任開始前の契約解除・失効 保険契約の成立後であっても，保険者の責任が開始していない場合には，保険契約者は保険契約を解除することができる。その結果，契約は消滅し，当事者は契約締結前の原状を回復する義務を負担することになるので（民545参照），保険者は保険料請求権を失い，受領済保険料を保険契約者に返還しなければならない。ただし，保険者は，保険契約

の成立に関する費用を請求できる。

　保険者の責任開始前に目的物が滅失する等，保険者の負担すべき危険が消滅したときは，保険契約は失効する。危険の消滅事由が保険契約者等の行為に起因するものでない限り，保険者は受領済保険料を返還しなければならないが，返還手数料を保険契約者に請求できる。

責任開始後の契約解除・失効　保険者の責任開始後であっても，保険契約者等により詐欺・強迫がなされたことにより，保険契約に関する意思表示が取り消された場合には，保険者は保険料を返還する義務を負わない（保険32①）。それゆえに，保険者にこの事実があり保険契約が締結されたことを理由に保険契約者が保険契約を取り消す場合は適用対象とはならない。詐欺・強迫以外の事由による取消の場合における受領済保険料の返還については，民法の不当利得における規定によって判断される。

約款規定　約款では，保険料の返還について，告知義務・通知義務等の場合，保険契約の無効または失効の場合，取消の場合，保険金額の調整の場合，解除の場合に分けして定められている。

時　効　保険者の保険料返還義務は3年の時効で消滅する（保険95Ⅰ）。消滅時効の起算点については，民法166条1項の定める「権利を行使することができる時」の解釈に委ねられる。保険法95条は強行規定と解されるので，この期間を短縮する特約は無効である。

保険金額を調整する

　保険金額の調整とは，超過保険における超過部分の保険契約の取消による調整，および，保険価額の著しい減少における保険金額の減額措置をいう（住宅総合23，自動車（基本）11参照）。住宅総合保険では，保険会社は，①超過部分を取り消した場合，保険契約締結時に遡って取り消された部分に対応する保険料を返還し，②保険契約者が保険金額の減額を請求した場合には，保険料のうち減額する保険金額に相当する保険料から，保険料につき既経過期間に対し短期料率によって計算した保険料を控除して，その残額を返還すると定める（住宅総合30）。自動車保険では，①の場合は住宅総合保険の約款と同旨であるが，②の場合，保険会社は，減額前の保険金額に対応する保険料と，減額後の保険金額に対応する保険料との差に基づき計算した，未経過期間に対する保険料を返還する（自動車（基本）18）。

3・1・4 その他の義務は

危険負担義務・保険料請求権 保険者は，被保険者に帰属する危険を負担する義務を負うとともに，保険契約者に対する保険料請求権を取得する（保険2①・③参照）。保険料の支払いを保険者の責任開始条件とする約款規定のある保険契約では，危険負担の開始時期は，保険料受領時か，約款または書面の記載日時（保険6Ⅰ⑤）となる。

保険者の危険負担義務は，保険事故発生の前後で内容が異なる。すなわち，保険事故が発生する前の危険負担義務は，保険事故の発生により被保険者に生じた損害をてん補する義務を負うという可能性を保証する抽象的なものであるのに対して，保険事故が発生し，それに起因して被保険者に損害が生じた場合，危険負担義務は具体的なものになる。保険期間内に保険事故が発生した場合，保険者は免責事由に該当しない限り，保険事故の発生により被保険者に生じた損害をてん補する義務を負う（保険2①・⑥・⑦）。

保険料請求権は1年の時効で消滅する（保険95Ⅱ）。保険法95条は強行規定と解されるので，1年の期間を延長する特約は無効である。

資産運用義務 保険者は，収受した保険料を損害てん補に備えて運用する義務を負う。解釈上，保険法2条1号・6号・7号が根拠となる。保険業法は取締法規であるから，保険契約に当然には適用されないものの，保険者は，保険契約者側に対して保険事故による損害をてん補する義務を負うことから，保険法および保険契約に基づきこの義務を履行するために，保険業法の経理に関する規定（保険業109条〜122条の2）を遵守して，資産を運用する義務を負う。

情報開示義務 保険者は，保険業法上，保険契約の成立後も，保険契約者側に対して情報を開示する義務を負う。保険者は，事業年度ごとに，業務・財産に関する事項を記載した説明書類を作成し，公衆の縦覧に供さなければならない（保険業111Ⅰ・Ⅱ）。

3・2 保険契約者等の権利・義務

3・2・1 保険契約者等の権利は

保険契約者の権利　　保険契約者は，保険価額が著しく減額したときの保険料減額請求権（保険10），危険が著しく減少したときの保険料減額請求権（保険11），契約解除権（保険27），書面（保険証券）交付請求権等を行使することができる。保険者の責任開始後であっても，保険契約者が契約の継続を望まない場合には，保険法も約款も，保険契約者に任意解除権を認めている。保険法27条は任意規定である。

　保険の実務では，保険契約者が保険証券を所持していることが多いことから，解釈上，保険契約者に保険金請求権を認める（住宅総合35Ⅵ，自動車〔基本〕23Ⅴ，傷害27Ⅴの反対解釈）。

被保険者の権利　　被保険者は当然に保険金請求権を取得する（保険8）。住宅総合保険約款では，保険契約者等に損害発生の通知義務を課すとともに（住宅総合32Ⅰ），通知手続の日から30日以内に保険金を支払う旨を定めている（住宅総合36Ⅰ）。

　被保険者が傷害疾病損害保険契約の当事者以外の者であるときは，被保険者は，保険契約者に対し，保険契約者との別段の合意がある場合を除き，保険契約を解除することを請求できる（保険34Ⅰ）。保険法では，被保険者がヒト保険契約の当事者以外の者であるとき，傷害疾病損害保険契約では，生命保険および傷害疾病定額保険と異なり，被保険者の同意を保険契約の効力要件としていないことから（保険38，67Ⅰ参照），被保険者は，保険契約者に対して，原則として，保険契約を解除することを請求できるとされており，被保険者が知らないままに保険契約が締結されることの弊害を除去し，被保険者の人格権等を保護する趣旨である。保険契約者と被保険者との間で別段の合意がある場合には，被保険者は解除を請求することができない（保険34Ⅰ）。この規定は，性質上，強行規定である。

第 **3** 章　損害保険契約の成立の効果　107

3・2・2　保険料は支払わなければならない

保険料の支払義務者　保険契約が成立すると，保険契約者は保険料支払義務を負担する（保険2①・③）。第三者のためにする保険契約においてもこの義務を負担するのは保険契約者である（保険8参照）。ただ，保険契約者が破産の宣告を受けた場合，保険金請求権は破産財団に帰属しないため，破産管財人としては，通常，保険契約の解除を選択するであろうし，保険契約が解除されても，損害保険の場合，解除された契約とほぼ同じ条件で新契約を締結する可能性もあることから，被保険者に保険料支払義務がある。

保険料支払義務は1年の時効で消滅する（保険95Ⅱ）。保険者は，支払時期の到来した保険料請求権および保険契約者に対する保険契約上のその他の債権の額を保険金から控除することができる（民505）。

保険料の額　保険料の額は契約によって定められる。約定された保険料の額は，原則として，当事者の一方的意思表示によって減額することはできないが，保険法は，2つの場合について，保険契約者に保険料の減額請求権を認めている。すなわち，保険契約者は，損害保険契約の締結後に保険価額が著しく減少したときは，保険者に対して，将来に向かって，保険価額の減額後の保険金額に対応する保険料に至るまでの減額を請求することができる（保険10）。さらに，保険契約者は，損害保険契約の締結後に危険が著しく減少

口座振替による保険料の支払い

　Xは，Y保険会社との間で自家用自動車保険を締結し，第1回の分割保険料を支払った。第2回以後の保険料の払込みは，A名義の預金口座を利用した口座振替方式によっていた。XはBらとともにAの運転する自動車に同乗中，Aの運転ミスで事故が発生しBが死亡した。自動車の所有者であるXは，Bの両親に賠償金を支払う示談が成立したので，Yに対して搭乗者傷害保険金の支払いを求めた。しかし，Yは，第2回の保険料が支払われておらず，払込期日から1か月経過後も未払いの場合には，同期日後に生じた事故については保険金を支払わない旨を定めた約款の免責条項（旧約款5）を援用して，支払いを拒絶した。福岡地裁は，約款5条に基づき保険会社が免責されるのは，保険契約者がその責めに帰すべき事由によって分割保険料の払込みを1か月を超えて遅延したときに限られるとし，Xは第2回の払込期日に払込みを提供していたが，Yの都合で引き落とされなかったのであるから，Xは保険料不払いの責めを負うことはないと判示した（福岡地判昭60・8・23判時1177・125）。

したときは，保険者に対して，将来に向かって，減少後の当該危険に対応する保険料に至るまで減額請求することができる（保険11）。

　保険料減額請求権は形成権であるから，減額の効果は将来に向かって生じる（保険10，11）。ただ，保険料不可分の原則により，保険期間が複数の保険料期間で構成される契約では，請求された時を含む保険料期間の次の保険料期間から減額の効果が発生する。

　保険法10条および11条の規定は片面的強行規定であることから，これらの規定に反する特約で保険契約者に不利なものは無効とされる（保険12）。

支払方式　保険料の支払方法には次のような方法がある。保険期間全般に対応する保険料を1度に支払うか分割して支払うかの違いによって，一時払いと分割払いとがある。実務では，分割払保険料のうち，保険契約者が最初に支払う保険料を第1回保険料といい，それ以降に支払う保険料を第2回以後保険料という。通常，保険者が，申込みの際に保険申込人から第1回保険料に相当する額の支払を受け，預証を発行した上で，契約が成立したときにこれを第1回保険料の支払にあてている。

　保険期間開始の前後に支払うかの違いによって，前払いと後払いとがあり，損害保険では，保険期間が短い保険が多いので，一時払いかつ前払いが原則として採用されている。

金融機関等を介した保険料の支払い

　金融機関等の口座振込・振替による保険料の支払いの他に，クレジットカードやデビットカードを使った支払いの機会が増えている。デビットとは即時決済を意味し，これによる支払いには，金融機関等の発行したキャッシュカードを使う。この支払方法で買物等をする場合，買主等が端末機に支払額と預貯金口座の暗証番号を入力すると，即時にその口座から支払額が引き落とされる。金融機関等を介して保険料を支払う場合，保険契約者が手続を終えてから保険会社の口座に保険料の支払いが記入されるまで，時間的なズレが生ずるので，保険料の支払時点が問題となるが，小切手と同様に考えるべきであろう。口座振込の場合は，保険契約者が保険会社の指定口座に保険料を振り込んだとき，口座振替の場合は，保険契約者の口座から保険料が引き落とされたとき，クレジットカードによる場合には，保険契約者が書類に署名をしたときまたはコンピュータ画面上の手続を終了したとき，デビットカードによる場合には，保険契約者が端末機に保険料の額と暗証番号を入力したときとなる。

保険料が預貯金口座を介して支払われる場合には，①保険契約者が保険会社の指定口座に現金を振り込む場合（振込扱い），②保険契約者の預貯金口座から保険会社の指定口座に振り替える場合（振替扱い），③クレジットカードを使って支払われる場合がある。保険料の支払いがあったと認められる時点について，①では，保険契約者が現金を振り込んだ時であり，②では，保険契約者の口座から保険料相当額が保険会社の口座に振り替えられるまで時間的なズレが生じるし，③では，保険会社が信販会社から立替払いされた保険料の支払いを受けるまで時間的なズレが生ずることになる。保険契約者の利益を保護するという観点からして，②では，保険契約者が振替手続を終了した時，③では，保険契約者がクレジットによる支払いについて必要な書面に署名した時を保険料の支払時点とすると解されよう。

保険料が手形や小切手で支払われる場合には，保険料の支払いがあったと認められる時点について問題が生じる。手形による保険料の支払いについて，保険者が手形の決済時までに責任持ちをすることになるので，行政通達で禁止されている（「手形による保険料領収等の禁止について」昭和26年7月24日蔵銀等3479号）。しかし，この趣旨は手形による保険料の支払いが保険契約上無効となるというものではなく，手形が不渡りにならない限りにおいて支払いに代えて交付されたものと扱うことができるとされる（広島地裁呉支判昭46・6・7判時

保険料の支払場所

Xは，Y保険会社との間でAを被保険者とする保険料月払いの生命保険契約を締結し，Yの集金係員Bに対して保険料を支払ってきた。しかし，16回目の保険料については，集金係員Bが2回，さらに同Cが3回にわたりX方に赴いてその支払いを求めたが，支払われなかった。Aの死亡後，XはYに保険金の支払いを請求したが，Yは保険料不払いにより保険契約は失効したとして請求を拒絶した。約款には，保険料は会社の本社または会社の指定場所に払い込むことを要する旨が，特約には，集金人が契約者の住所または指定した保険料払込場所に派遣されたときは，集金人に払い込む旨（特約3Ⅰただし書）が定められていた。東京高裁は，約款3条は持参債務の原則を定めたものであり，特約3条1項但書は集金人に支払えば足りる旨を定めたにすぎず，集金人による保険料徴収の慣行が契約当事者の意思表示の内容となるためには，その内容に保険料支払場所に関する定めがない場合に限られるものであるが，持参債務とする約款規定があるので，この慣行は支払場所を定めるための標準とはなりえないと判示した（東京高判昭45・2・19下民集21・1=2・334）。

770・97)。

支払場所 債権者である保険者の営業所であることから（商516），保険料債務は持参債務である。裁判例では，保険料の支払いが銀行等の振替えによる場合であっても，保険料支払債務は持参債務であるとしたり，保険会社の担当者が第2回以降の分割保険料を集金していた場合には取立債務とする合意があると解するのが一般的であるが，この場合も持参債務と判示するものがみられる（たとえば，生命保険の事案であるが，神戸地裁尼崎支判昭55・7・24生保協会会報62・1・82では約款上，保険金支払債務は持参債務であり，約款規定は，保険会社が集金人を派遣したときは集金人に支払えば足りる旨を定めているにすぎず，月払特約には，保険料支払債務が持参債務か取立債務であるかについて別段の定めをしているとは認めうる証拠はなく，振替特約の締結後も保険料支払債務は持参債務であることに変わりはないとするもの，また，東京高判昭45・2・19下民集21・1＝2・334等がある）。

なお，損害保険代理店が保険契約者から受け取った保険料は，代理店において一定期間ごとに集計し，代理店手数料を控除した後，損害保険会社に引き渡される旨が代理店委託契約に盛り込まれている。したがって代理店は，保険料を保険会社に支払うまで，保険料保管専用口座に保管しておかなければならない。

みまき荘事件

Yは「旅館みまき荘」を経営していたが，その家屋および家財道具につき，X保険会社との間で火災保険契約を締結した。しかし，Yは，保険料の支払猶予期間（3か月）を過ぎたのに保険料を支払わなかったので，XはYの債務不履行を理由として契約を解除し，Yに対して契約日から解除の日までの既経過期間7か月分の保険料の支払いを求めて本件訴訟を提起した。本件火災保険約款には「保険期間ガ始マリタル後ト雖モ保険料領収前ニ生ジタル損害ハ当社之ヲ塡補スル責ニ任ゼズ」（旧火約2Ⅱ）との条項があった。そこで，この条項について，保険契約者が保険料を支払っていない期間は実質的意味における保険期間と解されるか否かが争点となった。この条項について，最高裁は，保険者は保険料の支払いを受けないままでは保険期間の開始と同時に保険責任を負担するようなことはなく，保険者の保険責任は保険料の支払いを受けるまで開始しないという趣旨を定めたものと解すべきであると判示して，Xによる保険料請求を認めなかった（最判昭37・6・12民集16・7・1322)。

第3章　損害保険契約の成立の効果

領収前免責条項　家計保険の約款では，保険者は，保険期間が始まった後であっても，保険料領収前に生じた事故による損害（傷害）に対しては保険金を支払わない旨を定められる（住宅総合15Ⅲ。自動車〔基本〕2Ⅲ，普通11Ⅲ等。領収前免責条項）。

　領収前免責条項を定める約款では，保険期間の開始後，保険契約者が保険料を支払わなかったことから，保険契約が保険料の不払いを理由にして解除されたとき，保険者は保険期間の開始日から解除日までの期間に関する保険料を取得できるか否かが問題となる。判例（最判昭37・6・12民集16・7・1322）・多数説は，この条項は保険料が支払われるまでは保険者の責任は開始しない旨を定めたものであり，保険者が保険料の不払いを理由として契約を解除したときは，保険者の責任が開始する前の解除となり，契約の効力も遡及的に消滅するとして，保険者の保険料請求権を否定する。これに対して，この条項は，保険者の責任は保険料の支払いを待たずに開始するものの，保険事故発生の時に保険料が未払いであるときは保険者は保険金支払義務を免れる旨を定めたものであるとして，保険者の保険料請求権を肯定する見解がある。なお，保険契約の締結費用の負担については，判例・多数説は保険契約者の債務不履行による損害賠償を認めている。

3・2・3　アフター・ロス契約・責任持ちの特約

アフター・ロス契約　領収前免責条項のある保険契約に関して，保険事故の発生後に保険料を支払ったにもかかわらず，発生前に保険料を支払ったかのように装う保険契約，アフター・ロス契約（アフロス契約）がみられる。保険事故発生日と保険料支払日とが近接している契約では，この契約であるとの疑いが強い（東京高判昭53・1・23判時887・110）。アフロス契約であると認定された場合には，保険金は支払われない。この点で，最判平9・10・17民集51・9・3905はつぎのように述べている。約款条項は，分割保険料の払込遅滞で保険会社が保険金支払義務を負わなくなった保険休止状態の後においても，保険契約者側が履行期が到来した未払保険料の元本の全額に相当する金額を保険契約終了前に保険会社に対して支払ったときは，保険会社は，支

払後に発生した保険事故については保険金支払義務を負うことをも定めているものである。休止状態の発生による保険金支払義務の消滅を主張する者は，その状態の発生時期およびそれ以後に保険事故が発生したことを主張，立証する責任を負い，その状態の解消による保険金支払義務の再発生を主張する者は，その状態の解消時期およびそれ以後に保険事故が発生したことを主張，立証する責任を負うことになる。

責任持ちの特約 保険契約の成立後に，保険者と保険契約者との間で保険料の支払猶予の合意がなされた場合には，この合意はたとえ保険料が未払いの間についても保険者は損害てん補責任を負う責任持ちの特約にあたると解されている。この特約は行政通達により禁止されているだけでなく（昭25・12・23蔵銀2371号），保険契約者または被保険者に対して，保険料の割引き・割戻しその他特別の利益の提供を約し，または提供する行為にあたり，保険契約者の衡平性に反するおそれがある（保険業300Ⅰ⑤，307Ⅰ③）。保険者がこの特約をなした場合における特約の私法上の効力について，通説は有効と解している。これに対して，保険業法における保険契約者間の衡平性の維持や保険会社の財務健全性の維持を，保険契約を規律する私法上においても貫徹する必要があると考えれば，責任持ちの特約は公序良俗に反して無効であるとする見解がある。

3・2・4 保険契約者等は通知する必要があるか

通知義務 保険法は，保険契約者等に危険増加に関する通知義務について明示していない。しかし，保険者が解除権を行使する要件として，危険増加があった旨を遅滞なく通知すべき旨の約定があることを前提としていることから（保険29Ⅰ①），保険契約者等に通知義務を課していると解することができる。また，保険法は，保険契約者等に後述する保険価額や危険の著しい減少に関する通知義務についても明示していない。しかし，保険契約者の保険料減額請求権行使の前提として（保険10，11），解釈上，通知義務を課すことは可能であるが，保険契約者が権利を行使する場合，保険価額や危険の著しい減少について保険者に通知するであろうから，この通知義務を，法律上の義務と

して課す必要もない。

　火災保険の約款では，目的物の用途の変更，他の場所への移転，告知内容の変更（住宅総合17Ⅰ），保険契約者の住所変更（同18），目的物の譲渡（同19Ⅰ），自動車保険の約款では，被保険自動車の用途車種または登録番号の変更，告知内容の変更（自動車（基本）5Ⅰ），保険契約者の住所変更（同6），被保険自動車の譲渡・入替（同7，8），傷害保険の約款では，被保険者の職業または職務の変更（傷害13），保険契約者の住所変更（傷害14）について，保険契約者等に対して通知義務を課している。

他保険契約の通知義務　保険契約の締結後，保険契約者等は他に同種の保険契約の締結をするときは，その旨を通知すべきが否かについて，保険法は定めていない。この通知義務は，他保険契約の存在が重複超過保険となる場合が問題とされ，それを定める規定に従って処理される必要がある（保険11, 20）。保険契約者等が他保険契約の通知をした場合，保険者が承認すれば既契約は有効に継続するが，危険の増加にあたるとして通知内容を承認しないが，当事者に既契約を継続させる意思があれば，当該契約の保険金額の減額等の措置が講じられる。これに対して，通知義務違反があれば保険者免責となる。その効果をもたらすための要件としては，故意の事故招致等の保険金不正請求の疑いがあることを保険者が立証した場合に免責が認められるとする見解がある。また，他保険契約の通知は契約締結後の義務であり，保険契約者等に義務の履行を期待することは困難であるとの見解がある。

保険契約の解除権行使　保険契約者は，被保険者が傷害疾病損害保険契約の当事者以外の者である場合，被保険者に保険契約の解除を請求されたときは（保険34Ⅰ），保険契約を解除することができる（保険34Ⅱ）。保険法34条2項の規定は「解除することができる」として保険者の契約解除権を定めているが，これは，保険契約者の任意解除が制限されている場合でも，被保険者の解除請求権がこの者の利益を保護するために認められたものであるという趣旨からして，法律により解除の権限を付与することを意味するものであり，被保険者による解除請求の要件が満たされている場合には，解除請求を受けた保険契約者は解除義務を負うこととなる。

3・3 損害保険契約関係の変動

3・3・1 契約関係が変動するとは

　保険契約は継続的契約であるから，保険期間中に契約関係が変動することがある。損害保険契約関係の変動は，保険事故発生の前後により，保険事故発生前には，①被保険利益の移転を伴わない処分と②被保険利益の移転を伴う処分，そして保険事故発生後には，③被保険利益の移転を伴わない処分と④被保険利益の移転を伴う処分に分類できる。たとえば，①として，保険金請求権の譲渡・質入れがあり，②としては，被保険利益を移転させる包括承継と目的物の譲渡とがある。これに対して，③に関して，被保険者は，具体的保険金請求権を債権譲渡または質入れの方法によって他人に譲渡・質入れすることができる（民466，362条参照）。

　さらに，損害保険契約の締結後に，保険者の引き受けた危険が著しく減少したり（保険11），増加することがある（保険29。危険の変動）。保険者による危険の引受けは給付反対給付均等の原則に基づいて行われているので，契約締結にあたり，保険者は保険契約者等の告知によって獲得した情報に基づいて危険選択を行うが，保険契約の進行中に契約締結時の危険が著しく減少したり増加する場合，それに応じて契約内容を変動させることが必要となる。

3・3・2 危険が減少したならば

　意　義　危険の著しい減少とは，告知事項に関する危険が低くなり，保険契約で定められている保険料が危険を計算の基礎として算出される保険料を上回る状態になることをいうと解される（保険29参照）。また，損害保険契約締結後の減少である必要があり（保険11），保険料の変更をもたらすような減少をいう。

　効　果　保険契約者は，保険者に対し，将来に向かって，減少後の危険に対応する保険料に至るまでの減額を請求できる（保険11）。そのためには，保険契約者は著しい減少があったことを保険者に通知し，保険料の減額を

請求しなければならない。減額の時期は危険の著しい減少が生じた時から対象となる。ただ，減少の事実の確認等が難しい場合もあることを勘案すると，書面等での確認が困難な場合は，減額の起算点を，保険契約者等が減少の事実を書面で通知した日とすることも可能であるが，これでは保険契約者等に不利になることから，保険法11条が片面的強行規定であることとの兼ね合いで（保険12），やはり減額の時期は危険の著しい減少が生じた時からとするとの原則によるべきである。たとえば，火災保険の約款では，通知義務の対象となる事実が発生し，その事実が危険を減少させるものであり，保険料を変更する必要があるときは，変更前の保険料率と変更後の保険料率との差に基づき，危険の減少が生じた時以降の期間に対し，日割をもって計算した保険料を返還する旨の規定が定められている（住宅総合27Ⅱ）。

3・3・3　危険が増加したならば

意　義　危険増加とは，告知事項についての危険が高くなり，保険契約で定められている保険料が危険を計算の基礎として算出される保険料に不足する状態になることをいう（保険29Ⅰカッコ書）。つまり，損害保険契約締結後に，契約締結に際して告知された内容と比較して危険の程度が高くなったため，契約者間の給付反対給付の均等を保てないことになるので，保険料に不足が生ずる状態からその均等性を回復するために契約内容を調整する必要のある状態である。たとえば，自家用自動車を1日のうち数時間だけ危険物の運搬に使用したという場合のような危険の増加が一過性のものである場合には，危険の増加にはあたらないと解される。すなわち，危険増加は継続的な増加である必要がある。

　危険増加であると判断する主体は保険契約を引き受けた保険者であり，保険者が，契約ごとに，保険者自身の基準で判断すべきである。したがって，危険増加による契約解除の判断基準や，保険料の増額請求は，保険者の判断で約款等に定めることができる。

効　果　危険増加が生じた場合には，つぎの①，②および③の要件が充足されるならば保険者は保険契約を解除することができる（保険29Ⅰ）。

まず、①保険契約の締結後の危険増加であること、②保険料を危険増加に対応した額に変更するとしたならば保険契約を継続することができるとき、である。すなわち②によれば、保険料を危険増加に対応した額に変更するとしたならば保険契約を継続することができるときであっても、保険者は保険契約を解除できるのである（保険29Ⅰ）。保険料を危険増加に対応した額に変更したとしても保険契約を継続できない場合としては、保険者が、危険増加の程度が著しいことからその引受範囲を逸脱しているとして契約の継続を拒否する場合や、保険契約者側が高額な保険料に難色を示し、保険者に対して契約解除の意思を表示する場合などがある。さらに③、次のア）ならびにイ）のいずれにも該当することが必要である。

ア）危険増加にかかる告知事項について、内容に変更が生じたときは保険契約者等が保険者に遅滞なくその旨の通知をすべき旨が保険契約で定められていること

イ）保険契約者等が故意または重大な過失により遅滞なく通知をしなかったこと

保険者としては、保険契約者等から危険増加にかかる告知事項について通知を受けなければいかなる対応を取るべきか判断できない。他方で保険契約者等の立場からすると、どのような事項を通知すればよいか分からないし、軽微な過失で契約が解除されたならばたまらない。そこで、約款において通知すべき義務が定められ、通知が故意または重過失により遅滞なくなされなかった場合として両者の利益のバランスをとっている。

効果 以上の要件が充足されれば、保険者は保険契約を解除することができる（保険29Ⅰ）。保険者は解除せずに免責だけを主張することも認められる。ただし、保険者が免責を主張する場合、因果関係不存在の原則が適用される。告知義務違反による解除を定める規定（保険28Ⅳ）が危険増加による解除権について準用される（保険29Ⅱ）。すなわち、危険増加による保険契約の解除権は、保険者が保険契約の解除原因となる危険増加があることを知った時から1か月間行使をしないとき、または、危険増加が生じた時から5年を経過したときは消滅する。これは除斥期間を定めたものである。保険者が解除の

原因を知った時とは、保険者が解除権行使のために必要と認められる諸条件を確認した時をいう。

保険契約の解除は将来に向かってのみ効力を生ずる（保険31Ⅰ）。それゆえに、解除までの期間について契約は有効であるはずであるが、保険者は、保険法29条1項により解除した場合には、解除にかかる危険増加が生じた時から解除がされた時までに発生した保険事故による損害をてん補する責任を負わない（保険31Ⅱ②本文）。保険者は、危険増加をもたらした事由に基づかずに発生した保険事故による損害については責任を負う（保険31Ⅱ②ただし書）。そこで、保険事故による損害が前述のものであることの立証責任は、保険契約者側が負担することになる。

危険増加に関する規定もまた片面的強行規定に含まれる。すなわち、保険法29条1項、31条の規定に反する特約で保険契約者等に不利なもの無効とされる（保険33）。

3・3・4 保険価額が減少する場合も

保険法の規定　損害保険契約の締結後に保険価額が著しく減少したときは、保険契約者は、保険者に対し、将来に向かって、保険金額または約定保険価額については減少後の保険価額に至るまでの減額を、保険料については減額後の保険金額に対応する保険料に至るまでの減額を請求することができる（保険10）。これは、超過部分の保険料が無駄になることを回避することにより、保険価額と保険金額または約定保険価額および保険料との均衡維持を図るものである。

減額請求権は保険契約者の有する形成権であって、保険者の承諾を得ることなく効力を生じ、減額請求により保険金額等は相当の額だけ当然に減額される。保険契約は成立しているが、保険期間の開始には至っていない段階においても保険価額の著しい減少が認められる以上は、保険金額等の減額請求権の行使が可能である。保険価額の減少は著しいものでなければならない。

減額請求の効果　減額請求権は将来に向かって行使できるので、既経過期間についての保険料は遡及的に減額されない。保険料不可分

の原則との関係で，減額が行われる時期は，減額請求が行われた時の属する保険料期間に続く保険料期間からとなる。

保険法10条は片面的強行規定であるから（保険12），被保険者の保険料等の減額請求を認めない旨の約定や減額請求の効果の発生や減額請求権の行使に条件を付すような約定は無効とされる。

3・3・5 保険の目的物を譲渡すると

趣 旨　保険期間中に目的物が譲渡された場合には，保険契約者（譲渡人）は所有権，およびそれに関連する被保険利益を失うので，この者を被保険者とする保険契約は消滅し，保険関係は移転しないから，譲受人が目的物につき新たに保険契約を締結しなければならない。しかし，この状況は譲受人に不便であり，保険者も顧客を失う。そこで，実務では，目的物が移転しても保険契約を継続する余地を認めるのが基本的な立場である。ただ，保険法には目的物の譲渡に関する明示の規定がない。

約款の規定　自動車保険を除く陸上損害保険の約款では（自動車保険については，204頁），保険契約締結の後，被保険者が保険の対象を譲渡する場合には，保険契約者等は，書面をもって保険会社に通知しなければならず，保険契約者が約款に関する権利・義務を譲受人に移転させるときは，目的物の譲渡前にあらかじめ，書面をもってその旨を保険会社に申し出て，承認を請求しなければならず（最判平5・3・30民集47・4・3384），保険会社が承認する場合には，権利・義務は，目的物が譲渡された時に譲受人に移転する（住宅総合19）。

譲渡の意義　目的物の譲渡があったというためには，所有権の移転の他に，目的物の引渡しを必要とし，譲渡の有無は所有権の移転時期と引渡の時期により判断する（最判平9・9・4判時1624・79）。

目的物の譲渡によって，被保険者の地位が移転するだけで，譲渡人は保険契約者のままであるから，保険契約者としての義務は譲受人に移転せず，保険契約は他人のためにする保険契約になると解される。しかし，譲渡人は保険関係から離脱すると解するのが譲渡人の意思とされ，保険契約者である譲渡人の保

険事故招致により保険者が免責されることは譲受人に酷であることから，譲渡によって移転が推定されるのは権利・義務を含む保険関係であり，譲渡人は保険関係から離脱し，譲受人が保険契約者となると解される。

保険債権の移転に関する対抗要件の要否　譲受人が保険者に対して保険関係の移転を対抗するためには，指名債権譲渡の対抗要件（民467条）を必要とするか否かにつき，対抗要件必要説，対抗要件不要説（通説）（盛岡地判昭45・2・13下民集21・1＝2・314），そして対抗要件不要説をとりながら，目的物の譲渡について保険者への通知を義務づけるとする見解が主張されている。

第4章　損害保険の給付

4・1　損害てん補の要件

4・1・1　保険事故が保険期間中に発生し損害が生じること

　保険期間内に保険事故が発生し，それにより被保険者に損害が生じた場合には，保険者は損害をてん補しなければならない（保険2①・⑥・⑦，6Ⅰ⑤）。したがって，保険期間開始前およびその終了後に生じた保険事故については，保険者はてん補責任を負担しない。このことは，保険事故が保険期間中に発生しさえすれば，損害が保険期間経過後に発生してもてん補されることを意味する（大判大13・1・21刑集3・1）。そして，保険事故の発生により被保険者に損害が生じなければならず，保険事故と損害と間には因果関係が認められなければならない。すなわち，事故が通常そのような損害をもたらすであろうと認められる場合に限り，保険者はてん補責任を負うことになる。

4・1・2　被保険者は何を立証しなければならないか

　保険事故が発生したことの立証責任は被保険者が負担しなければならないが，その立証の内容，とくに保険事故の偶然性については，近時判例が続出している。たとえば，火災保険に関する事案において，最高裁はつぎのように述べている。改正前商法は，火災による損害はその原因を問わず保険者がてん補する責任を負い，保険契約者または被保険者の悪意または重過失による損害は保険者が免責される旨を定めており（旧商665，641），火災発生の偶然性のいかんを問わず火災の発生によって損害が生じたことを保険金請求権の成立要件とするとともに，保険契約者または被保険者の故意または重過失によって損害が生じたことを免責事由としたものである。火災保険契約は，火災による損害が甚大

なものとなり，生活基盤を失うことがあるため，すみやかに損害がてん補される必要があることから締結される。火災で財産を失った被保険者が火災原因を証明することは困難でもある。改正前商法の規定は，これらの点に鑑みて，保険金請求者（被保険者）が火災発生によって損害を被ったことを立証すれば，火災発生が偶然なものであることを立証しなくても，保険金の支払いを受けられるとする趣旨のものと解される。そして，以上のような法の趣旨および約款の規定に照らせば，約款は，火災の発生により損害が生じたことを保険金請求権の成立要件とし，損害が保険契約者等の故意または重過失によるものであることを免責事由とした。したがって，約款に基づき保険金の支払いを請求する者は，火災発生が偶然のものであることを主張立証すべき責任を負わない（最判平16・12・13民集58・9・2419。その他，最判平18・9・14判時1948・164（加盟店総合保険）。なお，重要判例として最判平18・6・1民集60・5・1887，最判平18・6・6判時1943・14については，⇨273頁）。また，自動車保険の約款において被保険自動車の盗難が保険事故とされている場合（自動車〔車両〕1Ⅰ）には，車両保険金の支払いを請求する者は，「被保険者以外の者が被保険者の占有に係る被保険自動車をその所在場所から持ち去ったこと」という盗難の外形的な事実を主張立証する責任を負うにとどまり，事故の発生，すなわち被保険自動車の持ち去りが被保険者の意思に基づかないものであることについて主張立証する責任を負わないと判示した（最判平19・4・17民集61・3・1026，最判平19・4・23判時1970・106）。

　他方で，損害保険会社が引き受ける傷害保険に関して最判平13・4・20民集55・3・682があるが，それによれば，死亡保険金の支払請求者は，発生した事故が偶然な事故であることについて主張立証する責任を負う。というのは，死亡保険金の支払事由は，急激かつ偶然な外来の事故とされているから，発生した事故が偶然な事故であることが保険金請求権の成立要件であり，そのように解さなければ，保険金の不正請求のおそれが増大する結果，保険制度の健全性を阻害し，誠実な加入者の利益を損なうおそれがあるからである。そして，被保険者の故意等によって生じた傷害に対して保険金を支払わない旨の約款の定めは，保険金が支払われない場合を確認的注意的に規定したものにとどまり，

被保険者の故意等によって生じた傷害であることの主張立証責任を保険者に負わせたものではないという（最判平13・4・20判時1751号171頁。同日，最高裁は，生命保険会社が引き受ける災害割増特約に関する事案においても，同様の判断を下している。最判平13・4・20民集55・3・682。⇨273頁)。

4・2　保険者の免責事由

4・2・1　免責事由の位置づけ

　保険期間内に保険事故が発生し，それにより被保険者に損害が生じたとしても，発生の原因によっては保険金が支払われない場合がある。このような原因を保険者の免責事由という。免責事由には，保険法の定める法定免責事由（保険17）として2つのケースと，約款の定める約定免責事由がある。

　なお，保険法17条は任意規定である。というのは，保険契約においてどのような事由を免責事由とするかは，保険会社ごとあるいは保険商品ごとに異なるものであり，損害保険契約の内容の柔軟性および保険契約者による保険商品の選択の幅を確保するためである。したがって，保険の実務において，保険会社は，法定免責事由として保険法に定められていない事柄を免責事由とすることは可能である。その場合，約款に免責事由として明示されることは当然である。

　そして，保険者が免責されるためには，損害とその発生事由との間に相当因果関係がなければならない。たとえば，火災保険の約款では，地震によって生じた火災損害は免責事由とされているので（地震免責条項），地震と火災損害との間の因果関係が問題となる（大阪高判平11・6・2判時1715・86）。

4・2・2　法定免責事由として故意・重過失による事故招致の場合

　趣旨　保険者は，保険契約者等の故意または重大な過失によって生じた損害をてん補する責任を負わない（保険17Ⅰ）。また，責任保険契約については，保険契約者等の故意により生じた損害をてん補する責任を負わない（保険17Ⅱ）。これらは，保険契約の当事者である保険契約者の故意または重過失により保険事故を招致することは，契約当事者の信義則に反することや，保

険給付を受けることとなる被保険者が故意または重過失により保険事故を招致することは，公益上許されず信義則に反すること，保険事故発生の偶然性を欠くこと，これらを放置しておくと社会経済的な損失が増えることなどを理由としている。

そこで，「故意」とは，自己の行為が保険事故を生じさせることを知りながら行為を行うことを意味し，その者に保険金取得の意思を要しない。行為者が結果の発生を意欲する場合の他，結果の発生を意欲しないが，結果の発生を認容する場合も故意に含まれると解されている（最判平4・12・18判時1446・147）。故意の立証はきわめて困難であることから，実際には，さまざまな間接的事実からそれを推認することになる（大阪地判平9・6・13判時1613・144等）。また「重過失」とは，注意を著しく欠いていることをいい（最判昭和32・7・9民集11・7・1203では，「失火責任ニ関スル法律」但書にいう重過失の意義に関して，通常人に要求される程度の相当な注意をしないでも，わずかの注意さえすれば，たやすく違法有害な結果を予見することができた場合であるのに，漫然これを見すごしたような，ほとんど故意に近い著しい注意欠如の状態を指すものであると判示されている。），重過失による保険事故招致が免責事由とされているのは，故意の立証が困難な場合が多いからであると解するのが一般的である。保険契約者等の故意または重過失の主張立証責任は，保険者が負担する。

第三者による事故招致　保険契約者または被保険者と特別の関係にある第三者による事故招致について，学説は，保険契約者または被保険者のために保険の目的物を管理する者の故意または重過失を，保険契約者または被保険者の故意または重過失とみなす見解（代表者責任論。札幌高判平11・10・26金判1099・35等）と，保険事故を招致した者につき，被保険者に保険金を取得させる意図の有無によって保険者免責を判断すべきという見解とがある。

判例には，後見人の事故招致につき，この者の故意または重過失を保険契約者または被保険者の故意または重過失とみなし，保険者免責を認めたもの（大判昭18・6・9新聞4851・5），特別事情の下で被保険者の妻・母の重過失による火災につき保険者免責を認めたもの（仙台地判平7・8・31判時1558・134）など

がある。

法人の故意または重大な過失　第三者による事故招致の中で，法人の関係者による事故招致の問題がある。つまり，保険契約者または被保険者が法人の場合は，約款に定めがなければ，代表者責任論によれば，法人の業務執行権限または代表権限を有する者だけではなく，法人に代わって目的物を事実上

破産宣告を受けた会社の取締役による放火

　最判平16・6・10民集58・5・1178の事実関係は以下のようであった。
　A社は，損害保険会社Yとの間でその店舗事務所について火災保険契約を締結した。一方で信用組合であるXは，A社との間で信用組合取引契約を締結し，さらにA社はXに対し，信用組合取引契約に基づいて現在および将来負担する債務を被担保債務とし，極度額を4億800万円と定めて，A社がYとの間の保険契約に基づいて有する債権に質権を設定し，Yの承諾を得た。そしてXは，信用組合取引契約に基づきA社に対し，A社が破産宣告を受けたときを期限の利益喪失事由とする約定のもとに，4億1,000万円を貸し付けた。その後A社は破産宣告を受け，さらにA社の店舗事務所が火災により全焼してしまった（その火災当時の建物の価額は2,369万5,000円）。Xは，火災当時，A社に対して貸金につき4億716万4,615円の残元本債権を有していたので，質権に基づく取立権の行使として，Yに対して保険金3,000万円の支払いを求めたところ，Yは，その火災が破産宣告当時A社の代表取締役であったBの放火によるものであり，取締役の故意による事故招致であるとして，免責条項に基づく免責を主張した。
　最高裁は，つぎのように判示した。法定免責事由を定める旧商法641条の趣旨は，「保険契約者または被保険者の故意又は重大な過失によって保険事故を招致した場合に被保険者に保険金請求権を認めるのは，保険契約当事者間の信義則に反し，又は公序良俗に反することによる」。本件火災保険に関する約款の免責条項は，「同様の趣旨から，保険契約者，被保険者又はこれらの者の法定代理人の故意若しくは重大な過失又は法令違反によって生じた損害についての保険者の免責を定めるとともに，保険契約者又は被保険者が法人である場合における免責の対象となる保険事故の招致をした者の範囲については」，「『その理事，取締役又は法人の業務を執行するその他の機関』と定め，理事，取締役の地位にある者については，業務執行権限の有無や保険の目的物を現実に管理していたか否かなどの点にかかわりなく，例外なく免責の対象となる保険事故を招致した者に含まれることを明らかにしている」。免責条項が，「保険契約者又は被保険者が法人である場合における免責の対象となる保険事故を招致した者の範囲を明確かつ画一的に定めていること等に鑑みると」，免責条項にいう「『取締役』の意義については，文字どおり，取締役の地位にある者をいう」。本件では，「有限会社の破産宣告当時に取締役の地位にあった者は，破産宣告によっては取締役の地位を当然には失わず，社員総会の招集等の会社組織に係る行為等については，取締役としての権限を行使し得ると解されるから」，取締役に該当するとするのが相当である。A社は破産宣告を受けて破産管財人が選任されていたが，Bは依然として取締役の地位にあったのであるから，Bの放火による建物の焼失は，免責条項にいう取締役の故意による事故招致に該当するとして，Yの免責を認めた。

管理する地位にある者の故意または重過失もまた法人の故意または重過失とみなされるはずである。

　約款では，「保険契約者または被保険者が法人であるときは，その理事，取締役または法人の業務を執行するその他の機関の故意もしくは重大な過失」によって生じた損害または傷害に対しては，保険会社は保険金を支払わない旨を定めることが多い（住宅総合6Ⅰ）。これについて，下級審の裁判例には，会社が経営面で依存していた経営コンサルタントによる放火の場合に，故意による事故招致にあたらないが，会社が保険金請求をなすことは信義則に反するゆえに保険者免責としたもの（福岡地判平11・1・28判時1684・124）などがある（生命保険に関する判例であるが，代表権がなく経営者として業務に関与していない取締役による故殺につき，保険者免責を否定した最判平14・10・3民集56・8・1706参照）。これに対して，最高裁の判断として最判平16・6・10民集58・5・1178が興味深い。

責任保険契約での取扱い　責任保険契約では，保険契約者等の重過失は免責とされていない（保険17Ⅱ）。というのは，責任保険契約は，①被保険者が損害賠償責任を負担した場合に備えて締結されるものであり，保険契約者等に重過失があった場合に保険給付が行われないことになると，保険契約を締結した目的が十分に達成できなくなること，②保険契約者等に重過失がある場合でも保険給付を行うこととしたほうが被害者保護に資すること，③保険の実務上も，保険契約者等の重過失を保険者免責としていない契約が多いことなどによる（⇨191頁）。

疾病傷害保険　被保険者の傷害疾病による死亡から生ずる被保険者の損害をてん補する保険の場合（保険2①・⑦），被保険者または相続人の故意または重過失が保険者の免責事由の対象となる（保険35）。これは，被保険者に故意または重過失により傷害疾病を生じさせ，死亡させた相続人は，被保険者の相続財産に帰属する保険金請求権の利益を享受しうる立場になることによる。

4・2・3　法定免責事由として戦争その他の変乱による場合

　保険者は，戦争その他の変乱によって生じた損害をてん補する責任を負わない（保険17Ⅰ）。これは，この損害がきわめて広汎なものになるおそれがあり，保険者がこの損害をてん補すべきものとすれば高額の保険料が必要となるからである。「その他の変乱」とは，戦争に準ずるような大きな争乱状態をいい，一過性のテロ行為などは除外され，大規模な革命や大規模な暴動を意味する。

4・2・4　約定免責事由には

　たとえば，自動車保険の約款では，「記名被保険者」，「被保険自動車を運転中の者またはその父母，配偶者もしくは子」，「被保険者の父母，配偶者または子」，「被保険者の業務に従事中の使用人」および「被保険者の使用者の業務に従事中の他の使用人」の生命または身体が害されたことにより被保険者が被る損害（自動車〔賠償責任〕4），無免許または酒酔いもしくはシンナー等の影響により正常な運転ができないおそれがある状態で被保険自動車を運転しているときに生じた損害（自動車〔車両〕4），火災保険の約款では，「地震もしくは噴火またはこれらによる津波」によって生じた損害（住宅総合3Ⅱ②）等について免責事由としている。また，保険契約者または被保険者の法令違反で生じた損害も免責される（住宅総合3Ⅰ①）。この損害とは，火災予防を目的とする法令（建築基準法，消防法，危険物取締規則等）に違反した場合の損害を意味する。

4・3　損害の発生・拡大の防止義務

4・3・1　損害の防止に努めなければならない

　内容・防止義務者　　保険契約者および被保険者は，保険事故が発生したことを知ったときは，これによる損害の発生および拡大の防止に努めなければならない（保険13）。これを損害防止義務という。損害の防止とは，たとえば，フライパンを使った料理中に油が燃え上がったが，消化剤をフライパンの中に投入して天井に着火するのを未然に防いだり，あるいは，天井の一部に火が着いたが，ただちにこれを消化し止めて建物全体が消失するこ

とを防ぐように，損害の発生または拡大の全部または一部の阻止を意味する。そこで，防止義務を負担しなければならないのは保険契約者および被保険者である。というのは，モノ保険または財産保険では，これらの者が保険の目的物に近接していること，傷害疾病損害保険では，被保険者が保険事故発生の客体であるからである。ただし，保険契約者および被保険者双方がつねに損害防止義務を負担するということは合理的ではなく，防止義務違反の有無を判断する場合には，保険契約の実態に基づいて判断すべきである。たとえば，倉庫業者が荷主から預かった荷物を目的物とする火災保険契約を締結する場合のような第三者のためにする損害保険契約では，預かった荷物が倉庫業者の支配下にあるときに保険事故が発生した場合などでは，被保険者である荷主よりも保険契約者である倉庫業者のほうが損害防止活動をなしうる立場にあるので，損害防止義務者は保険契約者である。

防止義務の履行 防止義務の開始時期は，防止義務者が保険事故の発生を知った時である（保険13参照）。損害防止義務は防止義務者が保険事故の発生を知ったことを要件とするか否かについては，保険法の明文の規定はないが，重過失により事故の発生を知らない場合を除いて，事故発生を知らない者に対して損害防止行為を要求することはできないので，これを肯定すべきであると解される。

そして，損害の防止または軽減に努めるべき程度および方法については，具体的な状況において判断することになる。一般的には，保険契約が存在するゆえに，損害防止義務者が，これが存在しない無保険の場合よりも大きな努力が要求されると解すべきではなく，無保険の場合と同じ程度の努力をなすことで足りると解されている。防止義務者がこの程度の努力をなした場合には，損害の防止または軽減の成否にかかわらず，義務は履行されたものとみなされる。

防止義務違反・効果 義務違反が成立するための主観的要件として，防止義務者の悪意または重過失を必要とする見解が有力である。というのは，保険事故が発生した場合には，防止義務者は精神的に動揺するのが一般的であるので，軽過失の防止義務者までも義務違反と扱うのは，この者にとって酷であると解されるからである。損害防止義務違反の効果については

改正前商法同様に保険法に定めがない。これまでの通説によると，損害防止義務違反があっても被保険者は保険金請求権を失わないとするとともに，保険者は，義務違反によって発生または拡大した部分の損害につき防止義務者に対して損害賠償請求権を取得し，この請求権と保険金支払債務とを相殺して，その差額を支払うのが妥当であるとされる。また，約款では，故意または重過失による損害防止義務違反の場合に限り，損害額から防止または軽減できたと認められる額を控除した残額を損害の額とみなすと定めるのが通例である（住火約17Ⅲ，船約24Ⅱ等）。

4・3・2　なぜ損害の防止に努めなければならないのか

ところで，損害防止義務が保険契約者および被保険者に課される理論的根拠については，見解が分かれている。まず，公益保護に求める見解によると，保険契約者および被保険者が，損害の発生または拡大を防止できるにもかかわらず，保険契約を締結しているという理由でこれを傍観することは，社会経済上の損失であるからであるとされる。つぎに，衡平または信義則に求める見解によると，損害のてん補額を抑えようとする保険者は，損害防止に最適な被保険者が損害防止に努めることを前提として保険契約を締結し，保険料の額を決定していることから，保険契約者および被保険者が損害の発生または拡大を傍観することは保険者・被保険者間の衡平を欠き，信義則に反するからであるとされる。これらに対して，損害防止義務は，保険契約者および被保険者の故意または重過失で発生した損害について保険者はてん補責任を負わないという法則を，保険事故発生後の損害の発生または拡大に及ぼしたものとする見解があり，この見解が一般的である。

4・3・3　損害防止費用は誰が負担するのか

保険法によれば，損害の発生および拡大の防止のために必要または有益であった費用は，保険者の負担とされる（保険23Ⅰ②）。損害防止費用は，一般的かつ客観的に損害防止のために必要または有益な費用とされ，それが結果的に損害防止に資するものであったか否かを問わない。そこで，損害防止費用とてん

補額を合算した合計額が約定保険金額を超える場合であっても保険者が負担することとなると解される。

これに対して，約款では，防止費用を保険者が制限的に負担するとするものがある（住宅総合33Ⅱ）。防止義務の趣旨を，防止についての不作為が損害の発生および拡大に作用した原因力のひとつであると解するならば，防止費用を保険者が直接的損害とともに負担するか否かは保険料との関連で認められる問題であることから，約款の内容は保険者が自由に決めることができるといえる。

4・4 損害発生の通知義務等

4・4・1 損害の発生を通知しなければならない

意義・趣旨 保険契約者または被保険者は，保険事故による損害が生じたことを知ったときは，遅滞なく，保険者に対し，その旨の通知を発しなければならない（保険14）。これを損害発生の通知義務という。

損害発生の通知義務は，保険者が保険給付等の義務を負担するか否かを判断するために保険契約者または被保険者に課されている。すなわち，保険者は，被保険者に発生したてん補すべき損害の額を把握するために，事故原因の調査，証拠保全，損害の種類および範囲の確定を行う必要があり，また，保険契約者または被保険者と共同して損害防止などの措置を講ずる機会を確保する必要があることから，損害に近接している保険契約者または被保険者にその通知義務が課されているのである。

損害発生の通知義務は真正の義務であり，違反について損害賠償責任が生ずる。

通知義務者・通知の相手方 モノ保険または財産保険では，保険契約者または被保険者が保険の目的物に接している。また，ヒト保険では，被保険者は保険事故の客体である。そこで，これらの者にそれぞれ通知義務が課されている（保険14）。通知義務者が複数人いる場合には，これらのうちの一人が通知すれば足りる。

そして，通知の相手方は，保険者または保険者のために通知の受領権限が付

与されている者であり，後者については保険募集人が該当する。保険募集人のうち，保険契約の締結権限が付与されている者は，通常，通知の受領権限が付与されているであろう。これに対して，保険募集人が当該保険契約について締結限限を有しない場合，あるいは締結権限が付与されているが，通知の受領権限が付与されていない場合については，通知義務者の利益を保護するという観点からすれば，この場合であっても，通知の相手方として扱い，この保険募集人に通知することが義務が履行されたものと取り扱うべきであろう。ただし，保険者が損害発生の事実を知っており，かつ，通知義務者もそのことを知っている場合には，この事実の通知は必要ない。

通知事項・方法・効力発生時期 通知義務者は，保険事故により保険給付の行われる損害が被保険者に生じた旨の通知を発しなければならない（保険14）。傷害疾病定額保険契約では，給付事由の発生した事実を通知すべきであると定めていること（保険79）との均衡を考えれば，保険法14条の通知事項は，モノ保険・財産保険の目的物またはヒト保険の被保険者において事故により損害が生じたという明確な事実をいうと解される。通知の方法は書面ないし口頭のどちらでもよい。保険法14条では，通知義務者は「遅滞なく」通知すべき旨を定めているのに対して，自動車保険約款は「直ちに」通知すべき旨を定めるが（自動車（基本）20②），両者には大きな違いはない。保険法14条は任意規定なので（保険26参照），このような約款規定は有効である。

通知の効力が発生するのは，通知義務者が通知を発した時である。火災保険約款では，通知は保険者に到達しなければ効力を生じないと解されている。それゆえに，約款上，通知不到達のリスクは通知義務者が負担することになるが，保険法14条は任意規定なので（保険26参照），このような約款規定は有効である。

通知義務違反の効果 通知義務違反の効果については，保険法に規定はない。その違反は保険者を免責させるものではなく，保険者は，通知義務者の通知義務違反によって損害を被ったときは，債務不履行の原則に基づき，保険契約者または被保険者に賠償を請求することができ，通知義務違反によって生じた損害額を保険金から控除することができると解される。保険者が通知義務違反による損害賠償を請求するためには，通知義務違反により保

険者に損害が発生したことを証明しなければならない。約款では、保険契約者または被保険者が正当な理由なく通知義務に違反したときは、保険会社は、それによって被った損害の額を差し引いて保険金を支払う旨が定められている（住宅総合33Ⅲ，自動車（基本）21Ⅰ）。

　保険法制定前の自動車保険の約款では、事故発生日の翌日から60日以内に書面で事故内容を通知しなければ保険者免責となる旨が定められていた（旧自動車（一般）16）。最高裁は、通知義務を保険契約上の債務と解した上で、保険者の全部免責が認められるのは、保険契約者等が保険金の詐取やてん補義務の有無ないし内容の確定を妨げる目的等，信義則上許されない目的で通知義務に違反した場合に限られ、そのような場合以外では、保険者は通知義務違反により被った損害についての損害賠償請求権を取得し、これを保険金の額から控除できるにとどまると解されると判示している（最判昭62・2・20民集41・1・159）。

4・4・2　保険事故に関して説明しなければならない

　自動車保険の約款では、保険契約者、被保険者または保険金を受け取るべき者に対して、これらの者が保険事故の発生を知ったときは、事故の状況、被害者の住所・氏名または名称、事故発生の日時・場所または事故の証人の住所・氏名または名称、損害賠償請求の内容等について、書面を提出する義務を課すとともに、保険会社が行う損害等の調査に協力することを求めている（自動車（基本）20③・⑩）。これを説明義務ないし協力義務という。そして、説明義務を負担する者が正当な理由がなくこの義務に違反した場合は、保険会社は、義務違反により被った損害の額を差し引いた保険金を支払うにとどまる。なお、損害額の見積もりを保険者に通知する義務が課されている約款について、これを不実申告した場合に、不実の部分についてだけ保険者が免責されるのではなく、完全な保険者免責を認める下級審の裁判例がある（東京地判平10・2・16判時1664・139）。

4・5 保険給付の履行

4・5・1 保険者は保険給付を行わなければならない

保険期間内に保険事故が発生し，それにより目的物や被保険者に損害が生じた場合には，保険者は被保険者に保険給付を行う義務を負う（保険2①・⑥・⑦）。ただし，目的物について損害が発生した後，目的物が保険者の負担しない保険事故により滅失したときであっても，保険者は損害をてん補しなければならない（保険15）。保険法15条は片面的強行規定である（保険26）。

4・5・2 てん補される額，給付される額は

保険価額・損害額の算定　損害保険契約において保険者がてん補すべき損害の額は，損害が生じた地および時における価額によって算定する（保険18Ⅰ）。約定保険価額があるときは，てん補損害額は約定保険価額によって算定するが，約定保険価額が保険価額を著しく超えるときは，未評価保険の原則に戻り，てん補損害額は実際の保険価額によって算定する（保険18Ⅱ）。約定保険価額が保険価額を著しく超えるか否かを判断する基準となる保険価額は，損害の生じた地および時における保険価額である。著しく超えるときとは，約定保険価額によって保険者のてん補損害額が算定されることが利得禁止の観点から許されない場合を判断基準とする。保険法18条2項ただし書は強行規定である。

約款では，保険事故の発生により目的物について損害が発生したときは，保険価額や損害額等を調査するために，保険会社は目的物の状況等を調査することができる（住宅総合32Ⅱ）。この費用は，特約がない限り保険者の負担となる（保険23条Ⅰ①参照）。

給付額の算定　全部保険の場合には，保険給付額は損害額に相当するが，一部保険の場合には，比例てん補となる（保険19）。自動車保険の車両保険の約款では，1回の事故について保険会社が支払う保険金の額は，全損の場合には，保険価額と同額とし，分損の場合には，損害額から保険証券記載の免責金額を差し引いた額と定められる（自動車（車両）10Ⅰ）。

4・5・3 保険給付はいつ，どこで履行されるのか

履行期限 約款では，被保険者が保険金の支払いを受けるために約款所定の手続を完了した日から一定の期間内に保険金が支払われる旨を定める（住宅総合36Ⅰ，自動車（基本）24Ⅰ）。ただし，契約で保険給付を行う期限（①）を定めた場合であっても，約定期限が，保険給付を行うために確認をすることが必要とされる事項（保険事故，てん補損害額，保険者が免責される事由等）の確認をするための相当の期間を超えるときは（②），相当の期間を経過する日が履行期限となる（保険21Ⅰ。最判平9・3・25民集51・3・1565）。それゆえに，①が②より後のときは，②が履行期限となり，①が②より先に到来すれば，①が履行期限となる。相当の期間は，保険契約の類型ごとに判断される。保険法

約款規定と保険金の支払時期

保険契約者側の義務は保険料の支払いにより履行されているものであり，損害の発生後てん補のないまま日時が経過するときは，被保険者の損害の範囲が事後的に拡大するおそれもあるから，保険会社の損害てん補の義務は，損害発生後，遅滞なく履行されることが期待されている。約款22条ただし書（当会社は，保険契約者または被保険者が17条（保険契約者等は目的物について損害が生じたことを知ったときは，遅滞なく書面をもってこれを保険会社に通知し，保険会社の要求する書類を添えて，損害発生の通知日から30日以内に保険会社に提出しなければならない旨が定められている）の規定による手続をした日から30日以内に，保険金を支払います。ただし，当会社が，期間内に必要な調査を終えることができないときは，これを終えた後，遅滞なく，保険金を支払う旨が定められている）の文言は抽象的であって，何をもって必要な調査というのかが明らかでなく，保険会社が必要な調査を終えるべき期間も明示されていない。保険会社において猶予期間内に必要な調査を終えられなかった場合，一方的に保険契約者側のみに保険金支払時期が延伸されることによる不利益を負担させ，保険会社側は支払期限猶予の利益を得るとするならば，それは損害保険契約の趣旨，目的と相いれない。したがって，保険契約者等が調査を妨害したなど特段の事情がある場合を除き，保険金支払時期の延伸について保険会社が責めを負わないという結果を是認すべき合理的理由を見出せない。これらのことから，約款22条ただし書は，これ自体では保険契約者等の法律上の権利義務の内容を定めた特約と解することはできず，保険会社において，猶予期間内に調査を終えることができなかった場合であっても，すみやかにこれを終えて保険金を支払うべき旨の事務処理上の準則を明らかにしたものと解される。同条は，保険契約者等が目的物に損害が発生したことを保険会社に通知し，所定の書類を提出したときは，その日から30日の経過により保険金支払についての履行期が到来することを定めたものであって，保険会社は，期間内に必要な調査を終えることができなかったとしても，期間経過後は保険金の支払について遅滞の責めを負う（最判平9・3・25民集51・3・1565）。

21条1項は片面的強行規定である。

　保険給付を行う期限を定めなかったときは，保険者は，保険給付の請求があった後，請求に関する保険事故およびてん補損害額の確認をするために必要な期間を経過するまでは，遅滞の責任を負わない（保険21Ⅱ）。必要な期間は相当な期間（保険21Ⅰ）とは異なり，保険事故や給付事由，損害額の確認のために客観的に必要と認められる期間であり，保険金請求ごとに判断される。

　保険法21条1項・2項は，保険者の調査の必要性を考慮しつつ，保険者によるモラル・ハザードを防止して保険契約者等の利益を保護するという規定である。しかし，保険契約者等の帰責事由によって保険者の確認が遅延する場合にまで，保険者に遅滞の責任を負わせるのは衡平に反する。そこで，保険法では，保険者が保険法21条1項・2項所定の確認をするために必要な調査を行うにあたり，保険契約者等が正当な理由なく当該調査を妨げ，または，これに応じなかった場合には，保険者は，これにより保険給付を遅延した期間について，

保険給付請求権の消滅時効

　保険法制定前の自動車保険約款（一般条項）20条2項には，被保険者が車両保険金の支払を請求する場合は，事故発生時の翌日から60日以内または保険会社が書面で承認した猶予期間内に，保険金請求書等を保険会社に提出しなければならない，同21条には，保険会社は，被保険者が前条2項の手続をした日からその日を含めて30日以内に保険金を支払う，ただし，当会社が期間内に必要な調査を終えることができない場合は，これを終えた後，遅滞なく保険金を支払う，同24条には，保険金請求権は，20条2項所定の手続が行われた場合には，保険会社が書類等を受領した時の翌日から起算して30日を経過した時の翌日から起算して2年を経過した場合は，時効によって消滅する旨が定められていた事案について，つぎのように判示している。保険金支払条項による履行期は，保険金請求手続が行われた日からその日を含めて30日を経過した日に到来すると解すべきである。しかし，保険金請求権については，保険金支払条項に基づく履行期が到来した後の日付で，協力依頼書が送付され，その後の日付で，免責通知書が送付されたことから，協力依頼書の送付から免責通知書の送付までの間は，保険会社が保険金を支払うことは考えられないし，被保険者も，調査に協力して結果を待っていたものと解されるので，訴訟を提起するなどして保険金請求権を行使することは考えられない。そうすると，協力依頼書の送付行為は，被保険者に対し，調査への協力を求めるとともに，調査結果が出るまでは保険金の支払いができないことの了承を求めるもの，すなわち，保険金支払条項に基づく履行期を調査結果が出るまで延期することを求めるものであり，被保険者は，調査に協力することにより，これに応じたものと解される（最判平20・2・28判時2000・130）。

遅滞の責任を負わないと定められている（保険21Ⅲ）。

　保険法21条1項・3項は片面的強行規定である（保険26）。同条1項については，確認のための相当な期間を経過しても遅滞の責任を負わない旨の約定は，相当な期間を超える部分については無効となり，3項については，保険金請求権者が正当な事由で確認の調査に協力できなかった場合であっても履行期を延伸する旨の約定は無効とされる。同条2項は任意規定である。

保険給付請求権の消滅時効　保険給付を請求する権利は3年の時効によって消滅する（保険95Ⅰ）。時効の起算点は，被保険者が権利を行使できる時であり（民166Ⅰ），被保険者が保険給付の請求をしたときは，保険給付の履行期限が起算点となるが，被保険者が保険給付の請求をしないまま履行期間が経過したときは，保険事故発生時から3年で保険金請求権は時効消滅すると解される（最判平20・2・28判時2000・130）。

履行場所　保険給付の履行場所は，債権者である被保険者の住所または営業所である（商516Ⅰ，保険業21Ⅱ）。保険の実務では，被保険者または保険金受領権限を有する者の指定する金融機関の口座に払い込まれるか，目的物を修理した業者の口座に払い込まれる。

保険金支払後の保険契約　モノ保険では，目的物に全損が生じ，保険金額の全部が支払われた場合には，保険契約は終了する。分損が生じ，保険金額の一部が支払われた場合，当初の保険金額のままで契約が存続する契約類型（自動復元主義。住宅総合39Ⅰ），残存保険金額がその後の保険金額となる契約類型（残存保険金額主義）がある。

4・6　保険代位

4・6・1　保険代位と利得禁止との関係

　保険事故の発生により目的物が全部滅失しても，残存物がある場合，あるいは，保険事故が第三者の行為によって発生したことにより被保険者に損害が生じ，被保険者が第三者に対して債権（被保険者債権）を取得するに至った場合には，保険者が被保険者の残存物に対する権利ないし被保険者債権に代位する。

これを保険代位といい，残存物代位（保険24）と請求権代位（保険25）とがある。

損害保険契約は被保険利益に生じた損害をてん補することを目的とすることから（保険2①・⑥・⑦），被保険者が損害額を超える金銭を受け取ることは認められない。すなわち，損害保険契約法の領域では，保険事故の発生によって被保険者が利得する事態を回避する仕組みが必要であり，そのひとつとして保険代位があり，利得禁止原則を具体化するものである。

4・6・2 残存物代位

意義・趣旨 たとえば，全焼した建物を構成していた鉄骨や石材などが残っている場合のように，保険の目的物が全部滅失しても，価値ある残存物があることがある。そこで，保険者は，目的物の全部が滅失した場合において，保険給付を行ったときは，保険給付の額の保険価額または約定保険価額に対する割合に応じて，目的物に関して被保険者が有する所有権その他の物権について当然に被保険者に代位する（保険24）。これを残存物代位という。

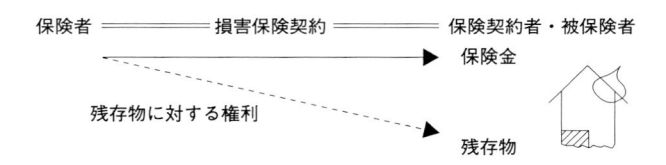

```
保険者 ═══════ 損害保険契約 ═══════ 保険契約者・被保険者
       ────────────────────→
                               保険金
       残存物に対する権利
       - - - - - - - - - - - - - →
                               残存物
```

残存物代位の趣旨をどのように解釈するかについては，見解が分かれている。まず，被保険者が保険者から保険金額全部の支払いを受けたが，残存物を引き続き保有するならば，被保険者は残存物価額について利得することになり，利得禁止の原則に反するので，これを防止することに保険法24条の趣旨があるとする見解がある（利得防止説）。これに対して，保険者による損害てん補は残存物価額を控除した額についてなされる（実損てん補）はずであるが，残存物価額の算定には時間と費用がかかるゆえに，被保険者への保険金の支払いが遅れ，この者の利益を十分に保護できないおそれがあるので，残存物価額を算定することなく，被保険者の損害を迅速にてん補することに保険法24条の趣旨があるとする見解がある（技術説）。この見解を支持する者が多い。

要件 　残存物代位は，目的物の全部が滅失し，保険者が保険金額の全部を支払ったときに生じる（保険24）。

　目的物が保険事故でその本来的機能・効用の全部を失う全損となることを要する。全損とは，物理的な全滅ではなく，目的物が有していた経済的効用の全部を失ったことをいう。分損の場合には残存物の価額を控除して損害額が算定されるので，残存物代位は認められない。ただし，目的物が複数の可分物である場合には，ひとつの契約としてみれば分損であっても可分な各部分について残存物代位が認められる。

　保険者が保険給付を行ったことを要する。保険者が保険契約に基づいて支払義務を負う金額を支払ったことをいう。保険者は実損害について責任を負えば足りるので，超過保険の超過部分については支払義務を負わない。損害保険には，有体物の滅失・毀損に対する所有者利益の保険に限られず，盗難・保証・信用の各保険もあることを考慮すれば，保険者が給付すべき額の一部を支払ったにすぎない場合であっても，被保険者に不当な利得が生ずる可能性があるときは，利得を生じさせない範囲において残存物代位が認められる。

　保険者が支払う金額の中には損害防止費用（保険13，23Ⅰ②）も含まれる。これは，保険者が保険金額を支払っただけで損害防止費用を支払わないで代位するのは公平でないからである。また，保険者がこの金額の一部だけを支払った場合には，被保険者が利得しない範囲内において残存物代位が認められる。これは，保険者が支払った金額の支払うべき金額に対する割合で代位を認めれば（保険19参照），保険者が義務を完全に履行していなくとも代位を認めることになり不当であるし，代位を認めなければ被保険者が利得するからである。

効果 　保険者は，給付すべき額の保険価額または約定保険価額に対する割合に応じて代位する（保険24）。一部保険の場合，保険者は，保険給付の額の保険価額に対する割合に応じて，目的物につき被保険者と共有関係に入る。目的物が可分であるときは，包括して付保された目的物の全部が滅失した場合でなくとも，可分な部分について全損の場合が生ずるので，一部について，保険法24条と同じ取扱いをする約定は認められる。

　保険者は，目的物について被保険者が有する所有権等の物権に代位する。そ

の結果，保険者は残存する目的物に関する物権を取得するので，保険者は残存物を売却すればその価額につき保険金の一部を回収しうることから，保険者についてみれば，実損額をてん補した場合と同じ結果となる。

　残存物代位は保険法の規定による効果であり，被保険者が保険者による代位について意思表示をすることを要せず，所定の要件が充足されれば効力が発生し，代位の事実を第三者に対抗するための対抗要件も要しない。しかし，目的物について第三者が何らかの物権を有している場合，第三者の利益を保護する必要があれば，保険者は被保険者の目的物に対する権利に当然に代位するが，第三者に対して代位した旨を通知する必要がある。保険者が代位する時期は給付額の全部を支払った時である。

被保険者の権利を取得しないとする約款規定の効力　残存物に関する権利を取得した保険者は，残存物の売却額から保険給付の額の一部を回収できる。しかし，残存物代位は保険者につねに利益をもたらすものではなく，残存物の所有者として残存物を除去したり（港則法26），船骸から漏れた油による海洋汚染について損害賠償を請求されることもある（船舶油濁損害賠償保障法3）。残存物に関する経済的負担も保険者に移転すると解されるから，保険者がその負担を避けるためには，残存物に関する権利取得を放棄するか，権利は取得するが付随費用は被保険者が負担する旨の特約を要する。

　約款では，①目的物の所有権等の物権は，保険会社がこれを取得する旨の意思を表示しない限り，保険会社に移転しない旨（代位権放棄）を定めるもの（住宅総合34Ⅰ），②保険会社が被害物に対する被保険者の権利を取得しない旨の意思を表示して保険金を支払ったときは，目的物に対して被保険者が有する権利は保険会社に移転しない旨を定めるもの（自動車（車両）12Ⅲ），③残存物に関する所有権を取得することで保険者が負担することになった義務の履行に必要な費用は，被保険者が負担する旨を定めるもの（船約32Ⅲ）がある。これらは，保険者が残存物の保全・除去費用を負担するという不利益を避けるためであるとともに，残存物の除去義務を負う場合のように，代位が生じなくとも被保険者が利得せず，当然に代位が生ずるとすることが相当でない場合もあることを踏まえたものである。保険法24条は片面的強行規定である（保険26）。代位が生

じないとすると被保険者が利得しかねないこともあり，利得禁止原則が強行規定的原則であると解すれば，約定がこの原則に反する場合には約定の効力が否定されることもある。しかし，この約定によれば，保険者は目的物について被保険者が有する権利を取得しないことになるので，この約定は被保険者に有利であることから，同条の性質に反しない。

4・6・3 請求権代位

意義・法律関係　たとえば，火災保険に付されている家屋につき，放火などの第三者の不法行為や，賃借人の失火による貸借家屋の返還不能などの債務不履行によって保険事故が生じる場合がある。そこで，保険事故が第三者の行為によって発生し，被保険者に損害が生じた場合において，保険者が被保険者に対して保険給付を行ったときは，保険者は支払った金額の限度において被保険者が第三者に対して有する債権（被保険者債権）を取得する（保険25条1項）。これを請求権代位という。

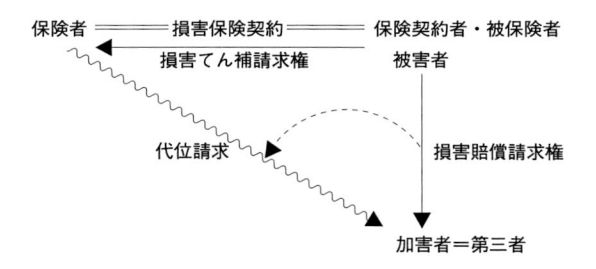

```
保険者 ══════損害保険契約══════ 保険契約者・被保険者
         ←損害てん補請求権         被害者
                        
         代位請求            損害賠償請求権
              ↘           ↓
                 加害者＝第三者
```

　保険事故による損害が第三者の行為によって発生した場合，被保険者は，第三者に対して被害者として損害賠償請求権を取得するとともに（民415，709等），保険契約に基づき保険者に対して損害てん補請求権（保険金請求権）を取得する。第三者が被保険者（被害者）に損害賠償金を支払えばその額の分だけ被保険者の損害が縮小するので，保険者のてん補額も減少する。両請求権は別個の原因に基づく権利であり，併存することは可能であるから，保険者は被保険者に負担額を支払うことができる。しかし，①被保険者が両請求権を行使すれば損害額を上回る金額を取得することもあり，最狭義の利得禁止の原則に反する。

②被保険者が損害てん補を受けたからといって，第三者が損害賠償債務を免れることは不合理である。そこで，③保険法は保険者に請求権代位を認めている。

法的根拠　請求権代位の法的根拠については解釈が分かれている。まず，損害保険契約の本質を実損てん補とする見解（絶対説）によれば，損害賠償請求権と損害てん補請求権とは同じ損害を埋め合わせるものであるから，被保険者が両請求権を重複行使すると利得が生ずるので，かかる行使は認められないとする。この見解では上記②③について十分な説明ができない。つぎに，損害保険の本質を金銭給付とする見解（相対説）によれば，被保険者が両請求権を重複行使すると利得し，他方，保険金の支払いによって第三者が免責されることはともに妥当ではないので，公序政策的見地から請求権代位が認められるとする。この見解では③について積極的な理由が示されない。

これらに対して，不確定損害肩代わり説（多数説）によれば，被保険者が第三者に対して損害賠償請求権を有する場合，被保険者が保険者に対して請求しうる保険給付の額は損害賠償金を控除した額であるが，損害賠償金の確定には時間と費用がかかるので，損害を迅速にてん補することによって被保険者の利益を保護するために，保険者は第三者による損害賠償債務の履行前に被保険者に負担額を給付するとともに，被保険者の第三者に対する損害賠償請求権を取得することにより，金額が確定していない被保険者の損害（不確定損害）を肩代わりするということに根拠があるとする。この見解に対しては，第三者による損害賠償債務の履行前には保険者がてん補すべき損害が被保険者に発生していないと解することは，保険関係（保険者・被保険者間）と保険外関係（被保険者・第三者間）を混同するものであるとの批判がある。

要件　請求権代位は，第三者の行為に起因して保険事故が発生したことによって被保険者に損害が生じ，被保険者が第三者に対して債権（被保険者債権）を取得し，保険者が被保険者に保険給付したことにより生じる（保険25）。

そこで，第三者の行為に起因して保険事故が発生したことによって被保険者に損害が生じ，被保険者が第三者に対して債権を取得することを要する。被保険者債権は，第三者の不法行為によるものであれ（民709），債務不履行による

ものであれ（民415），保険給付を発生させる事象と同一の事象により被保険者が取得する権利であればよい。債務不履行その他の理由により債権について生ずることのある損害をてん補する損害保険契約では，当該債権を含む。ただし，損害が被保険者の同居の家族等，被保険者と共同生活を営む者の過失によって生じた場合にも保険法25条を適用することは，被保険者から保険の利益を奪うことになり，適切ではない。また，残存物代位の場合と異なり，分損の場合においても請求権代位が生じる。

そして，保険者が被保険者に対して保険給付を行わなければならない（保険25Ⅰ）。保険者は負担額の一部のみを支払った場合にも，被保険者等の権利を害しない範囲内において権利を行使できる（保険25Ⅱ）。

効　果　保険者は，保険給付の額か被保険者債権の額のうちどちらか少ない額を限度として，被保険者債権の額について当然に被保険者に代位する（保険25Ⅰ）。保険給付の額がてん補損害額（保険18Ⅰ）に不足するときは，被保険者は，被保険者債権のうち保険者が代位した部分を除いた部分について，保険者の債権に先立って弁済を受ける権利を有する（保険25Ⅱ）。

請求権代位は保険法の規定による当然の効果であり，被保険者が保険者による権利の代位について意思表示をすることを要せず，要件が充足されれば当然に効力が発生し，代位の事実を第三者に対抗するための対抗要件も要しないと解されている。また，被保険者は，保険給付を受けるまでは権利の行使（第三者に対する損害賠償請求）または処分（第三者の免責，権利の譲渡等）をなしうる。

全部保険では，被保険者債権の全部が保険者に移転するが，一部保険では，被保険者債権の内容により移転の内容が変わるので，保険者が代位取得する権利の内容を明らかにしなければならない。保険法は，保険給付の額か被保険者債権の額のうちどちらか少ない額を限度として，保険者が被保険者債権の額について当然に被保険者に代位すると定め（保険25Ⅰ），差額説によることを明示し，権利内容を明らかにしている（保険法制定前の判例は，保険者は保険給付額のてん補損害額に対する割合に応じて被保険者債権を取得すると解する比例説をとっていた。最判昭62・5・29民集41・4・723参照）。これは，請求権代位の趣旨である被保険者の利得禁止の原則と第三者の免責阻止の原則を忠実に守るものである。

保険法25条に基づいて，一部保険で，第三者に対する請求権の額が損害額に満たない場合として，保険価額100万円，保険金額50万円の自動車が全損したが，被保険者の加害者に対する損害賠償請求権の額は過失相殺（過失割合2割）により80万円のケースを考えてみよう。保険法25条によれば，保険者が被保険者に保険金50万円を支払うと，保険者は，保険給付の額（50万円）と被保険者債権の額（80万円）のいずれか少ない額を限度として第三者の権利に代位するはずであるが，保険給付の額がてん補損害額（100万円）に不足するので，保険給付の額と比較すべきは，被保険者債権の額から不足分（50万円）を控除した残額（30万円）となることから（保険25Ⅰ②カッコ書），保険者は30万円について代位取得し，被保険者は第三者から賠償金として50万円を請求し，損害額100万円に相当する金額を受け取ることができる。

被保険者が保険金請求権と第三者に対する権利とを取得した場合，被保険者

保険利益享受約款をめぐる最高裁判例

〔1〕 最高裁昭和43年7月11日判決では，貨物自動車運送契約中に，運送人は，荷送人を被保険者として貨物の全額につき運送保険契約を締結し，貨物の損害については運送保険契約に基づく保険のみをもっててん補することとし，保険料負担以上の責任は負わないという旨の特約があり，この解釈が問題となった。最高裁はつぎのように判示した。荷送人が運送を委託するにあたり一切の賠償請求権をあらかじめ放棄する旨を了承し，保険契約の利益を享受する意思を表示したものとしても，すべての請求権を放棄したものと解釈することはむずかしい。というのは，もしそうであると解すると，旧商法662条1項により保険者は給付義務を免れることとなり，荷送人がこのような結果を甘受して請求権をあらかじめ放棄する旨の意思を表示することは，経験則上，特殊異例の事象に属し，生起しえないことであるゆえに，本件特約は保険金の額を超える損害部分の賠償請求権だけを放棄する旨を表示したものと解すべきであると判示した。

〔2〕 最高裁昭和49年3月15日判決では，海上物品運送契約の船荷証券中に，荷主が自己の所有する貨物について締結した貨物保険契約によって貨物の損害をてん補された場合には，その限度において運送人に対する賠償請求権は消滅するという条項があり，その解釈が問題となった。最高裁は，このような条項は，荷主が保険者から保険金を給付される限度において運送人に対する賠償請求権をあらかじめ放棄する趣旨のものであり，運送人がこの保険を利用することによって，自己の責任を免れる目的を有する特約であると解されるので，このような条項は強行規定である商法739条に反して無効であると判示した。

〔3〕 最高裁昭和51年11月25日判決では，港湾運送契約の中に，荷役業者は荷送人が貨物運送保険に付した危険によって生じた貨物の滅失ないし毀損等については損害賠償の責めを負わないという旨の条項があり，この解釈が問題となった。最高裁は，昭和43年判決とほぼ同旨の判決を下した。

は，保険者の代位による権利を保全するために協力する義務を負う。約款では，被保険者がこれに違反した場合には，権利が保全されていれば取得できたであろう金額について，保険者は保険金支払義務を免れると定められている（住宅総合34Ⅲ，自動車〔基本〕14⑥）。

　約款では，保険者が被保険者の第三者に対する権利を代位しない旨や，代位した権利を行使しない旨が定められている。保険法25条は片面的強行規定であるから（保険26），同条に反する特約で被保険者に不利な約定は無効とされる。請求権代位が生じないとすると被保険者が利得しかねないこともあり，利得禁止原則が強行規定的原則であると解すれば，約定がこの原則に反する場合には，約定の効力が否定されることもある。運送契約の約款の中に，荷主（被保険者）が受領する保険金の額を限度として，荷主の運送人に対する賠償請求権を事前に放棄する旨の条項（保険利益享受約款）が挿入されることがある。この条項の効力につき，判例は，被保険者は保険金額を超える損害部分の賠償請求権を放棄する旨の意思表示にすぎないとしたり，この条項は免責約款の制限を定める商法739条に反して無効であるとするなど，その立場は揺れている（最判昭43・7・11民集22・7・1489，最判昭49・3・15民集28・2・222，最判昭51・11・25民集30・10・960）。この場合，故意に基づく第三者の損害賠償責任を免除する特約はできない。

　保険法25条は片面的強行規定である（保険26）。保険者が行った保険給付の額と同額だけ代位を生ずるような約款規定は無効である。被保険者の権利を代位しない旨の約款規定は，保険給付の額と賠償額との合計額が損害額を超えない，利得禁止原則に反しない場合に限り，放棄は有効であり，被保険者は第三者に対して権利を行使できる旨の規定である。

所得補償保険における代位の範囲　請求権代位は損害保険に特有の制度であることから，定額保険では機能せず，保険法では，生命保険および傷害疾病定額保険に関する規定には請求権代位の規定は存在しない。

　損害保険会社の扱う保険で，約款中に請求権代位に関する規定のない所得補償保険契約につき，判例は，損害保険契約の一種であるとして，請求権代位を認めている。所得補償保険には請求権代位の規定はないことから，この保険に

請求権代位の規定が及ぶか否かが問題となる。最高裁は、この保険は、被保険者が傷害や疾病に起因する就業不能という保険事故によって被った損害を、保険証券記載の金額を限度としててん補することを目的とする損害保険であるとして、肯定している（最判平元・1・19判時1302・144）。これに対して、学説には、所得補償保険を、①損害保険と解し改正前商法662条の適用を肯定して代位を認める見解、②損害保険と生命保険の両要素をもつ傷害保険の一種と解し、定額給付型と不定額給付型との中間的なものであるが、約款1条（被保険者が傷害または疾病を被り、そのために就業不能になったときは、被保険者が被る損失について保険金が支払う）の趣旨から改正前商法662条の適用を肯定する見解、③約款に代位の規定がなく、実務上も損害てん補型として取り扱っていないので、当事者の意思解釈として代位のない不定額給付型の傷害保険と解し、改正前商法662条の適用を否定する見解、④当事者が黙示の合意で改正前商法662条の適用を排除していると解し、そう解するのが被保険者有利の約款解釈の原則にも実務上の取扱いにも合致するとする見解がある。

保険金と損害賠償金との調整（損益相殺） 　保険者から給付される保険金が、第三者が被保険者に対して負担すべき損害賠償額の算定にあたり被保険者の利益とみなし、損益相殺として控除されるか否かが問題となる。定額保険において、被保険者が第三者の行為に起因して死亡した場合には、判例（最判昭

所得補償保険の損害てん補契約性

　Xは自動車を運転中、Y1が運転するY2会社所有の自動車に衝突され負傷し、休業を余儀なくされたとして、Y1・Y2に対して不法行為に基づく損害賠償を訴求した。XはA損害保険会社の所得補償保険に加入しており、本件事故による就業不能を理由に所得補償保険金が支給された。そこで、Y1・Y2は、Xが受領した保険金の額をXの損害額から控除すべきであると主張した。最高裁は、所得補償保険は、被保険者が自己の傷害や疾病に起因する就業不能という保険事故によって被った損害を、保険証券記載の金額を限度として填補することを目的とする損害保険であるゆえに、被保険者が第三者の不法行為によって傷害を被り就業不能となった場合において、被保険者に所得補償保険金を支払った保険者は、改正前商法662条1項に基づいて、保険金の額を限度として被保険者の第三者に対する損害賠償請求権を取得するので、被保険者は保険金の額を限度として第三者に対する請求権を失うと判示し、所得補償保険金の額を損害額から控除すべきことを認めた（最判平元・1・19判時1302・144）。

39・9・25民集18・7・1528（生命保険契約に基づく保険金は，既払保険料の対価の性質を有し，不法行為の原因と関係なく支払わるものであるから，本件事故のように不法行為によりＡが死亡したために相続人たるＸらに保険金の給付がされたとしても，これを不法行為による損害賠償額から控除すべきいわれはない））・通説は控除を否定する。というのは，定額保険では利得禁止の原則が適用されないので，被害者である被保険者は両請求権の重複行使が可能とされるからである。これに対して，火災保険金について，その保険料の対価たる性質を有し，損害について第三者が所有者に損害賠償責任を負う場合においても，損害賠償の算定に際し損益相殺として控除を否定する（最判昭50・1・31民集29・1・68）。

第5章　損害保険契約の終了

5・1　保険契約者による保険契約の解除

5・1・1　保険契約者は契約をいつでも解除することができるか

　改正前商法では，653条で保険者の責任開始前に保険契約者の契約解除権が認められてきた。契約の効力発生前に保険を必要としない場合が生じるようなケースを考慮してこの規定を置いたといわれてきた。しかし，保険契約は，損害保険でも比較的長期の契約である場合が多いため，実務上は保険者の責任が開始された後もつねに保険契約者による契約の解除を認めてきた。そこで新保険法は，損害保険契約，生命保険契約および傷害疾病定額保険契約を問わず，保険契約者につねに契約解除権を認めることとした（保険27，54，83）。

　もっとも，これらの規定は，いずれも任意規定であるから，保険者の契約解除権を制限する旨の特約は有効である。実際に，火災保険契約などでは，保険契約者の債権者が当該火災保険給付債権に質権や譲渡担保権を設定した場合，質権設定者は質権者の権利を害することができないから，保険契約者の契約解除権は当該債権の質権者や譲渡担保権者の書面の同意を得ない限り契約を解除できないと定めているようである。

5・1・2　消費者契約法との関係

　消費者契約法では，消費者と事業者間の交渉力に格差があることに鑑みて，信義則に反して消費者の利益を一方的に害する条項は無効であると定めている（同法10）。その結果，質権等の設定の場合はともかく，保険法27条等で保険契約者に認められている契約解除権を制限する正当な理由が認められない場合は，当該解除権の制限は無効となりうる。

5・2 告知義務違反による保険契約の解除

5・2・1 どのような場合に告知義務違反となるか

改正前商法との比較 告知義務の要件については、保険法で大きく変わったことについては、すでに述べたとおりである。告知義務違反による解除についても、当然その制約を受けるわけではあるが、改正前商法644条と保険法の28条を比較すると、解除の要件では、従来規定されていなかった被保険者の不告知または不実告知についても保険者の解除権の対象となる旨が明定された。また、告知義務違反があっても、保険者が告知義務違反であることを知っていたか重大な過失によって知らなかった場合だけを改正前商法644条1項但書では解除できない場合と定めていた。しかし保険法では、悪意は故意のこととし規定し、保険契約者のみならず被保険者の故意または重過失についても解除の要件とするとともに、保険媒介者の告知妨害があった場合にも保険者の解除権は行使できないものとされることになった。

告知義務違反の効果 保険法28条も、改正前商法の644条1項も、いずれも保険者は損害保険契約を解除することができると定めている。しかし、ここで契約を解除するということについて、かつてはいわゆる解約であって将来効のみを生じるとする学説と、遡及的に無効となる学説が対立していた。しかし、通説では、本来締結されなかったはずの保険契約が誤って締結された以上、当初の地位が回復されるべきだとして遡及的無効説がとられるとともに制裁的に保険料返還義務も負わないとしてきたようである。しかし、近時にいたって、遡及説に対しても新たな批判がなされることとなった。すなわち、①被保険者の権利保全を目的とするオブリーゲンハイトと解すべき告知義務者に対する制裁は（⇨66頁）、保険料取得の根拠というよりは保険給付請求権喪失の根拠と思われること、②保険料取得の根拠というのであれば将来効説の方が説明は容易であること、③その場合でも、保険料全額の取得については妥当な説明はなされないこと（旧商653および同655により、責任開始前解除の場合でも保険料の半額を保険者は請求できるにとどまる）、などがあげられる。

そこで，保険法制定のための保険法部会では，重大事由解除や危険の増加による解除と平仄を整えてあらためて将来効説をとるものとされることとなった（保険31Ⅰ）。その結果，告知義務違反があっても，保険事故と因果関係のない場合であって，解除権行使前にすでに保険事故を生じているときは，重大事由解除などの要件を満たす場合を除き，保険者は保険給付義務を免れない。なお，保険事故が告知義務違反による事由による場合は，解除までに生じた保険事故については免責とされる（保険31Ⅱ①）。

5・2・2　告知が妨害された場合は

解除権阻却事由　告知義務違反があった場合でも，保険者が解除できない場合として改正前商法644条1項但書は，契約締結時において保険者がその事実を知っていたか，過失によって知らなかった場合をあげている。保険法でもこれは踏襲されて，同一内容が28条2項1号で，同様に解除権阻却事由とされている。これが解除権の阻却事由とされるのは，保険者に積極的に重要事実の調査を求めるとともに，調査にあたり相当な注意を尽くさせる趣旨である。

　保険法では，さらにつぎの2つの場合が解除権阻却事由とされた。すなわち，①保険媒介者による告知妨害と，②保険媒介者による不告知または不実告知の教唆があった場合である（保険28Ⅱ②・③。生命保険について，257頁）。

保険媒介者　そこで，保険法では，保険者のために保険契約締結の媒介を行うことができる者（保険媒介者）が，告知受領権の有無や保険業法上の登録（保険業276）の有無にかかわらず，事実上の委任さえあれば保険契約締結の媒介権限があるとされ，この者による告知妨害またはこの者による不告知・不実告知の教唆があった場合，保険者は告知義務違反による契約の解除を主張できないと明定されることになった。なお，保険媒介者には締約代理権を有する者が含まれない（保険28Ⅱ②カッコ書）とされているが，この者（損害保険代理店はこれに該当する）は，そもそも契約締結権限がある以上告知受領権があり，この者になした告知は保険者に対する告知と同様であるから，この場合は保険法28条2項1号による保険者の解除阻却事由に該当するものと解され

る。また、保険業法2条25項は、保険仲立人を、「保険契約の締結の媒介であって生命保険募集人、損害保険募集人及び少額短期募集人がその所属保険会社等のために行う保険契約の媒介以外のものを行う者」と定めているから、当該仲立人の行為も契約締結の媒介であるが、保険契約者側にたって不特定多数の保険会社から保険契約者にふさわしい保険商品を選択するのを業務とする以上、仲立人に告知をしても保険者側になした告知とは認められないので、ここでいう保険媒介者には含まれないことになる。

保険業法との関係　保険業法によれば、保険会社等は、保険契約の締結または保険募集に関して、保険契約者等が、保険会社等に対して重要な事項につき虚偽のことを告げることを勧める行為（保険業300Ⅰ。不実告知教唆）、保険会社等に対して重要な事項を告げることを妨げ、または告げないことを勧める行為をしてはならない（保険業300Ⅰ③。告知妨害・不告知教唆）。これらは、保険法と行為の内容は同じである。保険法上、保険媒介者の告知妨害や不告知・不実告知教唆があれば、保険者は告知義務違反を理由として保険契約を解除できないことから（保険28Ⅱ②・③）、保険者の給付義務は存続し、告知妨害や不告知・不実告知教唆によって保険契約者側に損害が生じた場合には、保険業法上、所属保険会社の賠償責任（保険業283）が生ずる可能性がある。また、保険仲立人は、保険業法上、顧客のために誠実に保険契約の締結の媒介を行う義務を負担すること（保険業299）、所属保険会社を持たないことから、保険仲立人の告知妨害は保険媒介者のそれに該当せず、保険者は告知義務違反を理由として保険契約を解除できる。その場合、保険契約者等は、保険仲立人の告知妨害や不告知・不実告知教唆により損害が発生したことを理由に、この者に対して損害賠償を請求できる（保険業292）。

告知妨害等が適用されないケース　保険媒介者による告知妨害および不告知・不実告知教唆に関する規定（保険28Ⅱ②・③）は、各号に規定する保険媒介者の行為がなかったとしても保険契約者等が告知事項に関する事実の告知をせず、または不実の告知をしたと認められる場合には、適用されない（保険28Ⅲ）。告知妨害については、保険媒介者による告知内容の改ざんに保険契約者等が関与していた場合など、告知義務者が積極的に関与していたことの立証

が必要とされる。

5・2・3 保険者はいつまで解除権を行使しなければならないか

解除権の除斥期間 保険者による契約の解除は，以下の除斥期間内であることを要する。①解除権は，保険者が告知義務違反による解除の原因があったことを知った時から 1 か月以内にこれを行使しなければ消滅する（保険28Ⅳ）。保険者が解除権行使の意思を表示しないまま保険契約者等を長期間にわたり不安定な地位に置くことを防止するため，早急に解除権行使の有無を決定させるためである。解除の原因があることを知った時とは，保険者が解除権行使のために必要な諸要件を確認した時をいう。②損害保険契約の締結の時から 5 年が経過したときも解除権は消滅する（保険28Ⅳ）。解除権行使の対象となった事実が損害保険契約締結の日から 5 年も問題とされなかった以上，保険事故の発生に影響を及ぼすことはないと考えられるからである。

なお，保険法33条により同28条 4 項のみが片面的強行規定から除かれているが，これは本来強行規定であり，したがってこの期間を延長することはそもそも許されない。

解除の効果 解除権が行便されると，契約はその成立時に遡って消滅するはずである（解除の遡及効）。そして，当事者はすでに履行したものがあれば返還しなければならないはずである（原状回復義務。民545Ⅰ）。そうだとすると，保険者は解除権を行使して契約を消滅させた場合，すでに保険金を支払っていた場合にはその返還を求めることができ，他方で受領していた保険料を保険契約者に返還しなければならないのか。

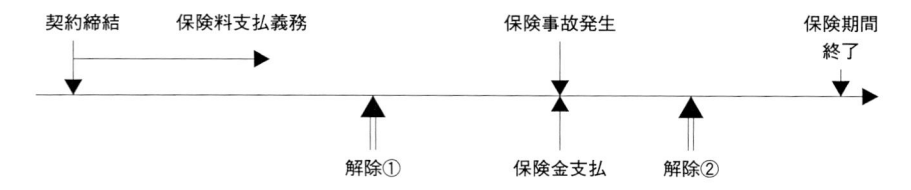

```
契約締結    保険料支払義務              保険事故発生              保険期間
                                                                終了
  ▼─────────▶                        ▼                          ▼
──┼─────────────────────┼──────────┼────────────▶
              ▲              ▲         ▲
            解除①         保険金支払   解除②
```

その点で保険法31条 1 項は，損害保険契約の解除は，「将来に向かってのみその効力を生ずる」とする。それによれば，①の時点で解除した場合には，保

険者は保険金支払義務を負わず、解除までに受領した保険料について返還義務を負わない。それでも、保険期間終了時までの未受領保険料の請求権を失わない（保険料不可分の原則）。また、②の時点で解除した場合には、保険法31条2項1号本文により保険者は保険金支払義務を負わず、すでに支払われていた場合にはその返還を請求できるとする。これは、告知義務違反により保険者に不利益が生じないようにして、保険料については保険契約者に制裁を課す趣旨であると解されている。

5・2・4　因果関係がない場合

確かに告知義務違反はあった、そして保険事故が発生した。それでも、告知義務違反にかかる事実と事故の発生そのものに何らの因果関係もない場合に、保険者が告知義務違反を主張して保険金支払義務を免れるのはどうであろうか。危険発生率の無関係なところで保険事故が発生しているのであるから、とくに保険者は不利益を被っているとはいえない。そこで、保険事故の発生が告げなかった事実、告げられた不実のことに基づかなかったことを保険契約者が証明

告知義務違反と詐欺・錯誤

告知義務違反と詐欺・錯誤との関係について、①告知義務違反に該当する事実が錯誤（民95）または詐欺（民96）に該当するか否か、②該当する場合、義務違反の効果に関する保険法31条1項・2項と民法の規定は重複適用されるのか、民法の規定は適用されないのかという問題がある。重複適用が認められると、除斥期間経過後であっても、契約の錯誤による無効または詐欺に基づく取消によって、保険者は保険金の支払いを拒むことができる。

①について、告知義務違反は詐欺にのみ該当すると解する見解があるが、一般的には、両方に該当すると解されている。しかし、両方に該当を認める学説は、②をめぐり、保険法単独適用説、重複適用説（通説・判例）、錯誤規定排除説（有力説）とに分けられる。錯誤規定排除説は、保険者が錯誤によって保険契約を締結した場合には、保険契約者側に害意がないので、保険者および保険契約者側の利益を保護する必要があるため、民法95条の適用を否定するが、詐欺の場合には、保険契約者側に反倫理的な要素があるため、民法96条の適用を認める（たとえば、最判平5・7・20（損保企画536・8）は、錯誤を理由に保険契約の無効を主張することが許されるとしても、動機の錯誤にすぎず、法律行為の要素の錯誤とはいえないとした）。これによれば、除斥期間経過後であっても、詐欺に基づく取消によって保険契約は解除され、保険者は保険金の支払いを拒むことができ、この場合、保険者は保険料を返還する義務を負わない（保険32）。

した場合には、保険者は保険金支払義務を負う（保険31Ⅱ①ただし書）。それでも、保険者としては、誠実に告知義務が履行されていれば、契約を締結しなかったか、あるいは保険料を高額にして締結していたのだから、因果関係の不存在を理由に保険者に保険金支払義務を負わせるには慎重であるべきである。

5・3 危険の増加による保険契約の解除

5・3・1 危険の増加とは何か

　保険法では、損害保険契約について、契約締結後に危険が増加した場合は、原則として契約を解除することができる（⇨115頁）。ここでいう危険とは、損害保険では「損害の発生の可能性」（保険4）と定義されている。解除権を定めるのは、生命保険、傷害疾病定額保険も同様であるが、生命保険では、保険事故の発生可能性（保険27）を危険といい、傷害疾病定額保険では、給付事由の発生可能性（保険66）を危険と呼んでいる。いずれも、損害などの発生確率の増加に関するもので、29条にはカッコ書きで、「告知事項についての危険が高くなり、損害保険契約で定められている保険料が当該危険を計算の基礎として算出される保険料に不足する状態になることをいう」とされており、これに影響のない事由（たとえば、付保目的物の価額の騰貴など）はここには含まれない。改正前商法では、656条で「危険カ保険契約者又ハ被保険者ノ責ニ帰スヘキ事由ニ因リテ著シク変更又ハ増加シタルトキハ保険契約ハ其効力ヲ失フ」と定めていたので、契約そのものが保険契約者・被保険者に帰責事由のある著変・著増の場合、保険契約は当然に失効するとされていた。しかし、保険法では保険契約者側の帰責事由の有無を問わず、また当然失効とも異なる解除主義（危険の増加があっても解除されるまでは契約は有効）を採用することにしている（保険29Ⅰ）。

　さて、保険者が契約を解除できるのは、①当該危険増加に係る告知事項について、その内容に変更が生じた場合、保険契約者・被保険者に遅滞なく保険者にその旨を通知すべきことが損害保険契約で定められていること、②保険契約者・被保険者が、故意または重過失により、遅滞なく①の通知をしなかった場

合，である。したがって，告知を義務づけられていない事項については，当該通知義務を怠った場合でも保険契約を解除することはできない。

5・3・2 告知事項と危険の増加との関係

保険者への通知義務 具体的に保険約款を検討すると，たとえば，火災保険約款の基本条項では，①保険の対象の場所的移転，②保険の対象の構造・用途の変更，③その他告知事項の内容に変更を生じさせる事実が発生した場合には，保険者にその旨を通知するように義務づけている場合が多い。そして，保険契約者・被保険者が故意または重過失によってかかる義務を怠った場合，保険者の契約解除できる旨を保険契約に定めている場合に，保険者の解除権が認められる（保険29Ⅰ①：火約（基本条項）第5節「保険契約の取消し，無効，失効または解除」の第4条などで通知義務が規定されている）。これは，告知事項が危険測定の重要事項のうち，保険者が保険契約者等に告知を求めたものであって，たとえ重要事項であっても告知を求めていないものは告知事項には該当しない。しかしながら，契約締結以前には，危険を増加させることとなる保険の目的物（対象）の場所的移転や構造の変更ないし用途変更などは分からない。したがって，これらの事項は告知事項にはダイレクトには該当しないが，それが計算基礎として算出される保険料に不足するような事態を生じるものであれば（たとえば，居住用住居を工場として使用するなど），とくに明文で通知義務違反による解除を定めているものについても解除は認められるべきであろう。

保険の目的の譲渡と通知義務 保険の対象の譲渡も（⇨118頁），保険契約者・被保険者の通知義務の対象となる（火約（基本条項）第1節5）のであるが，かかる通知を怠っても第5節4条の契約解除事由とはされていない。これは，保険法には改正前商法650条のような保険の目的の譲渡により保険給付請求権の譲渡推定規定がなくなったためである。すなわち，保険者に保険給付請求権の譲渡を対抗するためには，民法の一般原則によるほかはない（民467）。

5・4　重大事由による保険契約の解除

5・4・1　重大事由解除権が新設された

重大事由解除とは何か　保険契約者や被保険者などが保険事故を故意に招致したり，またはその未遂行為を行う場合，あるいは保険事故を仮装して不正に保険給付を得ようとした場合，当該保険契約者・被保険者にはその後の契約期間中にもふたたびそのような人為的な危険の増大をもたらす行為を行うことが当然に予想されるであろう。生命保険ではあるが，大阪地判昭60・8・30（判時1183号153頁）などがその例である。これは，災害保険金3億6,000万円，死亡保険金が5億1,300万円に及ぶ21件の生命保険契約を締結し，他人を被保険者に仮装して殺害し，保険金の詐取を図ったものだが，事件が発覚したため被保険者が自殺したものである。一定期間経過後（現在は3年が多い）の被保険者の自殺については，生命保険契約では保険金を支払う旨の約款が定められている。しかし，当該行為を行った保険契約者・被保険者との契約関係の継続を保険者は強いられなければならないであろうか。そこで，わが国ではドイツの判例や学説で認められていた特別解約権の法理を援用して，当事者間の信頼を破壊するような行為を当事者の一方が行った場合は，他方に無催告で契約を将来に向けて解約できるとする法理を容認しはじめた。そこで，このような判例・学説の動向を受けて，保険法は損害保険については30条，生命保険については57条（⇨259頁），そして傷害疾病定額保険については86条で，「重大事由解除」の規定を設けることにした（⇨279頁）。

5・4・2　どのような場合に解除が認められるのか

保険法30条では，保険契約者・被保険者が，①保険給付を行わせる目的で故意に保険事故を招致し，あるいは事故招致しようとしたこと（保険30①），②保険給付請求につき詐欺を行い，または行おうとしたこと（保険30②），③その他，保険契約者・被保険者に対する信頼を損ない，当該損害保険契約の継続を困難とする重大な事由があったこと（保険30③）を理由として，それぞれ保険者は

契約を解除しうると定めている。

故意の事故招致　まず、①故意の事故招致または事故を招致しようとしたことを理由に契約を解除するためには、「保険者に保険給付を行わせる目的」が存在しなければならない。したがって、一時の激情にかられて保険の目的物を滅失させても、保険給付を行わせる目的がない場合には保険者は契約を解除することはできない。また、事故招致しようとした（「損害を生じさせようとした」）こととは、刑法でいう実行に着手する以前の予備を含むのかというような議論がなされ、また未遂に相当する行為を解除事由とすることを規定することの妥当性についても議論されたが、結局は「損害を生じさせようとした」主観的要件が重視され、かかる意思の下で行為がなされれば保険者は解除をなしうるものと考えられる。なお、これが約款に規定されるかということになれば別問題で、たとえば、火災保険約款の重大事由解除については、「保険契約者または被保険者が当会社にこの保険契約に基づく保険金を支払わせることを目的として損害を生じさせたこと」だけが規定されて、事故招致の未遂は含まれていない。なお、同条は片面的強行規定だが、このように保険契約者側に有利に定める場合はその効力に影響がないことはもとよりである。

詐欺行為　被保険者が詐欺行為を行い、または行おうとした場合も、保険者に解除権を生じる。行為主体は被保険者であり、保険給付をなさしめる意思で保険者に偽罔行為を行った、または行おうとした場合がこれに該当する。保険事故を生じていないのにあたかも生じているように偽装する行為がここに含まれる。なお、ここでも詐欺未遂が問題となるところであるが、前述の火災保険約款などでは、未遂を含んでいないのは、事故招致のケースと同じである。

包括（バスケット）条項　保険法30条1号および2号とは別に、3号として、「保険契約者又は被保険者に対する信頼を損ない、当該保険契約の存続を困難とする重大な事由」が掲げられている。過去には覚せい剤を使用し、自己の収入に比べ過大な入院給付金を得ていた事例（徳島地判平8・7・17生命保険判例集8・532）や不自然な入退院を6回も繰り返した事例では、被保険者が住所地から離れた入院しやすい病院（神戸市屈指のモラルリス

ク病院で外来患者はほとんどいないという証拠が提出されている）を選んでいること，入院のすべてに疾病が現実には存在しないのに長期間の入院が行われた事実があり，「こうした事情が，原告と被告との信頼関係を左右するに足るべきものであることは明らかである」と判示して，保険者による解除を容認した判決もある（大阪地判平12・7・17判時1728・124）。少なくとも，これと同程度の事由の存在が求められるところであろう。

解除の効力　重大事由解除の場合は，解除のときまでに生じた保険事故についての扱いが告知義務違反や危険の増加の場合と異なる。告知義務違反および危険の増加のケースでは，告知義務違反の事実や危険増加をもたらした事由に基づかずに発生した保険事故について保険者は契約を解除した場合であっても解除時より以前に生じた事故である場合には責任を免れない（保険31Ⅱ②ただし書・③ただし書）。しかし，重大事由解除の場合には，このようなただし書規定が存在しないので，すでに生じている事故が重大事由によるものか否かを問わず保険者は免責を主張することができる。

第6章　損害保険債権の処分

6・1　保険事故発生後の保険金請求権

保険給付請求権の譲渡・質入れ　保険期間内に保険事故が発生すれば、被保険者の保険者に対する保険給付請求権は具体化する。被保険者は、具体化した保険給付請求権を金銭債権として、債権譲渡または質入れの方法および効力によって他人に譲渡または質入れすることができる（民466, 362参照）。

責任保険の取扱い　責任保険では、被保険者（加害者）が保険給付請求権を譲渡または質入れしたり、被保険者の債権者が保険金請求権を差押さえたりすると、第三者（被害者）に対して損害賠償がなされなくなるおそれがあるので、被害者を保護するために、原則として保険給付請求権は譲渡や質入れの目的としたり、差押さえができないこととされた（保険22Ⅲ本文）。また、被害者の先取特権も法定され、本来の債権者たる被保険者は、被害者に弁済した金額について、または被害者の承諾があった金額の限度においてのみ保険者に対する保険給付請求をなしうるにとどまる（保険22Ⅰ・Ⅱ）。なお、ここで法定されるにいたった先取特権は、特定の保険給付請求権に基づくものであるから、加害者である被保険者の破産が開始したとしても、当該保険給付請求権の上に別除権（破産法2Ⅸ, 65）を有しているから、破産手続によることなく先取特権の行使が可能である（⇨192頁）。

6・2　保険事故発生前の保険金請求権

6・2・1　被保険利益の移転を伴わない処分

保険金請求権の譲渡・質入れ　ある者が金融機関の住宅ローンを利用して家屋を購入する場合，金融機関がこの顧客の締結した火災保険契約の保険金請求権に質権を設定することがある。保険事故発生前の保険給付請求権を未必的保険金請求権というが，被保険利益を移転することなく，未必的保険給付請求権だけを他人に譲渡または質入れすることができるか否かにつき，通説はこれを肯定してきた。通説はその理由として，被保険利益は保険の目的物と被保険者との相対的関係において決定される利益であり，未必的保険給付請求権が譲渡されたとしても，被保険利益は客観的に存在しており，また，被保険利益の存在は，保険契約の賭博化を防止するための要請にすぎないからであると説明している。しかし，未必的保険給付請求権のみの譲渡が可能か否かについては，これを認めることによって生ずる弊害と関連させて判断する必要がある。この点からすると，保険の目的物について被保険利益を有しない者に未必的保険給付請求権だけを譲渡すると，これを取得した譲受人は損害を被らないにもかかわらず保険金を取得することになり，公序の見地から問題となる。とはいうものの，被保険者が目的物の所有権を有しているなどにより被保険利益を保有していれば，未必的保険給付請求権が他者に帰属していても差し支えなく，また，被保険者が損害保険の未必的保険給付請求権を責任財産の変形物または補完物として利用することの必要性および合理性が認められるので，一般に，未必的保険給付請求権の処分は肯定されている。現実には，責任財産が滅失・毀損した場合における損害保険給付債権の機能は高く，債権弁済ないし債権担保の目的でその処分が行なわれている。保険法でもこの考え方は継受されているものと思われる。

対抗要件　未必的保険金請求権の譲渡または質入れの方法や対抗要件については，指名債権の譲渡または質入れに関する一般原則による（民467，363，364）。

効　果　権利の譲渡によっても，被保険者は被保険者としての地位を失わず，譲受人が被保険者の地位を取得するものでもない。被保険者が保険契約上の通知義務や損害防止義務に違反すること（保険13, 29等）などによって保険契約上の権利が影響を受ける場合には，原則として，譲受人もその効果を受けざるをえない。また，譲受人が保険事故を招致した場合には，被保険者の保険事故招致に準じて保険者は免責されると解される。

6・2・2　被保険利益の移転を伴う処分

これには包括承継と保険の目的物の譲渡がある。このうち，保険の目的物が，相続，会社の合併などによって包括承継されたときは，保険契約上の被保険者の地位も当然に承継人に移転することになる。

6・2・3　保険の目的物が譲渡されると

意　義　自分の家を他人に売却する場合のように，ある人が自己の所有物を保険に付した後，その物を他人に譲渡すると，譲渡人である保険契約者は所有権とともに被保険利益も失うので，この者を被保険者とする保険契約は消滅するはずである。また，譲受人は被保険者としての地位を当然に承継するわけではないから，譲受人が保険保護を受けるためには，譲渡の目的物につき新たに保険契約を締結しなければならない。しかし，このようなことは譲渡関係者の望むところではないであろう。というのは，保険の目的物が保険契約とともに譲渡されるならば，譲渡人はすでに支払った保険料を譲渡代金の中に含めることにより，譲受人からその保険料を回収することができ，さらに，譲受人は譲渡の目的物が無保険の状態になることを避けることができるし，保険者にとっても利益となるからである。

そこで，改正前商法は，保険の目的物が譲渡されたとしても保険関係は消滅せず，保険契約に基づく被保険者の権利は譲受人に譲渡されたものと推定すると定めていた（旧商650Ⅰ）。今回の保険法制定の前段階として公表されていた損害保険契約法改正試案650条では，譲渡人の保険関係からの離脱を明確に規定していた。しかし，保険法では，保険の目的物の譲渡について，規定を設け

ていない。したがって，保険契約を将来に向けて消滅させることも，あるいは新たな被保険者との間で継続させていくことも，個々の契約に委ねられることになった。

譲渡規定消滅の意義 たとえば，ある有力な保険会社の新たな火災保険約款（第5節9Ⅰ）では，原則として保険の目的物の譲渡について保険契約は失効するものと規定した。それは，当該譲渡により，被保険者が被保険利益を失ったことを理由とする（もとより，転々譲渡を前提とする「不特定人のためにする保険契約」ではこの限りでない）。

しかし，一方で当該約款では，別の条項（第1節5Ⅰ）において「保険契約の締結後，被保険者が保険の対象を譲渡する場合において，この保険契約の権利及び義務を保険の対象の譲受人に譲渡しようとするときは，保険契約者は，あらかじめ，書面等をもってその事実を当会社に通知して承認の請求を行わなければなりません」とし，またあらかじめの通知ができない場合については，第2項で，「保険契約者は，遅滞なく，書面をもって，保険の対象の譲渡の事実を当会社に通知しなければなりません」と定めている。そして，失効を本則としながら，第5条1項による事前の通知がなされ，保険会社が承認した場合は例外的に保険給付請求権も，当該目的物の新所有者（新たな被保険者）に移転するものとしている。また，第2項については規定がないので，通知をしたからといって保険契約上の権利が必ずしも新被保険者へ移転することを承認する義務まで負うものではないことを主張しているものと思われる。その意味では，保険の目的物の譲渡に関して，譲渡後遅滞なく通知すれば，新たな保険の目的の譲受人にも原則として権利の移転が判例上も認められてきた改正前商法650条の廃止は，被保険者側には少なからず大きな影響をもたらすものと思われる。

被保険自動車の譲渡・入替え 自動車保険では，被保険自動車を移転する場合に，保険料の無事故割引を継続させる目的で，譲渡人は新しい自動車に保険を引き継ぐことを望むことが多く，また，自動車の所有者の変更は事故発生率に影響する。そこで，約款では，原則として，自動車の譲渡ともに保険契約は移転しないこととし，譲渡人が書面をもって保険者に通知をしてその承

認を受けることにより，被保険自動車の譲受人に保険契約上の権利・義務を移転することができると定められている（TAP 約款第 4 章 4 Ⅰ）。そして，保険者が書面を受領するまでに被保険自動車に発生した損害については，保険者は免責される（TAP 約款第 4 章 4 Ⅱ）。

　また，保険期間中に被保険自動車を新しい自動車に入れ替える場合には，約款では，保険契約を継続しながら被保険自動車の入替えが認められている（TAP 約款第 4 章 5 Ⅰ）。入替えのためには，保険契約者は書面をもって保険者に通知をしてその承認を受けなければならず，保険者が書面を受領するまでに新しい自動車に発生した損害については，保険者は免責される（TAP 約款第 4 章第 5 Ⅱ）。ただし，入替えから30日以内に保険者が書面を受領した場合には，入替えの時から保険者が承認するまでの間は，保険者は責任を負担する（TAP 約款第 4 章 5 Ⅲ①～③。⇨205頁）。

第7章　保険担保

7・1　総　説

　債権者が債務者に融資する場合，通常，債権者は債権を保全するために債務者に対して担保物権の設定を要求する。しかし，たとえば，ある人が銀行の住宅ローンを利用して購入した建物に抵当権を設定した場合，建物が火災で焼失すれば，債権者である銀行は債権の回収が難しくなる。そこで，債務者に対して建物につき火災保険契約を締結するよう求め，たとえ建物が火災で焼失してもその保険金から債権を回収しようとする。このように，債権者が債権の担保を目的として保険システムを利用することを保険担保という。このうち，担保権者が火災保険契約を利用して債権を保全する方法として，債務者が保険者に対して有する保険給付請求権に質権を設定する場合，その上に物上代位する場合，抵当権者特約条項を利用する場合の他，担保権者である債権者自身が被保険者として締結する債権保全火災保険などがある。もっとも，実際には，質権設定が最も広く利用されている。

7・2　質権設定

総説　　たとえば，債権者が，債務者所有の住居につき，当該債務者が自己のために締結した火災保険契約の，保険者に対する保険事故発生前の未必的保険給付請求権の上に質権を設定することがある。

　担保物について締結された火災保険契約では，被保険利益の帰属者でない債権者に対して，未必的保険給付請求権を譲渡したり質入できるか否かについては，一般的に可能と解されている。その理由として，①被保険利益は契約成立

後において客観的に存在すれば足りること，②保険担保では保険契約を賭博として利用する危険性が少ないこと，③その限りにおいて，被保険利益を移転したり，被保険者を変更することなく保険契約上の権利を処分することができることなどがあげられる。

　保険担保の実務として質権設定が最も広く利用されている理由には，つぎのことがあげられる。①保険の目的物の上に担保権を有しない一般債権者も利用できること，②保険の目的物は動産・不動産を問わないこと，③質権者は差押えを要しないこと，④優先順位は，抵当権の順位とは関係なく，質権設定の対抗要件（民364）具備の順位により決まること，⑤質権と物上代位権とが競合する場合には，後述するように，質権設定が有利であること，⑥質権者が保険金から取り立てた額だけ債務が減少するので，債務者の利益に合致すること，⑦保険実務では，質権が設定された保険契約だけでなく，その継続契約の保険給付請求権にも質権を設定する旨の合意が付加されることが多いので，質権者の地位は長期的に安定することなどがある。

質権設定の手続き　保険金請求権の上に設定する質権は権利質（民362）の一種（債権質）である。この質権を設定するためには，質権者（債権者）と被保険者（債務者）とが質権設定に関する合意を行ない，保険証券（債権証書）があるときはこれを質権者に交付しなければならない（民363，344）。しかし，保険証券を作成する前に質権を設定する場合には，証書がないので質権設定の合意だけで足りる。

質権設定の対抗要件　質権設定の効力を第三債務者である保険者に対抗するためには，債権譲渡の規定が準用されており，保険者へ質権設定を通知するか，または保険者がこれを承諾することを要する。保険者以外の第三者に対抗するためには，確定日付ある証書による通知または承諾を要する（民364，467）。実務には，保険者に対しては，保険者が作成した質権設定承認請求書という定型書式に債権者（質権者）と被保険者（質権設定者）が連署し，これを保険者に提出し，その承諾を得る方法がとられている。最初の質権設定承認請求書に公証人役場で取り付けられた確定日付があればその後の継続契約についても，この日付により第三者に対抗できると解されている（名古屋

高判昭37・8・10下民集13・8・1665)。

質権設定の効果 保険給付請求権に質権が設定されると，質権者は優先弁済を受けることができる。質権による優先弁済額は元本，利息，違約金，質権実行費用および債務不履行による損害賠償などに及ぶ（民346条）。この範囲は抵当権よりも広く（民374），質権設定のほうが抵当権者特約よりも債権者に有利である。

質権者が保険金を受領した後に，保険者に保険給付義務がなかったことが判明した場合には，判例では，質権者は不当利得となる保険給付の返還義務を負担する（大阪高判昭40・6・22下民集16・6・1099）。この場合，不当利得返還請求権の消滅時効期間は商法522条の5年ではなく，民法167条1項の10年とされている（最判平3・4・26判時1389・145）。

質権設定の問題点 質権設定は，つぎのような問題点を含んでいる。①債務者が保険契約を締結し，保険金請求権について質権設定に応ずるなど債務者の協力を必要とすること，②債務者である保険契約者の義務（告知義務・通知義務・損害防止義務等）違反や，保険料不払い，保険事故招致などにより保険者が免責される場合，あるいは契約が無効となる場合には，債権者である質権者もその効果を受けること（大阪地判昭38・5・24判時368・60），③重複保険となった場合には保険給付が按分額となるため，担保価値は下落する（ただし，従来の独立責任額按分方式から独立責任額連帯方式になるので，独立責任の範囲では保険者の責任は連帯責任となり保険契約者保護にはなると思われる。保20Ⅱ），④保険証券の代理占有承諾手続など，後順位質権者には煩雑な手続が必要となることなどがある。これらの問題点を避けるため，後述の抵当権者特約条項，債権保全火災保険が考案されている。

7・3 物上代位

物上代位の可否 抵当権は，その目的物の滅失・毀損によって債務者が受くべき金銭に対しても優先的な効力を及ぼすことができる（民372→304Ⅰ）。これを物上代位という。たとえば，債務者が債権者のために抵当

権を設定した家屋について，自己のためにする火災保険契約を締結しているときに当該家屋が焼失した場合，債務者である被保険者の保険給付請求権に対して物上代位が及ぶかについては，民法および商法に明文の規定を欠き，見解が対立していたが，保険法においても保険給付請求権の物上代位について，特段の規定は設けられてはいない。

　判例（大判明40・3・12民録13・265，大判大2・7・5民録19・609，大判大5・6・28民録22・1281等）・通説は，これを積極的に肯定する。すなわち，①保険給付請求権は，担保物権の目的物の売却代金や滅失破損の場合の損害賠償請求権などと同じく，経済的には目的物の代物ないし変形物であること，②民法304条1項は目的物の滅失・毀損により対価を受ける原因を法定のものに限定していないことなどを理由とする。物上代位を消極的に肯定する説は，保険給付請求権は目的物の滅失・毀損によって当然に生ずるのではなく，保険契約に基づく保険料支払の対価として生ずるゆえに，当然に物上代位が肯定されるわけではないが，これを肯定するとすれば，抵当権設定契約当事者の意思を推定し，あるいは抵当権者保護を強化するという目的論的解釈の結果として肯定されると解する。

　これに対して，物上代位を否定する見解は，その理由としてつぎのようにいう。①保険が付されていなければ，担保物が滅失・毀損しても保険給付は行われないこと，②保険給付請求権は保険契約に基づく保険料支払いの対価として生ずること，③抵当権設定者である債務者は自己の締結した保険契約を解除したり，期限到来時に契約を継続しないことができること，④抵当権設定者の保険料不払い，告知義務・通知義務・損害防止義務の違反などにより，保険金が支払われないことがあるゆえに，抵当物の滅失・毀損が必ずしも保険給付に結びつかないこと，⑤保険給付がなされるときでも，その給付には支払済みの保険料の額が影響し，新価保険や一部保険では，抵当物の時価と保険給付の額には直接的な関連性がないことなどである。特約がない限り物上代位は認められないとする判例（旭川地判昭48・3・28判時737・84）があるが，これは物上代位を否定する見解に立っていると解される。

物上代位権行使の要件　保険給付請求権に対して物上代位が及ぶと解した場合，抵当権者が物上代位を行使するためには，保険事故の発生後，代位物たる保険給付が被保険者である債務者になされる前に差し押さえる必要がある（「その払渡し又は引渡しの前に差押えをしなければならない」と定める。民372→304Ⅰ但書）。それゆえに，差押えができる期間はきわめて限定されているのみならず，この条文のいう「差押え」に該当するためにはどのような要件を満たさねばならないかについても定かではなかった。さらに，保険給付請求権の保険事故発生前の第三者への譲渡も不可能ではなかったから，その意味でも物上代位による抵当権者の保護は十分とはいえない状況にあった。そこで，これを克服するために，差押えを必要とする根拠，および抵当権者による差押えを必要とするかにめぐっていくつかの説が提唱されている。

　それらは，担保権と代位物に対する優先弁済権は別個であると解する説と，代位物に対する優先弁済権は担保権の同一的延長物と解する説とに大別される。前者には，①優先権は差押えによって成立すると解する説（成立説。大判昭12・4・7民集2・5・209等）と②優先権は民法の規定に基づいて成立し，差押えは優先弁済権の対抗要件として必要であると解する説（対抗要件説）とがある。①②によれば，抵当権者が差押えなければならず，抵当権者相互間の優劣は差押えの先後で決まる。これらに対して，後者には，③担保権の公示方法により対抗力を有するが，差押えは，代位物である請求権が弁済によって債務者の一般財産に混入することを防ぐために行われると解する説（特定性保全説。大判大4・3・6民録21・363等）と，④差押えは優先弁済権を保全するための要件であると解する説（優先権保全説。大連判大12・4・7民集2・5・209，福岡高裁宮崎支判昭32・8・30下民集8・8・1619等）とがある。③によれば，差押えは代位物である請求権の特定性を保全するために要求されるから抵当権者が差し押さえる必要はなく，抵当権者相互間の優劣は，担保物権の対抗要件の先後で決まると解されるのに対し，④によれば，差押えは優先弁済権保全の要件であるから抵当権者が差押えなければならず，抵当権者相互間の優劣は③と同じであると解される。

第**7**章 保険担保 167

物上代位権と質権との競合 同一の保険金請求権の上に抵当権に基づく物上代位と質権とが競合して存在する場合，両者の優先順位の判断基準については，つぎのように説が分かれている。

① 「確定日付」対「登記」説

質権の第三者対抗要件である確定日付（民364，467）と，抵当権の対抗要件である登記（民373Ⅰ）の先後で判断すべきであると解する（鹿児島地判昭32・1・25下民集8・1・114）。この説は，目的建物の賃料債権も物上代位の対象とされる状況の下で，当該債権の譲渡後の抵当権者の差押えについて，民法304条の「払渡し又は引渡し」に債権譲渡などは含まれないとする最高裁判決（平10・1・30民集52・1・1）によって，抵当権登記の公示力の優位性が強く認められるところとなった。もし，保険給付請求権の譲渡のみならず，さらに進んで質権設定にも及ぶとすれば，①説が判例のとるところとなろう。

② 「確定日付」対「差押え」説

確定日付と物上代位による差押え（民304Ⅰただし書）との先後で判断すべきであると解する（福岡高裁宮崎支判昭32・8・30前掲，高知地判昭43・3・26判時526・78）。平成10年の上記最高裁判決まではこの見解が有力説になっていた。なお，賃料債権に対する物上代位のケースについて，抵当権者は，物上代位の目的債権が譲渡され，第三者に対する対抗要件が具備された後でも，自ら目的債権を差し押さえて物上代位権を行使できるとする判例がある（最判平10・1・30前掲）ことはすでに述べたが，この判例について，保険金請求についての質権設定に対する影響は現在のところ明らかではない。

③ 「確定日付」対「保険事故発生時」説

確定日付と保険事故発生時との先後で判断すべきであると解する。物上代位は，保険事故発生によって具体化した保険金請求権に及ぶゆえに，物上代位の対抗力は保険事故発生時に生ずるとする。しかし，この説は，保険事故発生が物上代位権の公示手段とするのは問題であると批判される。

④ 質権優先説

質権設定の当事者が自己の意思に基づいて排他的な権利である質権を設定していることを尊重し，質権者を優先すべきであると解する。しかし，この説で

168　第2編　損害保険契約総論

は，物上代位権者の意思が無視されると批判される。

物上代位の問題点　物上代位の対象に保険給付請求権が含まれるか否かにつき見解が分かれており，たとえこれを肯定しても，差押期間が限定されている。また，差押えを必要とする根拠に関する上記④説では，担保権者が差押えなければならず，物上代位権と質権とが競合する場合の優先順位に関する②③④説によると，保険事故発生前に質権が第三者対抗要件を具備すると質権が優先するなどにおいて，物上代位は問題点を含んでいる。

そこで，実務では，担保権者が物上代位だけに頼ることは少なく，質権設定，あるいは後述する抵当権者特約，債権保全火災契約などを利用することによって，債権を保全している。

7・4　抵当権者特約

概要　抵当権者特約とは，債権者である抵当権者の被担保債権を保全するために，被保険者が火災保険金請求権を抵当権者に譲渡するとともに（譲渡担保），その対抗要件として，第三債務者である保険者がその譲渡を承諾する際に（民467），保険者と抵当権者との間で主契約に特約を付帯する方式の保険担保である。

抵当権者特約は，質権者が，質権設定者である被保険者の義務違反などによる保険者免責の効果を受けることを克服するために考案された。すなわち，抵当権者特約では，保険者は抵当権者に対して債務者の通知義務違反に基づく免責を主張できず，保険者は保険契約を解除する場合には，抵当権者に対して10日間の猶予期間を設け，書面で予告することを要する（抵当権者特約条項2・4）。また，保険金請求権の譲渡は諾成契約だから，保険証券を債権者である抵当権者に交付しなくても譲渡の効果は生ずるなど，抵当権者の保護を図っている。

抵当権者特約の手続　抵当権者が被保険者である抵当権設定者から保険金請求権を譲り受けたこと，保険契約に抵当権者特約を付帯することを内容とする抵当権者特約条項添付申込書に抵当権者と被保険者とが連

署した後，これを保険者に提出する。この申込書は譲渡契約証書，保険者に対する譲渡承諾請求書および特約申込書を兼ね備える。

抵当権者・特約の効果　抵当権者特約により，抵当権者は保険金請求権から優先弁済を受けることができる。ただし，優先弁済額は元本と2年分の利息に限定されるとともに（民374），譲受人の抵当権に優先する他の権利があるときは，保険金は，優先債権控除規定に基づいて優先する被担保債権額を控除して支払われる（同特約条項1Ⅱ）。これらは抵当権者特約の問題点でもある。

抵当権者特約の問題点　抵当権者特約は抵当権者しか利用できず，この特約を付帯できる保険契約は，普通火災保険，住宅火災保険，住宅総合保険，店舗総合保険およびこれらに付帯する地震保険に限られているとともに，抵当権者は通知義務および追加保険料義務を負担している。また，保険金を支払った保険者は抵当権者から保険金と同額の抵当権付債権を譲受するゆえに，債務者には利益とならない。

7・5　質権設定禁止特約

　質権設定禁止特約とは，債権者である抵当権者の被担保債権を保全するために，保険の目的物である建物に抵当権が設定されている場合，保険者契約者が火災保険契約締結時に，あらかじめ保険金や解約返還保険料請求権および失効返還保険料請求権などにつき，第三者への譲渡，質権設定およびその他の第三者への権利設定が，承認抵当権者および保険会社が承認する場合を除き禁止されるものである（質権設定禁止特約2）。

　保険契約者は，この特約に基づき，保険契約を抵当権者の書面による同意がない限り解除することができない（同特約3）。従来，保険給付請求権上に質権が設定されると，保険契約者による自由な契約の解除は妨げられたが，抵当権そのものには保険契約との直接的関係がないため，保険契約者は自由に契約を解除することができた。その意味でも抵当権者の地位の弱さが指摘されていたのだが，この約款により抵当権者が保険者の承認を受けることで，質権の場合

と同様，保険契約者は原則として保険契約の解除を行うことができなくなる。なお，抵当権者は，当該権利を保険会社の承認を条件に第三者に譲渡することは妨げない。

7・6 債権保全火災保険

概　要　債権保全火災保険は，抵当権者が，抵当物の滅失または毀損によって抵当権付債権（被保険利益）につき生じることある損害に対して，被保険者となって締結された保険契約である。質権設定が，債務者が保険契約を締結し，保険金請求権について質権設定に応ずるなど債務者の協力を不可欠とするという問題点を克服するために考案された。

債権保全火災保険の有効性　債権保全火災保険の有効性に関しては議論がある。判例（東京地判昭2・5・14法律新聞118・20）は，抵当権者は抵当物が滅失・毀損しても被担保債権が消滅しないこと，損害額の算定が困難なこと，保険金支払いにより被担保債権が消滅しないので，抵当権者は保険金を受領したうえで，債権も保持するという二重利得の可能性が生ずることなどを理由として，抵当保険を無効とした。これに対して，有効とする見解は，抵当物が滅失・毀損すると，抵当権者は債権の弁済受領可能性が減少するという経済的不利益を被るので，抵当権者の利益につき保険契約を締結することは有効であるとする。この見解によれば，抵当権者が有する被保険利益は，抵当物の滅失・毀損により被担保債権の弁済受領可能性が減少することである。したがって，債権保全火災保険は，抵当物の滅失・毀損による被担保債権の損失を塡補する債権保険と解されている。

債権保全火災保険の内容と効果　債権保全火災保険については保険法に規定がないので，普通保険約款による。普通保険約款はこれを債権損失保険と構成し，保険の目的物を被保険者の抵当権付債権，被保険利益を抵当物の滅失・毀損により減少するおそれのある損失とする（債権者保全火災保険普通保険約款1）。抵当物が火災，落雷，破裂または爆発によって損害を被った場合，抵当物の損害割合と同じ割合で抵当権付債権が損害を被ったものとして保険金

が支払われ，この場合，債務者の弁済資力の有無を問わない。そして，抵当権者である被保険者の二重利得を防止するために，抵当権者に保険金が支払われても債務者の債務は消滅・減少せず，支払保険金と同額の債権を保険者が譲り受けるとともに（同約款13，14），債務者はこれを保険者に対して負担する。この点は質権設定等に比較して債務者に不利である。

債権保全火災保険の問題点 債権保全火災保険を利用できる債権者は，建物抵当権者および工場財団抵当権者に限られるとともに，債権者である抵当権者が保険料を負担する。そして，債権額が抵当物の価額より少ないときは，債権額を保険価額とする。また，後順位抵当権者にとり利用価値が少ないだけでなく，債務者が保険契約の締結ないし継続の手続や，債務者が告知義務・通知義務などについて，抵当権者に協力的な場合には，債権保全火災保険を利用する意義は乏しい。

第3編

損害保険各論

第1章　火災保険

1・1　火災保険契約とは

1・1・1　火災保険とひと言でいっても

意義と種類　火災保険契約は，火災という事故によって生じた損害をてん補することを目的とする保険契約である。しかし，実際の火災保険では，火災以外の事故による損害および費用も担保されている。担保範囲が限定される狭義の火災保険には，住宅火災保険および火災保険普通保険約款（一般物件用・工場物件用・倉庫物件用）による普通火災保険があるが，普通火災保険（一般物件用）によれば，火災の他，落雷，破裂・爆発事故，一定額以上の風災（台風・せん風・暴風雨等）・ひょう災・雪災（豪雪・なだれ等）などによる損害，および臨時費用，残存物取片づけ費用，失火見舞費用，傷害費用，地震火災費用，修理付帯費用等の費用損害もてん補される（火約（一般）1）。

保険料の支払い　火災保険には，保険期間を1年，保険料を一時に前払いとするものが多いが，担保内容，保険金給付条件などはこれらと同じくするが，保険料を12分割して月払いとし，満期時に，保険者が受領した保険料の3分の1相当額を満期返戻金として保険契約者に払い戻すという内容の月掛火災保険がある。この保険の保険料総額は保険料を一時に前払いとする他の火災保険の保険料の額を上回るが，保険契約者は満期返戻金を取得できるという長所がある。また，保険期間を長期（3年または5年以上）にし，満期返戻金が支払われる長期総合保険がある。

1・1・2　さらに担保範囲は拡大している

経済生活の複雑・多様化に伴って保険に対する社会の要求が高まり，多様な

第1章 火災保険　175

原因に基づく損害および費用をも担保する総合保険（広義の火災保険）が広く普及している。住宅総合保険（住居専用建物およびその収容家財を対象に、住宅火災保険とほぼ同じ損害・費用の他、後述の損害・費用をてん補する保険）、店舗総合保険（店舗や店舗兼住宅などの建物およびその収容動産を対象に、住宅総合保険とほぼ同じ損害・費用をてん補する保険）、長期総合保険（住宅総合保険および店舗総合保険とほぼ同じ損害・費用をてん補するいわゆる積立型で保険期間が複数年となる保険）、団地保険（団地・マンションなどの耐火造共同住宅および収容家財を対象に、住宅総合保険とほぼ同じ損害・費用の他、後述の損害・費用をてん補する保険）などがこれにあたるが、これらの保険では、普通火災保険（一般物件用）における担保内容の他に、建物の外部からの物体の落下、飛来、衝突または倒壊、騒じょうおよびこれに類似の集団行動または労働争議に伴う暴力行為もしくは破壊行為、給排水設備に生じた事故等による漏水、放水または溢水による水濡れ、盗難等による損害（住総約1、店総約1、長総約1、団地約1等）、交通事故・家庭内・団地構内での傷害等による損害（団地約20）、個人生活上による賠償損害（団地約34）などがてん補される。ただ、保険料の額を決めるにあたっては担保範囲もその要素とされ、担保範囲を広げると保険料も高くなることもあるので、保険会社は保険加入者のニーズを考慮した保険を提供することが求められる。

1・2　火災保険契約の内容

1・2・1　火災保険における「火災」とは

意義　　火災保険における保険事故は火災である。その意義については保険法においても規定がないので見解が分かれているが、一般には、火災とは、人の利用する通常の方法によらない、独立した延焼力を持つ燃焼作用と解されている。通常の方法によらないとは、燃焼作用が火の利用に適切な器具、設備、場所等の外部で発生し、またはそれらの内部で発生した後に外部に出たことをいう。したがって、たとえば、暖房具が転倒した結果生じた家具の焦損は火災損害に該当するが、火を伴わない暖房具の熱による保険の目的物の焦損・変色、タバコの火の接着による焦損、暖房器具の中に物を落としたこと

による損害などは，火災損害にはあたらない。なお，火災損害か否かの判定は，個別具体的な事例ごとに保険者の責任の有無の観点から判断される。

改正前商法665条では，火災によって保険の目的物に生じた損害については，火災原因のいかんを問わず，保険者は保険金支払義務を負担するものと定めていた。これを危険普遍の原則と呼んでいたが。その意味するところは，爆発，地震，落雷等を原因として発生した火災損害についてもてん補されるという意味である。しかし，保険法では，改正前商法のように火災保険や運送保険のような個別の損害保険種目を条文で規定する方式を採用しなかった。したがって，個々の損害保険種目は保険約款によることとなったが，保険約款では，従来から「危険普遍の原則」を排除し，各種の火災原因について免責条項を設定し（住火約2等），特約（拡張担保特約）を行った場合に限りこれらを負担するものとしている。

火災事故の発生時点　建物などの火災の場合には，時間的範囲をもって燃え続け，また，空間的範囲をもって燃え広がるので，保険の目的物に保険事故が発生した時点の確定が問題となる。約款では，保険期間はその初日の午後4時に始まり，末日の午後4時に終わるとするのが通例なので，その直前ないし直後に火災が発生した場合に問題となる。

罹災説（多数説）は，保険の目的物が現実に燃焼し始めた時を保険事故の発生時とする。この説によれば，保険の目的物の類焼は確実であると判断されても現実に引火していない以上，保険事故が発生したことにはならないので，保険期間終了直前に近隣に火災が発生し，保険の目的物の類焼が避けられない場合であっても，現実に引火したのが保険期間終了後であれば（ケース①），保険金は支払われない。これに対して，危険説は，類焼することが不可避と判断される時点を保険事故の発生時とする。この説によれば，保険期間開始直前に近隣に火災が発生し，現実の引火が保険期間中であった場合（ケース②），保険期間の開始時にはすでに保険事故が発生しているので，保険金は支払われない。どちらの説をとっても，保険期間との関係で有利・不利が生ずるので，事故発生認定の客観性が強い罹災説を原則とし，保険期間終了直前の問題（ケース①）については別の救済策をとるという考え方が有力である。

1・2・2　火災保険の付保対象は

火災保険の目的物　　火災保険において，事故発生の客体である保険の目的物については特別の制限はなく，火災のみならず風水災により損傷を受ける可能性のある物であれば，動産・不動産を問わず，保険の目的物となりうる（建物，家財，設備・什器など）。また，近時は，盗難やガラスの破損についても原則的に責任を負うような商品が一般的である。

約款における目的物　　約款では，建物の保険については，被保険者の所有するものは原則として保険の対象となるとしており，①畳・建具，②建物に付加されている電気・電信・ガス，給排水，衛生，消火，暖冷房，エレベーター・リフトなどの設備，また③浴槽，流し，ガス代，調理台，棚等の建物に付加されているもの，④門，塀，垣，街灯その他土地に固着・固定された付属屋外設備，装置であって敷地内に所在するもの，⑤物置，車庫その他の付属建物，⑥保険対象建物の基礎などが，付保の対象とされる。

1・2・3　火災保険における被保険利益は

所有者利益　　火災保険の被保険利益は，被保険者が保険の目的物について有する所有者利益であることが多い。この所有者とは，法的な意味における所有権の帰属者に限定されるのではなく，たとえば，所有権が留保された売買契約（割賦販売契約等）における買主のように，保険の目的物の滅失または毀損により，事実上，所有権者と同様の損害を被る者も含まれると解される。

担保権者利益　　保険の目的物に抵当権が設定されている場合，抵当権者である債権者が担保権者としての利益を被保険利益とする債権保全火災保険がある。この保険では，保険事故が発生した場合，保険者は被担保債権を取得することを条件として保険金を支払う。

費用利益等　　焼失した保険の目的物の後始末等のために相当な出費を生じる場合が多い。また，店舗用建物の焼失による休業等の理由で，得べかりし利益の喪失という形で損害が生じることもある。これらはいずれも火災が原因となっているので，実務上，費用利益（残存物取片づけ費用保険）な

いし営業中断利益を被保険利益とする火災保険に含まれるとされている。しかし，理論的には，費用保険や希望利益喪失保険に属するものと解される。

1・2・4　他人の物を保管する者には責任がある

所有者の直接請求権　保管者は，保管物の滅失または毀損に基づき所有者に対してその損害賠償を行えば，その分につき自己の一般財産が減少するという損害を被る。したがって，この保険は保管者が自己のために締結する責任保険であり，原則として，保険金請求権は保管者にある。ただ，所有者に損害賠償請求権を確保させるため，所有者の保険者に対する直接請求権が認められている。そこで，保管者の保険金請求権と所有者の直接請求権とは競合するのか，競合すると解した場合には，どちらの請求権を優先させるべきかについて見解が分かれているが，この保険の趣旨からして，両請求権は競合し，競合した場合には，所有者の直接請求権が優先すると解される。

請求権の重複　他人の者の保管者が締結した保険契約とは別に，所有者が他人に保管させている自己の所有物について火災保険契約を締結している場合において，保管者の責めに帰すべき事由により火災が発生し，保管物に損害が生ずれば，所有者は自己の火災保険の保険者に対する保険金支払請求権と保管者の責任保険の保険者に対する直接請求権とを取得する。この場合，所有者が先に責任保険による保険金の支払いを受けるとその額について損害がてん補されたことになるので，保険金の額を限度として火災保険金請求権は消滅する。これに対して，先に火災保険による保険金の支払いを受けると，火災保険者は支払った保険金の額を限度として，所有者が責任保険者に対して有する直接請求権を代位行使することができる（保険25）。

1・3　火災保険契約の効果

1・3・1　保険者の保険証券交付義務

火災保険契約が成立するとその効果として，保険者は，遅滞なく，保険契約者に対して保険証券を交付する義務を負う（保険6Ⅰ）。ただ，火災保険証券に

ついては，各種の損害保険に共通する記載事項の他に，建物を保険の目的物とする場合は，その所在，構造（建物の柱が基準となっていて，それが「コンクリート造」，「鉄骨造」，あるいは「木造」などで評価される。なお，木造であっても「準耐火建物」とされる場合は，「耐火基準」が優先され「耐火構造」扱いとされる）および用法（住居のみに使用する「専用住宅」か，店舗・事務所としても使用する「併用住宅」かなど）を，動産を保険の目的物とする場合には，その動産が収納されている建物の所在，構造および用法を記載しなければならない。建物以外の構造物や屋外にある物品も火災保険の対象としうるから，それらの物の同一性および所在等が確認できる記載を必要とする。

1・3・2 保険者の損害てん補義務

てん補責任とその免責　火災保険においても，免責事由に該当する場合を除いて，約定の被保険利益について保険事故で生じた損害を保険者がてん補する義務を負う。

消防または避難損害　改正前商法は，消防または避難に必要な処分によって保険の目的物に生じた損害について，保険者はてん補義務を負うものとしていた（旧商666）。この損害とは，破壊消防による損害，濡損，避難搬出による損傷等を対象とするものであったが，保険法は，火災保険について個別の規定を置いていないにもかかわらず，その16条で消火，非難その他の消防活動のために必要な処置によって保険の目的物に生じた損害はてん補する旨のみを定めている。

損害てん補の方法　火災保険における損害のてん補は，金銭支払いが原則である。約款では，保険金の支払いにつき，超過保険の超過部分，重複保険の重複・超過部分に関する契約は無効とせず，各保険契約の支払責任額の合計額が損害や費用の種類ごとに定められる支払限度額を超えるときは，独立責任額連帯方式で各保険契約ごとに保険給付を分担することになる（保険20Ⅱ）。ただし，同条は任意規定なので，これと異なる約款は有効であるが，実際にはこれが配慮されている。すなわち，保険価額1,000万円の建物にA社と800万円の保険金額の火災保険契約が締結され，B社と400万円の火

災保険契約が締結されていた場合，いずれの保険会社にもそれぞれの保険金額の請求をなしえるが，すでにA社から給付を得ている場合は，B社に対する請求は200万円を限度とする。

住宅火災保険では，保険金額が保険価額の80パーセント以上のときは，保険金を限度として損害の額を保険金として支払い（実損てん補），80パーセント未満のときは，下記の算式による比例てん補方式によって支払われる。

$$保険金の額 = 損害の額 \times \frac{保険金額}{保険価額の80\%に相当する額}$$

代位 保険約款では，保険者が保険金を支払った後でも，残存物を取得する旨の意思を表示しない限り，残存物の所有権は保険者に移転しないと定めるのが通例である。また，請求権代位について，保険者は，支払った保険金の額を限度として，かつ，被保険者の権利を害さない範囲内で，被保険者が有責第三者に対して有する権利を代位取得すると定める。

1・4 免責事由

保険法17条の定める免責事由（法定免責事由）が火災保険においてもあてはまる。また，約款では，火災保険の内容に対応させるために，法定免責事由に変更を加えたり，保険契約の内容として免責事由（約定免責事由）が定められている。たとえば，風災・雹災・雪災などで建物が破損したことによる損害は原則的にてん補されるが，風雨や雪・雹・あられ，または砂塵が室内に侵入したこと（吹き込み）による損害はてん補されない。被保険者や被保険者側に属する者の労働争議にともなう暴力行為・破壊行為による損害も保険保護の対象とはならない。

地震損害免責条項 約款では，地震によって生じた火災損害（第1類型），地震によって発生した火災が延焼または拡大して生じた火災損害（第2類型），および発生原因のいかんを問わず火災が地震によって延焼または拡大して生じた火災損害（第3類型）は，いずれも免責される。これを地

震損害免責条項（地震約款）という。地震約款が有効であることは，判例（大判大15・6・12民集5・8・495，大阪高判平13・10・31判時1782・124等）・学説により承認されている。その理由として，①保険契約は直接的に公益に関連するものではないので，危険普遍の原則を定めていた改正前商法665条は任意法規であること，②保険料率は平時の保険事故発生率に基づき算定されているので，地震危険の発生頻度の不可測性ゆえに地震の発生は予測困難であり，発生すれば巨額損害をもたらす地震について保険者免責を認めることは合理的であること，③普通保険約款の拘束力は承認されていることなどがあげられる。ただし，現在の火災保険約款では，地震等により建物が半壊以上となった場合，それにより臨時に生じる費用について支払限度額の5％に相当する金額を地震火災費用保険として支払うものとしている。保険の対象に動産を含む場合も保険金額の5％を支払うが，この場合は1敷地内最高300万円を限度としている。

爆発約款と核物質約款 約款では，核燃料物質またはこれによって汚染された物の放射能等による事故が免責事由とされる。これらが免責となる理由は，戦乱に関する理由とほぼ同じである。核物質が戦争で使用された場合の事故は戦乱危険に含まれるので，平時使用については，原子力発電所あるいは核燃料処理施設等において発生する事故が予想される。

1・5 新価保険

火災保険において，保険の目的物の時価額に応じて保険金額が設定されたならば，築後の年数が経過している建物については，火災保険金だけでは同じような規模・構造の建物を再築することは困難である。この問題を解決するものとして，保険の目的物の再調達価額を保険価額とする新価保険がある。ただ，保険金額を再調達価額とする新価保険では，時価額とした場合よりもその差額分について保険料は高くなる。新価保険は，火災保険に付帯される価額協定保険契約または新価保険特約を締結することにより行われる。新価保険の性質については，時価額に関する物保険と差額についての費用保険とが結合した保険と解する見解が有力である。

1・6 地 震 保 険

地震保険の難点　地震危険は，①巨大な損害をもたらすこと，②発生する頻度や損害額の統計的な測定がむずかしく，大数の法則に乗りにくいこと，③地震損害をてん補するいわゆる地震保険は，地震多発地帯の人だけがこの保険に加入するという地域的な逆選択だけでなく，長期間大地震がないと関心が薄れ，加入者数が減少する等の時間的な逆選択のおそれがあること等の特性を有するゆえに，保険では地震危険を引き受けることがむずかしいとされる。このような理由で地震保険の実現が遅れていたが，1964（昭和39）年6月16日に発生した新潟地震をきっかけとして，1966（昭和41）年6月1日に「地震保険に関する法律」に基づき地震保険制度が創設された。その後，改正が繰り返されているが，その補償内容は必ずしも十分であるとはいえない。

地震保険の概要　現行の地震保険の概要をまとめると，つぎの通りである。

①　保険の目的物

居住用建物および生活用動産（家財）に限られる（地保険2Ⅱ①，地保約1Ⅰ・4Ⅰ）。なお，生活用動産には含まれないものとして，通貨・有価証券・預金証券や印紙・切手のたぐい，自動車（125 cc.以下の原動機付き自転車を除く），貴金属宝石・書画骨董など1個または1組の価額が30万円を超えるもの，稿本・設計書・図案・証書・帳簿など，および商品・什器・備品その他これらに類するものが列挙されている（地保約4Ⅰ）。

②　てん補損害

地震もしくは噴火またはこれらによる津波を直接または間接の原因とする火災，損壊，埋没または流出によって生じた損害であって（地保険2Ⅱ②），建物および生活用動産が全損・半損・一部損となったときに保険給付がなされる。建物地震保険では，全損の場合は限度額までの全額が，半損の場合は50％が，一部損の場合は5％が保険給付金額とされる（地保約1Ⅰ）。

③　加入方法

普通火災保険，住宅火災保険等の家計火災保険に付帯（原則的自動付帯）して締結される（地保険2Ⅱ③，地保険規1Ⅱ）。したがって，地震保険だけに加入することはできず，保険契約者は火災保険契約の締結時に地震保険に加入する意思の存否について確認を受ける。

④　保険金額

主契約である火災保険契約における保険金額の30％～50％に制限され（地保法2Ⅱ④），かつ，居住用建物については5,000万円（1構内・1被保険者ごと），生活用動産については1,000万円（1構内・1被保険者ごと）の限度額が設定されている（地保険令2）。

⑤　再保険

政府の再保険があり，1回の地震による保険金の支払総額が一定額以上に達したときに，特定割合による額について政府が負担する（地保険3）。1回の地震による保険会社全社の支払保険金総額が5兆5,000億円を超える場合（2010（平成22）年1月1日現在）は，支払保険金額が一定割合で削減される

阪神・淡路大震災に起因する火災保険金請求訴訟が提起した問題点

1995（平成7）年1月17日午前5時46分に発生した阪神・淡路大震災の際に生じた火災をめぐり，多くの訴訟が提起されている。この地震で発生した火災に関するケースには，地震発生直後に火災が発生したが保険金が支払われたものもあれば，地震発生から数日後に火災が発生したが保険金が支払われていないものがある。保険金支払いの可否を判断する場合の重要な基準の一つに，消火活動が平時の場合と比べてほぼ同等になされたかという点がある。

一連の火災保険金請求訴訟では，火災保険契約における地震免責条項の各類型，すなわち保険者が免責される損害として，①地震によって生じた（火元）火災による損害（第1類型），②地震によって生じた（火元）火災が延焼・拡大したことによる損害（第2類型），そして③（火元）火災（その出火原因を問わない）が地震によって延焼・拡大した損害（第3類型）が定められており，その解釈に関してつぎのような争点がみられる。第1類型に関して，火元火災と地震との因果関係の存否，第2類型に関して，地震によって発生した火災が延焼・拡大して生じた火災損害について，延焼・拡大と地震との因果関係の存否，第3類型に関して，発生原因のいかんを問わず火災が地震によって延焼・拡大して生じた火災損害について，延焼・拡大と地震との因果関係の存否，さらに第3類型の規定がない約款において，発生原因が不明の火元火災が延焼して生じた火災損害に関する保険金支払いの可否等が争われた（たとえば，大阪高判平11・6・2判時1715・86が興味深い）。

（地保約7）。

拡張担保特約 火災保険普通保険約款（一般物件・工場物件・倉庫物件）に拡張担保特約として地震危険担保特約をつけることにより，地震危険に備えることができる。

第2章 責任保険

2・1 総説

2・1・1 責任保険はどのような保険か

意義・沿革　　買ったばかりのロードレーサータイプの自転車をいい気分で乗り回していたところ，操作ミスから歩行者に接触し打撲骨折全治3か月の傷害を負わせ，その賠償責任を負担することとなった（民709）。愛犬と日課となっている散歩中に，普段はおとなしいはずなのに通りがかった人に突然かみつき怪我を負わせ治療費を請求された（民718）。その他いたるところで賠償責任を負わなければならない状況や，賠償責任を追及する意識の高まりが見られるこの頃である。そうだとすると，いつ自分は他者に対して損害を与え，その賠償責任を負担しなければならなくなるか（もちろん，不法行為の成立ないし債務不履行による賠償責任には過失責任主義が採られている），またそれを負担するために現在の保有資産は十分かビクビクして生活しなければならない。そこで，ある者（通常は保険契約者であり被保険者となる）が法律上の損害賠償責任を負担することによって生じる損害をてん補する保険が考え出された。それが，責任保険である。そして保険法は，「損害保険契約のうち，被保険者が損害賠償の責任を負うことによって生ずることのある損害をてん補するもの」と責任保険契約を定義している（保険17Ⅱカッコ書）。

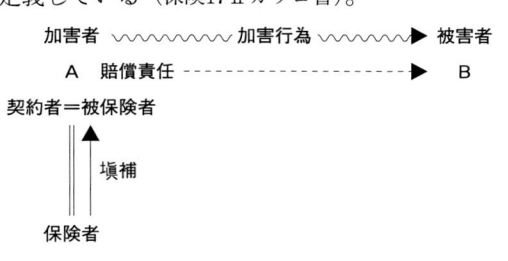

```
        加害者 〰〰〰〰 加害行為 〰〰〰▶ 被害者
          A    賠償責任 ------------▶   B
    契約者＝被保険者
        ‖
        ‖ ↑ 填補
        ‖
       保険者
```

わが国の責任保険は各種の保険のなかでもその歴史において新しく，次章でみる自動車に関する責任保険がそのはじまりといえる。おそらく，ようやくみられる個々人の権利意識の高揚とともに社会のリスク管理意識の浸透も手伝って，現在はあらゆるところで種々の責任保険の利用がみられる。

責任保険の種類　現在は，他の損害保険商品以上に様々な分野で責任保険が開発され提供されているところである（したがって，保険法における損害保険契約に関する規定の適用もさることながら，各責任保険契約はその約款の解釈が中心となる。本章において約款の引用は，MS海上火災保険の「個人賠償責任保険普通保険約款」（以下，賠責約）を用いる）。先に述べたような個々の生活者が日常生活の中で負担するかもしれない賠償責任に備える個人賠償責任保険，スキー（スノーボード）のようなスポーツ等の責任保険，弁護士，医師，公認会計士，公証人，建築士などの専門家責任保険は，ますます需要を増すであろう。さらに，法律により加入が強制されている自動車責任保険（「自動車損害賠償保障法」⇨196頁），原子力損害賠償責任保険（「原子力損害の賠償に関する法律」）がある。その他，製造物責任（PL）に関連した各種責任保険，取締役等のための責任保険（D＆O保険），個人生活のなかで他人に損害賠償責任を負担する場合に備える責任保険など，ありとあらゆるところで責任保険は活躍している。

2・1・2　責任保険は何のためにあるか

責任保険は，それに加入，締結している者（潜在的加害者）が民事賠償責任によって負うかもしれない経済的負担を軽減し，その者がその点については安心して生活や経済活動を行なうことを可能にしてくれる（加害者保護）。一方で，

いたるところで責任保険

責任保険は本文で述べたものが代表格といえるが，その他にも賠償責任を負担する可能性のある場面では，いろいろと責任保険が開発され普及している。以下の責任保険はほんの一部だが，どのような場面のどのような内容の責任保険か考えてみよう。
　イ　労働者災害補償責任保険
　ロ　昇降機賠償責任保険
　ハ　旅館賠償責任保険
　ニ　PTA賠償責任保険
　ホ　環境汚染賠償責任保険

ある事故により被害を被った者は，その加害者に対する民事上の損害賠償請求が認められた場合に，加害者がそれに耐えられるだけの十分な資力を有していなくとも，加害者の加入している責任保険による給付から被害者は満足を受けることができる（被害者保護）。このような二面的直接的な機能とともに，責任保険の普及により，社会全体の経済的ないし文化的発展が期待されるのであれば（思い切った行動にでることができる），それも責任保険の実際的，社会的機能なのである。

損害賠償のシステム

現代社会における大きな問題は交通事故である。日本の国土の中には約7,900万台の自動車がひしめき，交通事故死者は年間約5,000人にのぼる（事故発生から24時間後の死者を計算するとこの数はさらに増加するという）。交通事故を防止することは簡単で，自動車を全廃する，あるいは通りという通りに信号機もしくは交通警官を配置するなどの方法が考えられる。ところが，前者の方法を採用すれば物流は著しく停滞し，商品のコストはいちじるしく上昇する（物の運搬に要する人手や時間を考えれば分かるだろう）。後者の方法も信号設置費用や人件費など莫大な費用がかかる。さらに，交通事故がもたらす人的・物的コストもいちじるしい。そこでは，もはや「自動車の運転手が注意しないから悪い」という次元の問題ではなく，交通事故を減少させつつ，そのために要するコストを最小限にすることができるか，ということを考えなければならない。そのための方法を提示したのがグイド・カラブレジ（G. Calabresi）教授（イェール大学）である。その手法のあらましは，①交通事故被害者を救済する保険は，責任保険より傷害保険が適当，②交通事故の経歴を保険料率に反映させる，というものである。①については，責任保険では過失なき被保険者（運転者）の車両による交通事故被害者を救済できないだけでなく，運転者やその履行補助者の交通事故損害を救済することができない。したがって，交通事故により傷害を被った者を一括して保険保護し得る不特定人のためにする傷害保険の方が保護範囲が広くなる。②については，保険による利益をフリー・ライドする者を除外し，交通事故件数そのものを減少させるために，事故を発生させる件数をチェックして，これを保険料に反映させる。つまり，安全運転につとめないと保険料負担に耐えかねて自動車運転から排除されざるを得ないことになり，事故件数そのものが減少するであろうというものである。ただし，このためには自動車ベースの保険からドライバー保険にシステムを代えなければならない。

2・2 責任保険の要素

2・2・1 損害保険契約としての責任保険契約ということは

　先に保険法の定義で確認したように（保険17Ⅱ），責任保険契約が損害保険契約の一種であるとすると，責任保険の被保険利益は何かという問題がある（被保険利益については，⇨78頁）。一般的なモノ保険を想定している損害保険における被保険利益，あるいは損害概念とはいささかその理解が異なる。ある者が損害賠償責任を負担して被る損害は，その者の財産，それも特定財産ではなく全財産が減少することであると考えられる。そこでかつては，その者の全財産を被保険利益と解すると理解された。しかしそれでは，その者に現存する全財産が保険価額となり（たとえば，3,000万円），それを超える金額を保険金額（たとえば，負担するかもしれない責任額を5,000万円とする）として締結することはできなくなる（2,000万円について超過保険となる）。実際に負担するかもしれない賠償額を保険金額として責任保険契約締結時に確定することは困難なことが多く（そこで，無制限とする場合もある），また，加害者の現存する財産額を保険金額の上限とすることは責任保険の意味をなくす。

　超過保険，一部保険ないし重複保険の問題（⇨91頁）を決するための概念として被保険利益を使うことは責任保険においては必要ない。そこで，責任保険契約を締結する者は，現在の財産ならびに将来の財産が損害賠償責任を負担するに至っても減少（変動）することなく生活ないし経済活動を継続することに利益を有しているのであり，あえていうならばそれ（財産状況）が責任保険の被保険利益であると理解することができる。また，そもそも，超過保険，一部保険ないし重複保険の問題が生じないと解すると，責任保険には被保険利益は存在しないともいい得るかもしれない。被保険利益という概念が，モノ保険を想定した損害保険について超過保険，一部保険ないし重複保険という問題を決するための技術的概念（狭義の被保険利益）である限りは責任保険についてそれを認める必要はなくなる。それでもやはり，責任保険が賭博のような不労利得の獲得のために利用されることを防ぐ（賭博と保険を峻別する）ために必要であ

ることから，被保険利益不存在といいきることはできないであろう。

2・2・2 何をもって保険事故とするか

　それでは，責任保険契約に基づき保険者に損害てん補義務を履行させる損害を生ずることのある偶然の事故，保険事故は何であろうか。それは，当該責任保険契約において定められることとなるが（保険5Ⅰカッコ書），ある者が損害賠償責任を負担することによって損害を被るのはいつかということに関連する。とくに，保険事故が保険期間中に発生していなければ保険保護は受けられないし，賠償責任を発生させる実際の加害行為が発生した後に責任保険契約を締結するようなこと（駆け込み契約，アフター・ロス）を防止しなければならない（⇨111頁）。

　たとえば，被保険者の責任が確定した時点，確定したことを保険事故とした場合はどうであろう（責任確定（責任負担）説）。確かに，保険事故の発生時が明確であるが，確定する前に責任保険契約を締結されてしまうおそれがある（①）。また，結果として勝訴してしまえばそれまでに費やした訴訟費用は保険事故発生前のものとして被保険者が負担しなければならない。それでは，損害賠償を請求されたことを保険事故とした場合はどうか（請求説）。訴訟費用を責任保険の給付として受けることを可能にするが，それでも駆け込み契約は排除できず（②），請求するか否かが被害者の意思に左右されてしまう。さらに遡って，実際の加害行為を保険事故としてみてはどうだろうか（損害事故説）。そうだとすれば，被害者から賠償請求されなくとも，また責任が確定しなくともその事故後に負担する費用（たとえば，応急手当，被害者の搬送，あるいは権利の

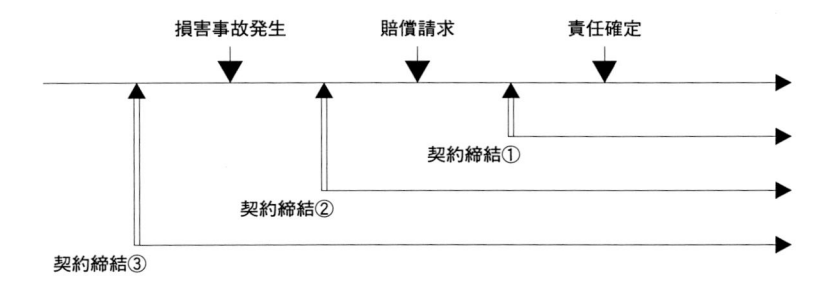

保全ないし行使に要した費用など）をもカバーすることができる。また，駆け込み契約の問題も（③），保険期間経過後に請求された場合にも対処できることになる。

いささか，理論的ではなく実際的な理解としてではあるが，損害事故説が妥当であると思われる。現実の各種約款では，一部で請求説を採用しているものの，おおむね損害事故説を採用し，被保険者が保護される範囲を明確化するとともに，広範な保護を与えている（賠責約2）。

2・3 責任保険の効果

2・3・1 保険者はどのようにして損害をてん補するか

保険者の損害てん補義務 保険者は，被保険者が法律上の損害賠償責任を負担した場合に，その損害をてん補する義務を負わなければならない（賠責約款1）。一般のモノ保険について採用されている保険価額はないので，保険者は，被保険者が負担した賠償額を保険金額の限度でてん補しなければならない（賠責約2）。同じように重複保険も問題とならないようにみえるが，複数の保険者が合計で被保険者の賠償額を超えることがあってはならないことは当然で，約款では，他の保険者による支払いがなされていない場合には支払責任額全額を，他の保険者の支払いが先にある場合には損害額からそれを差し引いた残額について支払保険金の額とする旨を定めている（賠責約20，保険19，20）。

保険者の免責事由 保険者がてん補責任を負わない場合は，各種の責任保険約款あるいは特約の有無により異なるが，個人賠償責任保険普通保険約款は以下のことを免責事由としている（賠責約6）。

① 保険契約者または被保険者の故意によって生じた賠償責任
② 被保険者と第三者の間に損害賠償に関し特別の約定がある場合において，その約定によって加重された損害賠償責任
③ 被保険者が所有，使用または管理する財物の損壊について，その財物につき正当な権利を有する者に対して負担する損害賠償責任
④ 被保険者と生計を共にする同居の親族に対する賠償責任

⑤ 被保険者の使用人が，被保険者の業務に従事中に被った身体の障害に起因する損害賠償責任
⑥ 戦争，外国の武力行使，革命，政権奪取，内乱，武装反乱その他これらに類似する事変もしくは暴動または騒擾，労働争議に起因する損害賠償責任
⑦ 地震，噴火，洪水，津波などの天災に起因する損害賠償責任
⑧ 液体，気体もしくは固体の排水，流失もしくはいっ出に起因する損害賠償責任。ただし，不測かつ突発的な事故によるものを除く
⑨ 原子核反応または原子核の崩壊に起因する損害賠償責任。ただし，医学的，科学的利用もしくは一般産業上の利用に供されるラジオ・アイソトープの原子核反応または原子核の崩壊による場合を除く

故意による賠償責任についててん補しないことは，やはり被保険者の行動に一定の節度が要求されることの現れであり，他方，過失ないし重過失を免責とすると，責任保険の効用が減退してしまうからである（保険法は責任保険契約における保険者の免責事由から，保険契約者または被保険者の重大な過失によることを除外している。保険17Ⅱ）。また，親族間事故についても免責としていることが注目される。

2・3・2 保険給付と被害者との関係は

給付方法と被害者の地位 保険者の義務の履行としての保険金の給付方法は，いくつか考えられる。まず，加害者である被保険者が被害者に実際に賠償金を支払った場合に被保険者に保険金を給付する方法がある（先履行型）。これでは，賠償額について十分な資力を被保険者が有していなければならず，ひいては被害者も救済を受けられないことは明らかである。それでは，被保険者の責任の負担が判決等で確定した場合に保険金を支払う方法はどうか（責任負担型）。確かに，被保険者の賠償資力は問題とならないが，給付を受けた被保険者が現実に被害者にそれを支払うかどうか怪しい場合があるので，被害者救済には十分でない。そこで，被害者が実際にその損害について救済を受けられるようにするためには，保険者が直接に被害者に対して支払う方法が考えら

れる。すなわち，少なくとも被保険者の責任の負担が確定した時点で保険者が直接に被害者に保険金を給付することにより，被保険者の賠償責任を免れさせる方法である（免脱型）。この場合には，被害者に保険者に対する直接請求権を認めることでそれを実効性あるものとすることが考えられる。

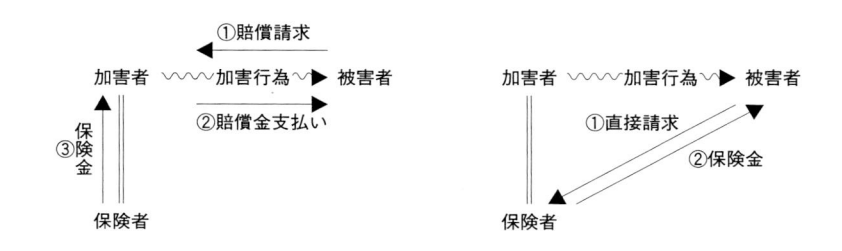

```
          ①賠償請求
加害者 〜〜加害行為〜▶ 被害者          加害者 〜〜加害行為〜▶ 被害者
      ②賠償金支払い                              ①直接請求
保                                                ②保険金
険③                                        
金                                          
保険者                                      保険者
```

責任保険契約における被害者は，契約の直接の当事者でないので，保険者に対して何もいえないはずであるが，直接請求権を認めることによって被害者を迅速にそして十分に救済することができる。そこで，自動車損害賠償保障法は被害者に直接請求権を認めている（同法16。⇨198頁）。法律に根拠をもたなくとも，各種責任保険約款では被害者請求を認める規定を置いている。このことは，責任保険契約を締結する者の意思として，被保険者があらかじめ条件付きの保険金請求権を不特定多数の者（被害者）に移転することを約束し，保険者もこれに承諾を与えたものと理解できるのである。

被害者の先取特権等 責任保険契約における被保険者，すなわち加害者について破産手続や再生手続が開始された場合について，かかる手続においてしか賠償請求権についての弁済を受けられないとしたならば被害者は救われない。そこで，責任保険契約の被保険者（加害者）に対して当該責任保険契約の保険事故にかかる損害賠償請求権を有する被害者は，保険給付請求権について先取特権を有することを保険法は正面から認めた（保険22Ⅰ，賠責約24）。したがって，加害者（責任保険契約における被保険者）について破産手続きまたは再生手続きが開始した場合であっても，被害者は保険金請求権について先取特権という別除権を有する者として，当該手続によらないでかかる先取特権を行使することができる（破産法2Ⅸ，65，民事再生法53Ⅰ・Ⅱ）。具体

的には,「担保権の存在を証する文書」(通常は,判決文,和解調書か)を裁判所に提出し,被保険者の保険金請求権に対する差押え命令を得てそれに基づき保険金請求権を取り立てることになる(民事執行法193Ⅱ,155,159)。

そして,かかる被害者の先取特権の実効性を担保する,すなわち被害者に保険金請求権から優先して弁済という保護を受けさせるために,被保険者は被害者に対して弁済した金額,または被害者の承諾があった金額の限度においてだけ,保険者に対して保険給付を請求することができることにした(保険22Ⅱ)。さらに,責任保険契約に基づく保険給付請求権は,被害者に対する譲渡,被害者による差押え,または被保険者が保険給付を請求することができる場合(保険22Ⅱ)を除き,その譲渡,質権の目的とすること,差押えが禁止される(保険22Ⅲ。⇨157頁)。

2・3・3 保険契約者・被保険者の義務は

通知義務 保険契約者または被保険者が,「告知事項」(保険4)についての告知義務ならびに保険料支払義務を負うのは当然である(賠責約4,7。なお,約款では「告知事項」に「他の保険契約等に関する事項」は含まれている)。そして,保険契約者または被保険者は,責任保険契約の締結後に,告知事項の内容に変更を生じさせる事実が発生した場合には,遅滞なく,保険者に通知しなければならない(賠責約8Ⅰ)。保険契約者または被保険者が故意または過失によってそれを怠ると,かかる事実の発生によって「危険増加」(保険28Ⅰ)が生じた場合には,保険者は当該契約を解除できるとする(賠責約8Ⅱ)。保険者が当該契約を解除する前に事故が発生した場合であっても,解除にかかる危険増加がその発生した事故と因果関係がある限り,その事故によって発生した損害に対して保険金は支払われないし,支払済みであれば返還請求される(賠責約8Ⅳ・Ⅴ,保険31Ⅱ②)。

事故発生時の義務 保険事故が発生した場合には,保険契約者または被保険者はその日時,場所,被害者,事故の状況等について保険者に通知する義務を負う(賠責約18Ⅰ②,保険14)。また,保険契約者または被保険者の損害防止義務として,相手方から損害の賠償を受けることができる

場合には，その権利の保全または行使について必要な手続をとることが要求されている（賠責約18Ⅰ①・③）。そのために要した費用（損害防止費用）については，保険者が負担する（賠責約2Ⅰ②，保険23Ⅰ②）。それらの義務に保険契約者または被保険者が違反すると，支払保険金が減額されてしまう。

第3章　自動車保険

3・1　自動車保険とは

自動車事故と保険　自動車という便利な移動手段を発明した人類は，同時に自動車事故という出来事をも産み出してしまった。現在の私たちの生活様式は，自動車の存在に依存することがかなり多い。それを積極的に利用する者はもちろん，そうでない人もいつ，どこで自動車事故の加害者または被害者となるかわからない。そして，自動車事故による人的，物的損害は，ちょっとした自動車の傷から人の死亡により何千万，何億円の負担を負うことになる場合がある。そこで，自動車の存在が有するさまざまなリスクに対処するのが自動車保険である。すなわち，自動車に関連して第三者の身体に損害を与えた場合の賠償（対人賠償），第三者の所有物に損害を与えた場合の賠償（対物賠償），そして自動車自体に生じた損害，それぞれに備えるのが自動車保険である。自動車保険は，責任保険と純粋の損害保険との複合された保険の総称である。

自動車保険の種類　以上のような自動車をめぐる様々なリスクに備える自動車保険には，戦後増加した自動車の数ならびに自動車事

自動車事故第1号

1900（明治33）年にサンフランシスコ在留日本人会が時の皇太子（大正天皇）に，そのご成婚を祝い電気自動車が贈られた。当時は自動車の運転ができる者などいないので，やむなく機関車の運転手がハンドルを握ったところ，麹町三宅坂で運転を誤り，さすがに皇族に贈られた自動車なので皇居のお濠に突っ込んだ。これがわが国最初の記念すべき自動車事故といわれている。

1904（明治37）年，国産第1号自動車の開発後のモータリゼーションの隆盛は，ご存じのとおりである。

故による人身被害に対処するために，1955（昭和30）年に成立した自動車損害賠償保障法（自賠法）に基づき締結が強制される保険と，自動車保有者が任意に締結する任意自動車保険とがある。それぞれの自動車保険の対象範囲を示すと，以下のようになる。

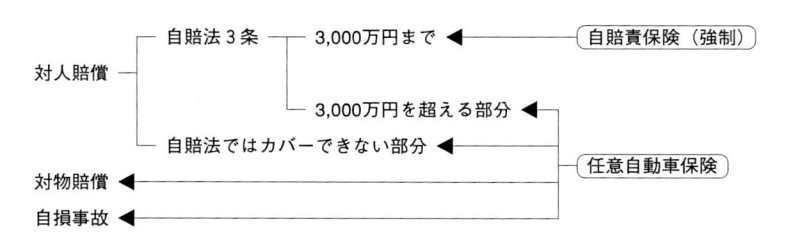

```
                  ┌ 自賠法3条 ─┬─ 3,000万円まで ◀────── 自賠責保険（強制）
        対人賠償 ─┤           └─ 3,000万円を超える部分 ◀─┐
                  └ 自賠法ではカバーできない部分 ◀────────┤
        対物賠償 ◀────────────────────────────────────────┤── 任意自動車保険
        自損事故 ◀────────────────────────────────────────┘
```

3・2　自動車損害賠償責任（自賠責）保険

3・2・1　自賠責保険とは

自賠法の構造　　自賠法3条は「自己のために自動車を運行の用に供する者は，その運行によって他人の生命又は身体を害したときは，これによって生じた損害を賠償する責に任ずる。」と規定する。本来，他人の権利の侵害は，民法709条が支配する世界である。そして，賠償請求権者（被害者）が加害者の故意または過失を立証しなければならない。しかしそれでは，被害者側の負担が重く被害者保護の要請が達成されないかもしれない。そこで，同条はつづけて「ただし，自己及び運転者が自動車の運行に関し注意を怠らなかつたこと，被害者又は運転者以外の第三者に故意又は過失があつたこと並びに自動車に構造上の欠陥又は機能の障害がなかつたことを証明したときは，この限りでない。」と規定し，証明責任を転換することにより自賠法の目的（自賠法1）の徹底を図っている（以上の3点を証明することはなかなか難しい）。

自動車は，自動車損害賠償責任保険または自動車損害賠償責任共済の契約が締結されているものでなければ「運行」の用に供してはならない（締結強制。自賠法5・87）。他方で保険者は，正当な理由がある場合を除き，責任保険の締結を拒絶してはならない（承諾義務。自賠法24）。さらに強制保険としての自賠

責保険をより実効性あるものとするため，自動車の車検の際に自賠責保険へ加入していることがその合格の要件とされている（自賠法8・9Ⅰ・Ⅱ）。

具体的な保険金額は，被害者一人につき定められている（自賠法13）。それによると，死亡または重い後遺障害の場合の3,000万円または4,000万円から，14級後遺障害の場合について75万円とされている（自賠法施行令2，別表一・二）。それで十分だろうか。

保護の対象　自賠法の保護対象は人身事故，自動車事故により生命または身体を害したことにより生じた加害者（被保険者）の損害である。それは，「自己のために自動車を運行の用に供する者」（運行供用者）がその「運行」により「他人」の生命または身体を害することによって生じた加害者（被保険者）の損害である。

「運行供用者」とは，一般に，事故発生時にその自動車の運行を支配し（運行支配），その運行から利益を得ていた（運行利益）者と解される（最判昭43・9・24判時539・40）。自動車を直接運転していた者はもちろん，その自動車を貸した者（家族や友人，レンタカー業者を含む。その他，運転代行の場合について，東京高判平6・3・31高民集47・1・107），被用者が運転していた場合の使用者も運行供用者である。したがって，実際に自動車を運転していたかどうかは関係ないのである。その意味で，被保険者は自賠法3条の責任が発生する可能性のある自動車の保有者（自賠法2Ⅱ），そして運転者（自賠法2Ⅳ）ということになる（自賠法11。最判平20・9・12交民集41・5・1085では車の所有者に「運行供用者」性が認められたが，その差戻審においては被害者の「他人」性が否定された。名古屋高判平21・3・19交民集41・5・1097）。

「運行」とは「人又は物を運送するとしないとにかかわらず，自動車を当該装置の用い方に従い用いること」と定義づけられている（自賠法2Ⅱ）。「当該装置」の理解については，それは「原動機装置」を指すとの理解（原動機説），自動車に設備されている「走行装置」であるとの理解（走行装置説）から，自動車が停止中（駐車中）の状態をも取り込むために自動車の構造上設備されている各装置（クレーン，そしてダンプ，トラックの荷台など）を含む理解（固有装置説）に展開した。現在は，以上のような「当該装置」と走行ないしその使用に

こだわるのではなく，自動車自体の存在そのものの危険性を広くとらえ，自動車が車庫から出て車庫に戻るまでの間に他人に与える危険性を自賠法3条の責任発生の根拠とする考え方（車庫出入説）が有力である。

他人性　　自動車事故の被害者が自賠法3条によって保護を受けるためには，その人が「他人」でなければならない。そこで，「他人」とは，運行供用者および運転者（運転補助者を含む。自賠法2Ⅳ）を除くそれ以外の者と解されているが（最判昭37・12・14民集16・12・2407），問題はそれほど単純ではない。当該自動車と何も関係のない歩行者が「他人」であることは疑いのないことであろうが，その自動車に好意から無償で乗せてもらった人（好意同乗者）は，ナビゲーターとして運行に関し指示を出し運行により利益を得ている（運行供用者である）場合には「他人」ではないとも考えられるからである。さらに，被害者が同乗中の当該自動車の保有者である場合には，自動車の保有者として事故防止責任の観点から「他人」とは認められないだろう（最判昭57・11・26民集36・11・2318。それでも，運転代行者に運転を依頼して同乗した当該自動車の使用権者が，「特段の事情」が認められ「他人」であると解される場合がある。最判平9・10・31民集51・9・3962）。

3・2・2　被害者の立場は

直接請求権　　加害者となった自賠責保険契約の当事者（被保険者）は，被害者に対する損害賠償額を支払った限度について保険会社に対して保険金の支払いを請求できる（先履行義務。自賠法15）。加害者が自己の責任を履行する前に保険金を取得できるものとすると，それを被害者に支払う前に浪

盗まれた自動車の事故（泥棒運転）の場合

A君は，コンビニで買い物するためちょっとの間だけ自動車を停車させ，エンジンを止めずキーをさしたまま自動車を離れた。それを見ていたBはその自動車を盗み走り去った。気づいたA君は，直ちに警察へ連絡，警邏中のパトカーが盗まれた自動車を発見して追跡した。Bはそのパトカーの追跡をかわすため乱暴な運転で逃げる途中に歩行者のCさんをひいて死亡させてしまった。この場合，A君は「運行供用者」として自賠法3条の責任を負わなければならないだろうか（札幌地判昭55・2・5判タ419・144）。

費したり，他に流用して被害者が満足を受けられなくなることを防止するためである。それ以上に被害者保護を徹底するためには，被害者に保険会社に対して直接に支払請求を認めることが考えられる。そこで，自賠法16条1項は，同3条の責任が発生したことを前提に「被害者は，政令で定めるところにより，保険会社に対し，保険金額の限度において，損害賠償額の支払をなすべきことを請求することができる」と規定し，被害者の直接請求権を認めている。被害者は自賠責保険契約の当事者ではないので，それは契約当事者の意思に基づくものではなく，法律上の根拠を有する被害者固有の請求権である。さらに，加害者の責任が確定する前でも，被害者は保険会社に対して賠償額の一部を仮渡金として支払うよう請求することができる（自賠法17Ⅰ。加害者に責任がないことが確定した場合には，保険会社は政府保障事業に対して支払った金額の保障を求めることができる。同Ⅳ）。

保険契約者または被保険者の悪意（＝故意）により生じた損害については，保険会社はその者に対する保険金支払いは免れる（自賠法14）。それでも，被害者による請求については，保険会社は保険契約者または被保険者の悪意（＝故意）により損害が生じた場合であっても，「賠償請求額の支払」いを行わなけ

妻は「他人」だ！

妻Xは，夫Aの運転する自動車の助手席に同乗中，Aが運転を誤り道路からそれて自動車は転落し全治6か月の傷害を負った。この場合，妻Xは自賠法3条にいう「他人」として，夫Aに自賠法3条責任を追及できるだろうか。この問題は，XとAという夫婦間に一般不法行為（民709）が成立するか，他の親族の場合はどうか，妻Xは運行供用者ではないかなど興味深い論点を含んでいる。最高裁は，被害者が運行供用者の配偶者であることそのことのみをもって「他人」には当たらない解することはできず，具体的事実関係から他人性を判断すべきであると述べ，本件自動車は夫Aの所有にかかり，その運転，維持費の負担ももっぱら夫Aが負っていたこと，妻Xは免許を有しておらず，事故当時には運転補助行為も行なっていなかった点を考慮して妻Xは「他人」であると判断した（最判昭47・5・30民集26・4・898）。

現在，「親族間事故の取扱について」（昭和47年10月27日運輸省通達）により，
①配偶者の一方の保有者であり，他方が被害者である事故
②同一生計に属する親子の一方が所有者であり，他方が被害者である事故
③同一生計に属する兄弟姉妹の一方が保有者であり，他方が被害者である事故
については，原則として保険金支払いの対象とし，両者の自動車に対する具体的依存関係を考慮した取扱いがなされている。

ればならない（自賠法16Ⅳ前段。保険会社はその支払った金額について政府補償事業に対して補償を求めることができる。自賠法16Ⅳ後段）。このような保険会社に対する被害者の直接請求は，保険金の支払請求ではなく，「損害賠償額の支払」い請求，すなわち自賠法3条に基づく不法行為（故意または過失による加害）請求の性質を有すると理解されているからである（そして，悪意（＝故意）の加害者を免責させるわけにはいかないので，政府保障事業は，被害者の加害者に対する権利を代位取得する。（自賠法76Ⅱ））。

保険金請求権との競合　たとえば，被害者の傷害による損害の額が200万円と算定された自動車事故において，被保険者（加害者）がその一部50万円を直接に被害者に支払った場合，自賠法では傷害による損害の保険金額は一人につき120万円とされているので，保険者は被保険者に対して50万円をてん補したならば，被害者に対し残額（120万円－50万円）70万円を支払えばよい（自賠法16Ⅱ）。言い換えれば，50万円を直接に被害者に支払った被保険者は，それを保険金として保険者に請求することができ（自賠法15），保険者の被害者に対する直接支払債務はその分減少するのである。しかしながら，被害者は保険者に対して保険金額の限度において（この場合は120万円）直接に保険金を請求できるはずである（自賠法16Ⅰ）。そうすると，保険者は被保険者に50万円そして被害者に120万円，合計で170万円を支払わなければならないのか。あるいは，直接に50万円支払った被保険者の保険者に対する請求権と，保険金額120万円を保険者に直接請求することができる被害者の権利とどちらが優先するのか。

以上のような場合については，保険者が保険金額の限度を超えて支払いをなすべきではないのだから，被保険者の請求権が優先して50万円支払ったら，被害者の請求に対しては差し引き70万円を支払い被害者は両者から得た合計120万円で満足すべきなのか（被保険者優先説）。それとも，保険金の限度において被害者請求を優先させ，保険者は被害者に120万円を支払うべきなのか（被害者優先説）。決め手は何か。自賠法は加害者保護と被害者保護の両者を目的としていると考えられる。このような場合，被保険者の請求を優先させることは被害者の一般債権者の利益になると考えられるが，そのことは自賠法の目的では

ない。他方で，強制的に自賠責保険に加入させ自己の財産の変動を回避させることにより，被保険者の利益が守られるのであり，それが責任保険の機能でもある。それでもやはり，この場合は現実的な被害者保護を達成するためには被害者の直接請求権を優先させるべきではないか（なお，後述の任意自動車保険契約では被害者優先説を採用する）。

無保険自動車とひき逃げ　自賠責保険が強制保険であるといっても，それでも加入せずに自動車を運転する輩がいる。不幸にも人身事故を起こしてしまったときに事後の適切な措置（道路交通法72）を取らずに逃げ去ってしまう悪質なドライバーがいる。あるいは，盗まれた自動車が事故を起こし，その所有者に自賠法3条の責任を問えない場合もある。被害者は，泣き寝入りしなければならないのか。このような場合に備えて，政府は，自賠責保険と同じ限度で被害者の損害を塡補する事業（政府保障事業）を行っている（自賠法71以下。もちろん，被害者の損害をてん補した政府は，その本来の加害者に対する被害者の賠償請求権を代位取得する。自賠法76Ⅰ）。

3・3　任意自動車保険

3・3・1　任意自動車保険は役立っているか

　上述した自賠責保険はいわゆる強制保険であるのに対して，任意自動車保険は文字通り締結するのもしないのも任意である。自動車をめぐる事故の態様は様々であり，相手方のいる人身事故のみならず，相手方のいない運転者自身の死傷，そして相手方のいる物的損害および相手方のいない物的損害が発生する可能性がある。そこで，自賠責保険ではカバーできないそれらの責任や損害に備えるため，加入が求められるのが任意自動車保険である。とくに，人身事故を起こしその賠償責任を負担するに至った場合，自賠責保険の保険金額ではとうてい足りず，加害者としての資力に限界があるならば，被害者の実質的救済は望めない。したがって，自動車を保有する者または運転する者にとっては任意自動車保険の締結は限りなく義務に近い責務なのであり，被害者にとってもその存在は重要である。

かつては、いわゆる SAP（自家用自動車総合保険）、PAP（自動車総合保険）、BAP（自動車保険）、そしてドライバー保険といわれた各社代わり映えのしない保険であったが、現在は、下記コラムに記したように、各保険会社が創意工夫をこらした任意自動車保険がある（本章では以下、T海上N火災保険会社の「一般自動車保険普通保険約款（2010年7月1日）」（以下、TAP約款）に基づき記述する）。

交通事故賠償に関する主な高額判決例

認定総損害額	裁判所	判決年月日	被害者性年齢	被害者職業	被害態様
3億8,281万円	名古屋地裁	2005. 5.17	男性29歳	会社員	後遺障害
3億7,886万円	大阪地裁	2007. 4.10	男性23歳	会社員	後遺障害
3億6,750万円	大阪地裁	2006. 6.21	男性38歳	開業医	死亡
3億5,978万円	東京地裁	2004. 6.29	男性25歳	大学研究科在籍	後遺障害
3億5,332万円	千葉地裁佐倉支部	2006. 9.27	男性37歳	アルバイト	後遺障害
3億4,791万円	大阪地裁	2007. 1.31	女性18歳	高校生	後遺障害
3億4,614万円	仙台地裁	2007. 6. 8	女性25歳	会社員	後遺障害
3億3,678万円	千葉地裁	2005. 7.20	男性17歳	高校生	後遺障害
3億3,547万円	大阪地裁	2006. 4. 5	男性17歳	高校生	後遺障害
3億3,531万円	東京地裁	2004.12.21	男性32歳	銀行員	後遺障害

（『ファクトブック2009日本の損害保険』（社）日本損害保険協会22頁より）

リスク細分型自動車保険 vs 完全補償型自動車保険

これまでは、自動車保険料率算定会が算定していた保険料率に基づく各社一律の保険料が設定されていたところ、規制緩和（1998（平成10）年7月から算定会料率の使用義務が廃止された）に伴い、いわゆる「リスク細分型自動車保険」が発売されている。それによると、料率算定の要素として、個々の運転者の年齢、性別、事故歴、運転地域、車種、使用目的、安全装置の有無など細かい項目からその運転者に個別の保険料を設定するものである。さらに、電話・インターネットによる直接取引（ダイレクトセール）を行うことにより、代理店コストを削減して、これまでの保険料に比べて最大で約40％の保険料節約を可能にした。新規参入の外資系保険会社が販売を開始し、好評を得ている。ただし、30歳未満の男性は、反対に保険料が高くなる場合が多いという。

それに対抗するような形で、既存の保険会社が保険料は割高になるが、担保範囲を拡大した新種の自動車保険を販売した。これまでのSAPの担保範囲に加えて、被保険者自身の傷害（被保険者が被害者になった場合）を全般的に担保し、さらに代車費用、事故地での宿泊費用をも含める「完全保障型自動車保険」といえるものである。

あなたなら、どっちを選ぶ？

3・3・2 保護される事故は

対人賠償責任 保険証券記載の自動車（被保険自動車）の所有，使用または管理に起因して生じた偶然な事故により他人の生命または身体を害すること（対人事故）により，被保険者が法律上の損害賠償を負担したことによって被る損害をてん補する保険である（TAP 約款第 1 章 1 Ⅰ・Ⅲ①）。支払われる保険金は，自賠法 3 条による責任が認められた場合にはそれによって支払われた額を超える部分である（TAP 約款第 1 章 4 Ⅰ①）。

被保険者には，保険証券の記名被保険者欄に記載されている者（記名被保険者）のほか，被保険自動車を使用または管理中の者（記名被保険者の配偶者，その配偶者の同居の親族，その配偶者の別居の未婚の子），ならびに記名被保険者の承諾を得て被保険自動車を使用または管理中の者（許諾被保険者。ただし，自動車修理業者，駐車場業者，ガソリンスタンド業者，自動車販売業者等（自動車取扱業者）は除かれる。それらの者はお客さんの自動車を管理することがまさにその業務であり，その間に生じた事故のリスクはそのための保険で対処するのがスジである），そして記名被保険者の使用者が含まれる（TAP 約款第 1 章 2）。また，被保険者が負うに至る責任の原因事実は被保険自動車「の所有，使用または管理に起因して生じた事故」であり，自賠責保険の場合の「運行により」より広い（たとえば，車庫内での事故）。したがって，加害者が自賠法 3 条責任を負わない場合であっても，民法 709 条責任が成立するならば保険者はてん補責任を負う。

先に見たように保険法 17 条 1 項は，保険契約者または被保険者の故意または重過失による保険事故の発生を保険者免責としているが，同条 2 項が責任保険契約について「故意」のみを保険者免責としているので，任意自動車保険についても当然に重過失による場合には保険金は支払われる（TAP 約款第 1 章 3 Ⅰ①。ドアをつかみ自動車の発進を妨げようとしていた者を振り払おうとして自動車を急発進させた場合，最判平 5・3・30 民集 47・4・3262。なお，自賠法 14 条は「悪意」を免責とする）。ただし，自賠責保険では保険金が支払われる可能性があった親族間事故については，保険者免責である（TAP 約款第 1 章 3 Ⅲ）。

かつては約款に規定がなかった時代には，被害者による保険会社に対する直接請求権は認められないとするのが通説であったが（民 423 に基づく請求は別とし

て），現在は被害者の直接請求権を明らかにしている（TAP 約款第1章6）。

対物賠償責任 被保険自動車の所有，使用または管理に起因して生じた偶然な事故により他人の財物を損壊（滅失，破損または汚損）すること（対物事故）により，被保険者が法律上の損害賠償責任を負担することによって被る損害をてん補する保険である（TAP 約款第1章1Ⅱ・Ⅲ②）。典型的には，他人の車に追突した場合のその車の修理費用負担や（直接損害），代車費用負担（間接損害）がその対象となる。

人身傷害保険 自動車の運行に起因する事故，自動車の運行中に飛来物または落下物との衝突，火災または爆発による事故という急激かつ偶然な外来の事故により被保険者に生じた人身傷害に対し，約款所定の基準に従った保険金の支払いがなされる保険（実損てん補型保険）が人身傷害保険（条項）である（TAP 約款第2章1）。しかも，被保険者自身の故意または重過失を除きその過失の有無を問わず，被害者である被保険者に迅速な保険保護を与えるものとして画期的な保険である（ファーストパーティー保険。東京高判平20・3・13判時2004・143）。

他方で，搭乗者傷害保険も人身傷害保険の一種であると言えるが，こちらは被保険自動車に搭乗中の者が被保険自動車の運行に起因する急激かつ偶然な外来の事故により人身傷害を負った場合に約定された保険金額の支払いを受けることができる定額給付型保険である（TAP 約款搭乗者傷害特約。⇨280頁）。

車両保険 衝突，接触，墜落，転覆，物の落下，火災，爆発，台風，洪水，高潮その他偶然な事故によって被保険自動車に生じた損害，または被保険自動車の盗難による損害をてん補する保険である（TAP 約款第3章1）。

3・3・3　自動車を譲渡・入れ替えた場合は

保険の目的物の譲渡 保険の目的物が保険期間中に譲渡された場合，譲渡人は被保険利益を失い保険契約が当然に失効したとすると，残りの保険期間について保険料は無駄となる（保険料返還請求の可能性は残る）。他方譲受人は，新たに保険契約を締結する必要性がでてくる。それでは，自動車を誰かに譲渡した場合，あるいは下取りに出して新車に買い換えた場合には

どうか。今の自動車を下取りに出して新車を新しく買おうと考えた人は，新車を買うときにまた自動車保険に新しく加入しなければならないとしたら，それまでの自動車の残りの保険期間分，あるいは継続していた無事故割引の特典を無駄にして新たなスタートを切らなければならないのか。保険法成立前の改正前商法では，保険の目的物の譲渡による保険関係の帰趨についての規定を設けていたが（旧商650），そのような関係は契約当事者の意思に任せることが妥当であるとし，保険法はかかる旨の規定を設けていない（⇨118頁）。

約款規定 新車を購入する者に，以上のような不利益を甘んじて受け入れる意思があったとは考えられない。そこで約款は，被保険自動車が譲渡された場合であっても約款に基づく権利義務関係は譲受人には移転しないが，保険契約者が当該契約の権利義務を被保険自動車の譲受人に譲渡する旨を書面で保険者に通知し承認を得た場合には権利義務が移転すること（TAP約款第4章4），そして，保険契約者が被保険自動車と同一の用途および車種の自動車を新たに取得した場合には，その事実を保険者に通知し承認を得た場合には当該契約がその新車（新規取得自動車）に継続して適用されることを規定する

フルフラット利用中の事故

　Aの運転するワゴン車はその走行中に事故を起こし，同車に搭乗中のBはその事故が原因で車外に飛ばされ死亡してしまった。そこで，Bの遺族はAの締結していた任意自動車保険の搭乗者傷害保険に基づく死亡保険金を保険者に請求したところ，保険者はそれを拒絶した。保険者の拒絶理由はつぎのようであった。搭乗者傷害保険の被保険者は「正規の乗車用構造装置のある場所に搭乗中の者」（当時のSAP搭乗者傷害条項1 I）であるところ，Bは被保険自動車の後部座席を倒し荷台として使用できる状態（フルフラット状態）にしたところに寝ころんでいた。その結果として事故により車外に飛ばされて死亡したのであって，座席をそのような状態にして乗車していたBは「正規の乗車用構造装置のある場所に搭乗中の者」にあたらない。この保険は，乗車用構造装置の本来の用法による使用中の者の傷害ないし死亡に対して保険金が支払われるものである。最高裁は，「正規の乗車用構造装置のある場所」とは乗車用構造装置がその本来の機能を果たし得る状態におかれている場所をいうと解し，座席を倒し荷台のようにした状態はそれに該当しないと判断して遺族の請求を棄却した（最判平7・5・30民集49・5・1406）。

　今後ますます自動車の改良は進み，快適なカーライフが期待できる。ただし，このような最高裁の厳格な約款解釈を貫くと，自動車改良の画期的展開に追いつかないことがあるかもしれない。なお，上記判決後に約款文言が「正規の乗車装置又は当該装置のある室内に」搭乗中の者を被保険者とする旨に改正されたが，これでも解釈問題は残るであろう。

(TAP約款第4章5Ⅰ。ただし，承認を得るまでの間に新規取得自動車に生じた事故による損害はてん補されない。同Ⅱ）。そこで，一般には，現在の被保険自動車を廃車に車を入れ替えた者がその新規取得自動車の自動車検査証にその所有者が記載された日（取得日）の翌日から30日以内に保険会社に対し入替承認請求を行ない，これを保険会社が承認した場合には，取得日から新規取得自動車が被保険自動車とみなされ以前の自動車保険契約が適用されることになる（TAP約款第4章5Ⅲ。⇨160頁）。

第4章　運送保険と海上保険

4・1　運送保険

4・1・1　運送保険とは

　企業や個人が，運送の目的物である運送品につき，運送に関する事故によって生ずる損害に備えて，この損害をてん補することを目的とする保険に加入することがある。このような保険を運送保険という。

　広義の運送保険は海上運送の運送品に関する貨物海上保険をも含むが，商法上，運送というときは陸上運送のみを意味する（商569）ので，通常，運送保険とは陸上運送保険のみを意味する。ただし，商法上，陸上運送は湖川港湾における運送をも含むものの（商569），保険の実際では，港湾における保険事故については海上保険で付保される。なお，商法でいう運送品（商669等）と運送保険の約款でいう貨物（運約1等）とは，ほぼ同じ意味である。

4・1・2　運送保険契約の内容

保険の目的物　運送保険の目的物は運送品（動産）に限られ，運送用具や旅客は自動車保険や生命保険ないし傷害保険等の対象となる。運送品である限り，運送人が自己の所有物を運送する場合のように，運送契約が締結されていない物品も運送保険の目的物とすることができる。

被保険利益　被保険利益には，運送品に関する所有利益の他に，運送品の到達地までの前払運送賃その他の費用（荷造費，通関料，保険料等）についての利益，特約がある場合には，運送品が目的地に到達することによって得ることのできる希望利益（目的地に無事に到達した運送品を売却したことによって得られる利潤）などがある。また，他人の物の保管者としての運送人の賠償

保険事故 　保険事故は運送に際して生ずる一切の事故（運送危険）である（運約1）。というのは，運送中，運送品は荷主の手を離れるので運送品に対して荷主が管理する方法がなく，損害が発生した場合に損害の原因の証明が難しいからである。ただし，保険約款では，免責事由が定められている（運約3～5）。

保険価額 　損害額算定の基準となる保険価額は，一般には，損害が生じた地および時における価額であるが（保険18Ⅰ），目的物が場所的に移動する運送保険では，損害の発生地および時点の特定が難しいことから，この価額を必ずしも正確に算定することができない。そこで，保険法上，保険契約の締結にあたり，保険価額について約定することとし，てん補損害額は，約定保険価額によって算定されることが可能である（保険18Ⅱ）。これに対して，実務では，通常，協定保険価額が採用され，これを協定しなかったときは，保険価額は保険金額と同額とされる（運約6）。

保険期間 　保険期間は，原則として，運送人が運送品を受け取った時から，荷受人に引き渡す時までである。ただし，約款では，保険者の責任の終期につき，たとえ貨物が運送人から荷受人等に引き渡される前であっても，貨物を積載した輸送用具が保険証券記載の仕向地（目的地）における荷受人の指定した保管場所に到着した後は，保険者の責任は輸送用具が到着した日の翌日の正午をもって終了すると定められている（運約7但書）。

4・1・3　危険の増加について約款では

　保険法では，保険期間中に保険の目的物に生じた危険の増加は，保険契約の効力に影響するのが原則である（保険29参照）。これに対して，約款では，①運送経路の変更，②保険証券に記載された輸送用具以外への貨物の積込みまたは積替え，③輸送の開始または遂行のいちじるしい遅延，④輸送用具の法令違反の目的による使用などがなされた場合には，保険契約者，被保険者またはこれらの者の代理人もしくは使用人はこの事実を知ったときは，遅滞なくその旨を保険会社に通知し，承諾を得なければならず，保険契約者等が故意または重過

失によってこれらの事実を知りながら保険会社に通知しなかったとき，または通知しても保険会社が承諾しなかったときは，これらの事実があった時以後に生じた損害はてん補されないと定められている（運約8）。

4・1・4　運送保険契約の効果

保険証券交付義務　保険者は，損害保険契約を締結したときは，遅滞なく，保険契約者に対し，保険証券（書面）を交付する義務を負う（保険6）。運送保険の保険証券には，損害保険証券一般の記載事項（保険6）が妥当するが，保険法は，運送保険に固有の記載事項を定めていない。

損害てん補義務　運送保険の保険事故は運送に関する一切の事故であり，保険者は，このような事故によって生じた損害についててん補する義務を負う。約款は損害の程度を全損および分損としている。全損とは，①貨物が滅失またはこれに類する大損害を受けたとき，②被保険者が貨物を滅失して回収の見込みがないとき，③運送品を保険証券記載の仕向地へ輸送する方法がなくなったとき，④損害防止費用等の見積額の合計額が，貨物が仕向地に到着したならば有するであろう価額を超えるとき，⑤運送用具の行方が最後の消息のあった日から起算して30日間不明である場合（推定全損）をいい（運約17），これらに該当しない損害が分損となる。

貨物の損害額の算定につき，約款では，損傷を被らないで到着したならば有したであろう価額（正品市価）と損傷した状態で有する価額（損品市価）との差額と正品市価との割合を保険価額に乗じた額とする（運約21）。

$$損害額＝保険価額またはその割当額 \times \frac{正品市価－損品市価}{正品市価}$$

貨物の全部または一部が不可抗力によって滅失したことにより，荷送人等運送人に支払う必要のなくなった運送賃（商576参照）その他の費用は，保険金から控除される（運約22）。保険者のてん補責任額は，1回の保険事故ごとに保険金額を限度とする（運約23）。これを保険金額自動復元主義という。したがって，保険期間中に複数の保険事故が発生した場合には，損害てん補額の総合計額が

保険金額を超えることもある。しかし，貨物が損害を被り，これを修繕または手直ししない状態において，さらに他の保険事故によって損害を被った場合には，保険者のてん補責任は保険期間中を通算して保険金額を限度とする（運約23）。

<u>保険代位</u>　運送保険においても残存物代位（保険24，運約18）がなされる。株券を運送保険に付した場合，保険の目的物は株主権の化体した証券であり，保険者は，株主たる被保険者に対し全損として株式の時価相当の保険金の全額を支払ったときは，株券とともにそれが表章する株主権を残存物代位により取得するとした下級審裁判例（大阪地判昭38・2・19下民集14・2・219）がある。また，請求権代位（保険25，運約19）については，保険利益享受約款が問題となる。

<u>保険委付</u>　湖川運送の運送品もまた保険に付されるので，保険委付が認められるが，約款ではこれを認めていない（運約17）。

<u>予定保険</u>　契約内容がすべて確定している保険を確定保険というのに対し，保険証券の記載事項のうち，ある事項を未確定のままで成立する保険を予定保険という。

4・2　海 上 保 険

4・2・1　海上保険とは

航海に関する事故によって生ずることあるべき損害をてん補することを目的とする保険契約を海上保険契約という（商815）。航海に関する事故とは，船舶の海上航行によって生ずる一切の事故をいう（大判大2・12・20民録19・1036）。このように，保険者が包括的にてん補責任を負うとする方式を包括責任主義という。約款では，保険事故として，船舶の沈没，転覆，座礁，座州，火災，衝突などの海上危険（船約1），貨物の火災，爆発，輸送用具の衝突・転覆・脱線・墜落・不時着・沈没・座礁・座州など（貨物海上保険普通保険約款1）を例示し，また，航海に付随する陸上危険（修繕または改造のため造船所に入渠中の危険等）を特約でてん補の対象とすることができる（船約1）。

海上保険には被保険利益の違いにより、船舶保険、PI保険および貨物海上保険がある。

4・2・2 船舶保険とは

意義と保険約款　船舶保険は、船舶所有者（船主）や定期傭船者（船長以下船員が配乗し、必要な属具が整えられた他人所有の船舶を一定期間借り受ける内容の契約に基づき運送を行う者）あるいは船舶賃借人（賃貸借契約において船舶だけを借り受け、船舶の利用に関しみずから船長を選任監督して運送を行う者。裸傭船者ともいう。商703, 704）の船舶に対する被保険利益を対象とした保険であり、実際、約款によって取引されている。世界的な標準約款は、ロンドン保険業者協会（Institute of London Underwriters）によるNew Institute Time Clause — Hulls（I. T. C.=Hulls 新協会期間約款−船舶）である。わが国では、日本船舶保険連盟が作成した船舶保険普通保険約款（保険契約の一般原則を定めたもの）と船舶保険特別約款（保険者のてん補範囲に関する具体的条件を定めたもの）が、重要な機能を果たしている。

保険の目的物　船舶保険は船舶を保険の目的物とするが、航海船であれば、クレーン船、浚渫船、船台にキールを据え付けた建造中の船舶なども保険の対象となる。ここでいう船舶とは、約款によると、船体・機関の他、被保険者が所有または賃借し、かつ、船舶に存在する属具（商685）・備品、燃料・食料その他の消耗品等で、船舶の使用目的に供するすべての物をいう（船約2）。

被保険利益と保険価額　被保険利益には所有者利益の他に、経済的損失（船費保険・船舶不稼働損失保険等）、損害賠償責任（船客傷害賠償責任保険等）も含まれる。また、定期傭船者や船舶賃借人も被保険者となりうる。

保険価額について、航海中に発生した事故の場合には、事故発生時の価額の判定が難しいので、商法は保険者の責任開始時の価額としているが（商818）、実際には、協定保険価額を保険価額として引き受けられているのが通例である（船約18）。

保険期間　保険期間については，航海保険および期間保険がある。航海保険の保険期間につき，商法は，保険者の責任が荷物または底荷の船積に着手したときに始まり，到達港においてその陸揚が終了するときに終わると定めており（商821），約款は，この点をより具体的に定める（船約10）。また，約款は，期間保険について，船舶の航海中，または損害が発生したが保険者の責任の有無が未確定の間に保険期間が満了する場合には，一定の期間，契約を延長できる旨を定めている（船約10）。

保険金の支払い　保険者は，保険期間中，船舶が航海に関する事故によって生じた一切の損害をてん補する義務を負う（商816，船舶1）。したがって，内水航行中（商569参照）または停泊中に生じた損害も，主たる航海に付随したものである限りてん補される。

　免責事由については，特約がない限り，商法829条が適用される（法定免責事由）。商法829条は戦争危険等を免責事由としていないのに対して，約款は，戦争・内乱その他の変乱などを含め，免責事由を広く定めている（船約11）。また，商法では，船舶の不堪航（商738条，国際海運5参照）によって生じた損害はてん補されないが（商829），約款では，被保険者が相当の注意を払ったにもかかわらず不堪航の状態が生じた場合には，保険者は責任を負担するとしている（船約13本文但）。

　危険の変動などの事由が生じた場合，約款は，保険者はそれ以後生じた損害をてん補する責任を負わないとしている。これを爾後免責事由という。これには，①船舶が官庁または船級協会等の検査を受けなかった場合，②船舶の船級変更または船級登録の抹消があった場合，③期間保険における航路走限外航行（船舶の航行区域外の航行）があった場合などがある（船約14）。

　保険者がてん補する損害は航海により生ずる一切の損害であり（商816），保険事故との間に相当因果関係のある損害に限られる（直接損害）。ただし，少額の損害費用は，たとえ直接損害であっても計算のための費用と手続を省くため，てん補されない（小損害不てん補。商830）。これに対して，共同海損分担額は間接であるが例外的にてん補される（商817）。

　実務上，損害のてん補範囲は，普通保険約款の定義に従って，特別保険約款

に示されている。船舶保険第5種特別約款1条によれば，保険者のてん補責任の範囲はつぎのようである。

① 全損　　海上損害は全損と分損とに分かれ，全損には現実全損と推定全損とがある。現実全損とは，被保険船舶が滅失したとき，またはいちじるしい損傷を被り修繕不能な場合をいう（船約3）。推定全損として被保険船舶の行方が一定の期間（60日）不明の場合，被保険船舶を占有または使用することが不可能な状態が一定の期間（180日）継続した場合などを定めている（船約3）。

② 修繕費　　被保険船舶が被った損傷をその損傷発生直前の状態に復旧するために必要な妥当な費用をいう（船約4）。

③ 共同海損分担額　　保険者は，被保険者が共同海損（商788）の分担義務負担する場合に支払うべき共同海損分担額（商789）についてもてん補責任を負う（商817）。共同海損分担額の定義につき，約款では，保険契約者または被保険者が選任した精算人により，運送契約に定められた法令もしくは規則に従って，または運送契約に別段の定めがないときは，日本の法令または1974年ヨーク・アントワープ規則に従って作成された共同海損清算書によって被保険船舶が分担すべき額をいうとされている（船約5）。

④ 衝突損害賠償金　　被保険船舶が他船に衝突したため他船または他船上の運送品に生じた損害に関する賠償金もてん補される（船約6）。

⑤ 損害防止費用　　保険契約者または被保険者が，損害防止義務または第三者に対する請求権の行使もしくは保全の義務を遂行するために必要または有益な費用，および保険契約に関する賠償請求に関する訴訟費用または仲裁費用がこれにあたる（船約7）。

4・2・3　PI保険とは

意　義　　船舶の運航によって生ずる賠償責任のうち，船舶所有者または船舶運航者としての第三者に対する船主責任および船員に対する雇主としての責任（Protection risk）と，海上運送人としての荷主に対する責任（Indemnity risk）とを引き受ける保険をPI保険（Protection and Indemnity Insurance）という。PI保険は，通常，PIクラブという非営利の船主相互保険組合が引き受ける。わが国では，日本船主責任相互保険組合（PIA Japan）が唯一のPIクラブとして定款（ルールブック）に基づき運営されている。

てん補範囲 　てん補範囲は限定され，これを超える危険は特約で引き受けられる。てん補範囲は原則的に船舶保険のてん補範囲とは重ならず，船主責任法制度の変化に伴い変更される。日本船主責任相互保険組合の定款は，てん補範囲につき，第三者に対する責任，曳船契約またはクレーン等の荷役用具の使用契約による責任，加入船舶上の船員または旅客等に関する責任または費用，加入船舶上の財物に関する責任，水質汚濁過怠金，責任防衛のための費用等を定めている。

4・2・4　貨物海上保険とは

意義と保険約款 　海上運送される運送品の輸送中に生ずる損害のてん補を目的とする保険契約を貨物海上保険契約という。貨物海上保険は，沿岸輸送貨物を対象とする内航貨物海上保険と，貿易貨物を対象とする外航貨物海上保険とに大別される。前者では商法に準拠した和文の保険証券と保険約款が使用されるのに対して（貨物海上保険普通保険約款26），後者では，イギリスの海上保険法および慣習に準拠した英文の保険証券と保険約款が使用されるのが通例である。

外航貨物海上保険 　外航貨物海上保険の英文保険証券と保険約款は，ロンドン保険業協会の作成したロイズSG証券（Lloyd's S. G. Policy）に準拠した約款を本文とし，これを協会貨物約款（Institute Cargo Clause：ICC），協会戦争約款，協会ストライキ約款などで変更または補充する形式をとる書式（旧書式）と新協会貨物約款の書式（新書式）とが広く利用されている。

予定保険 　貨物海上保険において，契約の締結時に保険契約の内容について具体的細目を確定できない場合，契約内容の細目の一部を未確定とした保険契約を締結することがある。これを予定保険（Open Policy）という。商法は船名未確定の予定保険のみを定める（商828）。予定保険には，船積または輸送の度に申込みを行なう個別予定保険契約と，一定期間内（通常1年）ま

たは無期限に取り扱うすべての貨物を包括的に引き受ける包括予定保険契約がある。予定保険においても，保険期間の開始と同時に保険者の責任が開始する。

4・2・5 海上保険における全損の証明

保険委付　海上保険では，全損発生の事実の証明が困難ないし不可能な場合があり，損害の算定などにも多大の費用と日時を要する。そこで，商法は，保険の目的物が全損したと同視することができる場合には，たとえその全損が確定的でなくともその蓋然性が十分であれば，法律上これを全損と同一視して，被保険者に保険金額の全額を請求させるとともに，被保険者が保険の目的物につき有する権利を保険者に移転させるという保険委付を定めている（商833以下）。しかし，沈没などの場合には，保険の目的物に関する権利には財産的価値のないことが多く，商法典と保険約款および実務との乖離も大きいので，内航貨物海上保険約款および船舶保険約款は，委付を廃止し，権利移転のないまま被保険者が全損として保険金の支払いを請求できる全損規定を定めている（船約3，貨物海上保険普通保険約款17）。

委付の要件　商法833条は，被保険者が委付できる場合（委付事由）を列挙している。被保険者が，委付をするにあたり，一定の時から3か月以内に保険者に対して委付の通知をしなければならず（商836），委付は期限や条件を付けてはならず，保険の目的物全部について行うことを要する（商837）。被保険者は保険の目的物に関する他の保険契約ならびにその負担に属する債務の有無および種類を通知することを要し，保険者はこの通知を受けるまで保険金を支払うことを要しない（商840）。

委付の効果　委付は被保険者の一方的意思表示によって効力を生じ，保険者の承諾を要しない（商836）。保険者は，委付の成立について異議を申し立て得るが，委付を承認した後は委付に対して異議を唱えることはできない（商838）。委付の原因が存在し，被保険者が委付の申立をしたときは，被保険者は委付の原因を証明せずに保険金額の支払いを受ける権利を取得し（商841条），保険者は被保険者が保険の目的物につき有する一切の権利を取得する（商839）。

第5章 再保険

5・1 再保険の意義・構造・機能

意義　再保険とは，保険者が自己の負担する保険責任の一部または全部を，他の保険者に移転・転嫁して，この者に負担させる経済システムをいう。つまり，再保険は保険の保険であるといえる。

構造　再保険を引き受けることを「受再する」，再保険に付することを「出再する」といい，受再する保険者を再保険者（受再者），出再する保険者を元受保険者（出再者・被再保険者）という。元受保険者は再保険者との間で再保険契約を締結し，再保険者に対して再保険料を支払うことにより，元受保険契約上負担している保険責任の一部または全部を再保険者に移転・転嫁して，再保険者に負担させることになる。

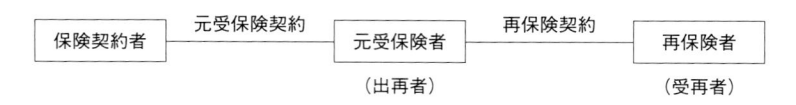

保険契約者	元受保険契約	元受保険者	再保険契約	再保険者
		（出再者）		（受再者）

機能　保険は大数の法則を基礎とする経済システムである。それゆえに，保険経営を安定させるためには，危険をできる限り数多く集めることによって大数の法則をはたらかせ，危険の同質化と危険の分散化を図ることが必要となる。すなわち，保険者は危険を抱える経済主体を数多く集め，さらに，通常の予測を上回る規模の損害が発生した場合に自分が負担すべき責任額を一定限度に抑制したり，一定期間における責任額の幅の抑制を図る。また，大規模な地震や台風などの災害により巨大な損害が発生した場合には，保険者は，負担しうる額以上の保険金を支払わなければならない状況になることから，このような異常な損害発生時における保険金支払負担の軽減を図らなければな

らない。とりわけ企業保険の分野では、ひとりの保険者で負担するには過大な保険金額の契約が存在することがある。このような保険契約の申込みを受けた場合、保険者は申込みを拒絶するか、他の複数の保険者と共同して引き受けるか（共同保険）、自己の負担能力を超えて引き受けるかという選択を迫られる。このうち3つめの選択を行った場合、保険者は自己の引受能力を補完する手段を講ずる必要がある（危険の分散化）。そこで、以上のような諸状況に対応するために、ある保険者が引き受けた危険を他の保険者に移転・転嫁する機能を果たすシステムとして再保険が構築されている。これにより、元受保険者が引き受けた危険を再保険者に移転・転嫁させ、さらに再保険者が他の保険者（再々保険者）に再々保険を付すというシステムが可能となり、それぞれの危険が広く分散され、リスク・ヘッジが行われている。

引受主体 巨大危険は世界中に張りめぐらされた再保険網を通じて、分散されている。再保険の引受主体は、再保険の引受けを専業とする再保険専門会社、ロイズ、元受保険会社に大別される。元受保険会社の多くは、再保険の引受けを専門とする部門をもち、再保険料を収受することにより、他の保険者が引き受けた元受保険を受再している。生命保険会社の中には、再保険者として元受生命保険を受再するものもある。

5・2 再保険の種類

任意再保険と特約再保険 元受保険者が元受保険を引き受けたとき、再保険を必要とすると考えた場合、その都度（契約ごとに）、任意に他の保険者に対して出再する再保険を任意再保険という。手続き上煩雑なことから、つぎの特約再保険で処理されているが、巨大リスクや特殊リスクへの対応において重要な役割を果たしている。これに対して、事前に当事者間で締結された特約に従って再保険の申込み・引受けが義務付けられている再保険を特約再保険（義務再保険）といい、再保険取引の主流となっている。

比例割合再保険と非比例割合再保険 再保険を出再保険者と受再保険者の責任分担額の算出方法の違いで分類すれば、比例割合再保険と非比例割合再

保険とに分かれる。

　比例割合再保険は，さらに，比例再保険（クォータ・シェア特約再保険）と超過額再保険（サープラス特約再保険）とに分かれる。比例再保険は，この再保険特約の対象たる全元受保険契約について，あらかじめ約定した一定割合につき必ず出再し，これを引受ける義務を元受保険者ならびに再保険者が負担する保険である。超過額再保険は，元受保険者はあらかじめ約定した額を超えた部分についてのみ再保険によって危険を分散する保険である。この場合，比例再保険とは異なり，元受契約のあくまでも一部であって保険料が元受保険者から流出する額も少なく，危険の負担を平均化し，元受保険者に有利である。

　非比例割合再保険は，さらに，超過損害額再保険と超過損害率再保険とに分かれる。前者は，損害額を基礎にして一定金額を超過する損害を再保険でカバーするものであるのに対して，後者は，保有を損害率（出再保険者の収入保険料に対する損害額の割合）に応じて定める方式で，損害率が一定の割合を超過した場合，一定限度までその超過部分を再保険でカバーするものである。

再保険プール　プール加盟保険者間の特殊な再保険として，再保険プールがある。複数の保険者が特定の保険の目的物につき，料率および条件を協定しておき，元受保険契約を共同計算（プール）して，それをあらかじめ取り決めていた配分割合に応じて，あるいは，加盟保険者がプールに出再保した契約料などに応じて，それぞれ負担配分させるものである。ただし，保険価額が加盟保険会社の保有限度額を超過した場合，プールの目的を果たそうとすれば，再保険者をプール外に求めなければならない。なお，プールで利用される契約形態は，比例再保険または超過額再保険である。

5・3　再保険の法的局面

法的性質　再保険では，損害保険の再保険であれ，生命保険の再保険であれ，元受保険者が元受保険の保険金受領者（モノ保険の被保険者またはヒト保険の保険金受取人）に対し保険金の給付等を保険事故として，再保険者から元受保険者に再保険金が支払われる。そして，再保険契約の内容は元受保険者

について，元受保険の被保険者に対する保険金等の支払責任による損害をてん補することを目的とする損害保険（責任保険）であると解されており（通説），判例（東京控判昭14・6・17新聞4447・3）もこれを肯定している。

法源　再保険契約の当事者（元受保険者・再保険者）の法律関係は，保険法上，再保険契約の一般規定がなく，再保険契約は責任保険契約と解されるものの，責任保険契約に関する一般規定も存在しないことから，当事者間の合意に委ねられる。すなわち，再保険契約においては，その内容は，成文法や判例法に違反していない，公序良俗に反しない（民90），保険業法に定められる保険業の範囲を逸脱しない限りにおいて，契約当事者の合意による。

再保険において引き受けられる元受保険は，火災保険や自動車保険等のモノ保険であれ，生命保険や傷害保険等のヒト保険であるとを問わない。そして，再保険者として，再保険専門会社，ロイズ，（元受）損害保険会社等の他に，生命保険会社が再保険を引き受けているが，受再する生命保険会社は損害保険である再保険を引き受けることになり，保険業法上の兼営の禁止規定に反する（保険業3Ⅲ）。そこで，かかる事態に対応するために，保険業法は，生命保険業免許を付与するにあたり，生命保険の固有分野である「人の生存または死亡の保険」および「第三分野の保険（傷害，疾病，介護）」の引受けの他に，「損害保険のうち，人の生存または死亡，第三分野の保険の再保険」の引受けを認めている（保険業3Ⅳ）。

5・4　再保険契約締結の効果

再保険契約の締結　再保険者は，再保険契約の締結にあたり，元受保険者が引き受けた危険のチェックをほとんど行うことができないことから，元受保険者は再保険者からより強い善意性が求められ，すべての事実を明らかにする告知義務（保険4）を履行しなければならない。そして，当事者は「再保険特約書／協約書」を作成し，それに基づいて契約を遂行する。これはまさしく元受保険契約の約款にあたる。再保険特約書の解釈については，当事者間に特段の合意が存在しない限り，損害保険契約の一般原則（保険3〜

36）および責任保険契約の解釈原則による。ただし，再保険契約の当事者は保険の専門家であることから，元受保険契約についてみられるように，契約に関する当事者間の情報の非対称性に伴う特別な配慮等をする必要はなく，消費者契約法等の消費者保護を対象とする法律は適用されない。

元受保険者の義務　元受保険者は，再保険契約が成立すると，その契約者として，再保険料の保険料を支払うとともに，保険法上，各種の義務（危険増加の通知義務（保険29参照），損害防止義務（保険13），損害発生の通知義務（保険14）等）を負う。

再保険者の義務　再保険者は，再保険契約に基づき，元受保険者に対して再保険金を支払う義務を負う。再保険契約は責任保険契約と解されることから，再保険者の再保険金支払義務の発生時期について，元受保険金の支払時と解する見解もあるが，元受保険者が元受被保険者から保険金支払請求がなされ，元受保険者の債務が確定したときに再保険金支払義務が生じるとする見解が有力であり，判例もこの立場をとる（東京控判明43・12・10新聞698・23）。

元受保険契約と再保険契約との関係　元受保険契約と再保険契約とは理論的に切断され，法律上，互いに独立した別個の保険契約であると解され，再保険契約に責任保険契約の一般的な解釈原則がそのままあてはまるわけではない。それゆえに，まず，一方の契約関係において生じる法律関係の変更は他方の契約に影響しない。すなわち，元受保険者は，元受保険契約の契約者の保険料の不払いを理由として，再保険料の支払いを拒否できないし，再保険金の不払いを理由として，元受保険契約の保険金受領者に対して元受保険金の支払いを拒否できない。つぎに，責任保険契約は一般的に被害者保護を優先した解釈基準によるが，元受保険契約の被保険者は再保険者に対する直接請求権を持たない。ただ，元受保険者が保険金の支払を怠った場合，元受保険契約の保険金受領者は，再保険者に対して元受保険者が取得した再保険金請求権を差し押さえたり，代位行使することができる（民423）。

代位権の行使　元受保険契約が損害保険契約の場合，元受保険者は元受保険契約の被保険者に対してその損害をてん補したとき，被保険

者が有責第三者に対して有する損害賠償請求権を取得するが（保険25条），さらに，再保険者が元受保険者に再保険金を支払えば，その額を限度として，当該請求権は再保険者が代位取得する。ただし，裁判所は，改正前商法662条（保険25）が再保険関係にも適用されることと前提としつつ，元受保険契約の保険金を支払った元受保険者は，再保険金を受領した場合にも，元受保険金の支払いによって代位取得した損害賠償請求権の全額につき，なお，自己の名において，自己および再保険者のために，これを行使する旨の商慣習法が存在するとして，再保険業界における慣行に法的効力を認めている（大判昭15・2・21民集19・4・273）。

第 ④ 編

生命保険契約

第1章 総　　説

1・1　生命保険契約とは

1・1・1　生命保険契約はどのように利用されるか

　たとえば，家族の生活を経済的に支える大黒柱が，疾病あるいは突然の事故により死亡した場合，その後，残された者（遺族）の経済的生活はどうなってしまうのであろうか。それまで月々の収入からコツコツと貯めた貯金を切り崩し，また他の者がこれから新しい職を探し新たな柱となってこの難局を乗り切っていかなければならない。めでたく定年を迎えた人が，その後の生活費をどのようにして確保するのだろうか。そのような事態が訪れたときの対処方法として，貯金あるいは退職金で十分であろうか。このような出来事が身に降りかかってきたときに，一時的にせよまとまった資金があればうれしい。そのために利用されるのが生命保険というシステムである。

　そこで，生命保険の第1の機能は，遺族あるいは老後の生活保障にあるということができる。さらに，5年や10年でいわゆる満期金の取得を期待する場合，すなわち，貯蓄機能に注目することが多いようである。あるいは，人生の節目節目（たとえば，子供の進学，マイホームの購入，などなど）で必要な資金を確保するためにも生命保険契約が利用される場合もある。

　生命保険は，以上のようなヒトの死亡による経済的打撃または生きていくうえでの経済的不安をいくらかでも軽減するための経済的システムであり，生命保険契約はそのシステムの中で保険者と保険契約者との間を一個の法的関係として捉えるものである（生命保険契約も保険法の規定とともに約款条項の理解が重要である。本節において約款の指摘は，N生命保険の「有配当終身保険（H11）普通保険約款」（以下，有配当終身約款）を指す）。

1・1・2　生命保険契約は損害保険契約とどこが違うか

定額給付契約　　保険法はその2条8号において，生命保険契約を「保険契約のうち，保険者が人の生存又は死亡に関し一定の保険給付を行うことを約するもの（傷害疾病定額保険契約に該当するものを除く。）」と定義している。そこで，損害保険契約についての定義規定である同6号と比較すると，保険者の約束が損害保険契約の場合には「損害をてん補すること」であるのに対し，生命保険契約の場合には「一定の保険給付」であることが分かる。しかもそれは金銭の支払いに限られる（保険2①）。生命保険契約が定額給付契約であるといわれる所以である。定額給付契約であることそれだけに注目すると，一定の金銭の給付を内容とする他の一般契約と変わりないことになる。それでも，その一定額や契約者の負担する額の決定に際しては，多数の者の生死をひとつの団体として計算される保険事故の発生率をもとにする点で，定額給付契約といえども生命保険契約は保険システムを基礎とする点に特徴がある。

生命保険契約と被保険利益　　以上のように定額給付契約であるとの理解に基づく限り，生命保険契約に基づき支払われる金額は理論的には契約当事者間で自由に決定され，保険事故，すなわちある人の生死という偶然の出来事によりある人（あるいは関係者）に発生するかもしれない経済的損失の評価は，保険者が給付する額の決定の際は問題とならない。さらに保険金が支払われる者，

生命保険金は賠償額から控除されるのか

AさんがYの運転する車にはねられ死亡したので，Aさんの遺族Xは，Yに対し不法行為（民709）に基づき8,000万円の損害賠償請求を行なった。ところで，Aさんは生命保険に加入していたため，Xはその死亡保険金として保険会社から5,000万円受け取っている。そこで，Yとしては，Aさんの死亡によりXは保険会社から5,000万円受け取っているのだから，賠償額は差し引き（損益相殺）3,000万円でいいじゃないかと主張した。すなわち，遺族として被った8,000万円の損害のうち5,000万円は保険金として受け取っているのでXに対しては残りの3,000万円についてのみYは賠償すればよいと考えたわけだ。

このようなYの主張は認められるだろうか。Xの立場からすると，保険会社から5,000万円そしてYから8,000万円，あわせて1億3,000万円を取得することができる。Xとしては，Aと保険会社の契約に基づき定額給付の保険金5,000万円を得たのであって，そのことをYが自分の都合の良いように利用して，賠償しなければならない額から控除することができるいわれはないのである（最判昭39・9・25民集18・7・1528）。

保険金を請求できる者は誰であるかも生命保険契約の有効性を左右しない。その点で，生命保険契約は損害保険契約の場合と異なり，いわゆる被保険利益の存在そしてその評価は問題とならない。

　そうだとすると，ある者の生死により何らの経済的影響も受けない者でも保険給付を得ることができることをどのように説明するか。また，生命保険が悪用されることもそこに原因があるように思われる。もちろん，後で述べるように保険法や約款もそれなりに対処している。さらに一歩進んで，被保険利益を保険契約がギャンブルのような不労利得を得るために利用されることを防止する，または賭博契約と峻別するために認められる概念と理解するならば，生命保険においてそれを用いる（要素とする）ことが考えられる。損害保険契約にみられたように経済的に評価可能な利益という意味ではなくて，保険給付を受け取る者として正当な者は誰かを決定する基準として使えないだろうか（⇨241頁）。

1・2　生命保険契約を構成するもの

1・2・1　生命保険契約の当事者，そして関係者

保険者・保険契約者　生命保険契約の一方当事者として，ある者の生死（保険事故）に関し約定された保険給付，一定金額の支払義務を負う（約束する）者を保険者という（保険2②）。保険者は保険システムの中である者の生死という危険を引き受ける主体であり，生命保険相互会社または生命保険株式会社である（⇨32頁）。そして，生命保険契約の申込みを行い，通常，保険者に対して一定の事由の発生の可能性に応じたものと定義される保険料（保険2①）の支払義務を負う者が生命保険契約の他方当事者としての保険契約者である（保険2③）。それは自然人，法人を問わない。

被保険者　生命保険契約において，その保険事故，すなわち生存または死亡の客体となる者を被保険者という（保険2④ロ）。したがって，損害保険契約にいう被保険者（保険2④イ）とはその用語の使い方が異なるので注意を要する（⇨61頁）。保険契約者自身が被保険者となる場合を「自己の生命

の保険」といい，契約者以外の第三者を被保険者とする場合を「他人の生命の保険」という。

保険金受取人　保険給付を受ける者として生命保険契約で定められた者，すなわち保険者に対する保険金支払請求権を有する者として指定され，保険者が保険給付を行なう相手方として生命保険契約に固有の存在である保険金受取人がいる（保険2⑤）。そこで，保険金受取人を保険契約者以外の第三者とする場合を「第三者のためにする生命保険契約」といい（⇨243頁），契約者自身が受取人となる場合を「自己のためにする生命保険契約」という。

保険契約者＝被保険者：「自己の生命の保険契約」
保険契約者≠被保険者：「他人の生命の保険契約」
保険契約者＝保険金受取人：「自己のためにする生命保険契約」
保険契約者≠保険金受取人：「第三者のためにする生命保険契約」

生命保険募集人　保険者のために生命保険契約の締結の代理または媒介を行う者で，保険者と保険契約者（顧客）との間にあって，契約締結に至るプロセスの中で重要な存在がいる。それが生命保険募集人である（⇨42頁）。

1・2・2　生命保険契約のその他の要素は

保険事故　成立した生命保険契約に基づいて，保険者の保険給付義務を生じさせる一定の事由を保険事故という。保険法37条によると，生命保険契約における保険事故とは，被保険者の死亡または一定の時点における生存（生存しているということが事故）である（保険40Ⅰ⑤。支払保険金額の関係でいえば，約款では被保険者が死亡に至らない場合でも，死亡と同等に扱われる場合（高度障害状態）には死亡保険金と同額が支払われる。利益付終身約1）。生命保険契約も経済的な保険システムの中で合理的に運営されるものである限り，生命保険契約における保険事故も偶然の出来事でなければならない。ただし，その「偶然性」は，損害保険契約の場合とは多少異なる。被保険者の生存も死亡も契約成立時にはその発生が不確定な事実でなければならないが，死亡については，その発生の時期のみは不確定であるけれども発生自体は人間である限り必ず生ず

保険期間　保険事故が発生したとしても，保険者が保険給付義務を負うのは約定された期間内に保険事故が発生した場合である。この期間のことを保険期間（責任期間）というが（保険40Ⅰ⑥），約款では，その始期（責任開始期と一致）について，保険期間は第1回保険料の払込みの時から進行すると規定するのが通常である（有配当終身約款7。⇨74頁）。そこで保険期間は，たとえば保険料払込時から30年間，あるいは被保険者が死亡するまで（終身）と定められることになる。

保険料・保険金額　保険者の保険給付の対価として保険契約者が保険者に与える報酬（旧商673）であり，保険事故の発生の可能性に応じたものを保険料といい（保険2①，40Ⅰ⑧），生命保険契約において保険者が保険事故発生を条件として行うことを約束する保険給付としての一定金額のことを保険金という（保険2①，40Ⅰ⑦）。たとえば，保険事故発生時に受け取る

リビングニーズ特約（生前給付特約）

　被保険者の死亡を保険事故とする生命保険契約にあって，その発生自体が相当程度確実となった場合に，厳格な意味で死亡という保険事故が発生していない場合であっても，死亡保険金の一定割合が支払われる特約，すなわち，被保険者が余命6か月と判断された場合には，被保険者自身が指定された者が死亡保険金の一部を受け取ることができるリビングニーズ特約（生前給付特約）がある。受け取った保険金は，治療費に充当されることはもちろん，「お別れ会」を開いたり，家族旅行のために使われたり，いわゆる「ターミナルケア」として被保険者自身のために利用されているようである（特約といっても，別途保険料の負担が増すわけではない）。

　以上のようなリビングニーズ特約に加えて，アメリカでは1980年代半ばからそれ以上のニーズに応えて，生命保険を買取る会社（viatical company）が現れた。買取会社は，余命1年ないし2年と診断された末期症のガン患者，HIV患者の加入している生命保険を買取り，保険契約者そして保険金受取人の地位を承継する。買取会社は，受け取るであろう死亡保険金の額と支払う買取価格との差額を収益とし，売却した末期症患者は受取代金をその治療費に充てることを目的としている。アメリカ各州はそれぞれ，このような生命保険買取業を，適正な買取り価格で取引きされることを中心に規制を行っている。アメリカではHIV患者の数の急増や医療保険が強制加入ではないことがこのような買取業の発達の背景にあるようだが，わが国民族との死生観の違いも表しているのか。わが国では，このような買取会社については議論のあるところだが，法的には保険契約者の変更によって同様のニーズに対応する事例が現れた（東京高判平18・3・22判時1928・133）。

保険金の額が特別勘定の運用実勢に応じて変動する「変額生命保険」は，契約締結時に受取保険金の額の計算方法が客観的に定まっているという意味で定額なのである。(⇨14，230頁)。とくに法律上の制限があるわけではなく，保険金の額は契約両当事者が自由に設定できるけれども，その保険料は，生命保険も保険システムにより運営されているので，被保険者の死亡率，生存率に基づき合理的に計算される。

1・3 生命保険契約の種類

1・3・1 生命保険契約を分類すると

分類の一般的基準 現在，生命保険と呼ばれる保険商品は多種多様である。そこで，伝統的な分類の基準として保険事故と保険期間によるものがある。被保険者の死亡を保険事故とする「死亡保険」，そして一定時期の生存（たとえば，被保険者が65歳の時）を保険事故とする「生存保険」がある。そして，保険事故の発生の時期を一定期間に限定するもの（たとえば，契約締結から30年間）を「定期保険」，限定しない場合（被保険者が死亡するまで）を「終身保険」という。

さらに，一度に保険金の全額を受け取るものを「資金保険」，保険事故が発生したときから毎年一定額を受け取る場合を「年金保険」という。また，被保険者が一人の場合を「単生保険」，複数の場合を「連生保険」，そして特定の団体の構成員をすべて被保険者とする場合を「団体保険（団体扱い）」という。

特約 以上のような基本的な契約（主契約）に付加して，特定の保険事故が特定期間に発生した場合，特別の保険給付が約束される場合がある。それが特約である。たとえば，被保険者が不慮の事故（交通機関による事故，中毒，自然災害，殺人など）により死亡または高度障害状態に至った場合（災害割増特約），被保険者が不慮の事故により傷害を負った場合（傷害特約），被保険者が三大疾病（ガン，急性心筋梗塞，脳卒中）に罹患した場合（三大疾病特約），被保険者が疾病により入院または手術を受けた場合（入院手術特約），被保険者が成人病（悪性新生物，糖尿病，心疾患，高血圧性疾患，脳血管疾患）により入院また

は手術を受けた場合（成人病特約），などに一定の給付金が支払われるものである。これらは，特別の意思表示をもって付加される場合と，自動的にひとつの生命保険商品の中に組み込まれている場合（自動付帯）とがある。特約は主契約の存在を前提としているので，独立して締結できるものではなく，さらに主契約がいずれかの理由で消滅する場合には特約はもちろん消滅する。

1・3・2 実際に多く利用されている生命保険商品は

実際に最も多く利用されている（典型的な一般向け）生命保険は，一定時期の生存と終身にわたる死亡を保険事故とし，特定期間の死亡保険金を多くする（保障を厚くする）「生死混合定期特約付終身生命保険」（定期付終身保険）である。たとえば，配偶者そして子供のいる30歳の者が60歳を保険料払込満了時として自己を被保険者として生命保険契約を締結する場合がある。このような生命保険では被保険者が60歳までに死亡した場合には保険金受取人として指定した配偶者または子供が死亡保険金5,000万円を受け取り，60歳の時に生存していれば被保険者自身が生存保険金として500万円受け取るか，またはそれ以降に死

ハイリスク・ハイリターン商品

生命保険商品に何を期待するか。保険事故が発生した際に一定額の保険金を受け取ることができる，保険会社の堅実な商品設計と資産運用。それでも，保険会社ごとのがんばりで受け取る保険金あるいは解約返戻金の額が変わってもいいと思えば，いわゆる金融商品並の生命保険商品が望まれた。すなわち，払い込まれた保険料を一般勘定と区別した特別勘定として株式等の有価証券に投資し，その運用実績によって受け取ることができる保険金や解約返戻金が変動する「変額生命保険（Variable Life Insurance）・変額年金（Variable Annuity））」がそれである。したがって，保険契約者が払い込む保険料総額を，受け取る額が上回る場合もあれば，下回る場合もある（運用リスクを契約者が負う）。このような商品を生命保険といえるかどうか疑わしい部分もあるが（死亡保険金については最低保証はある），その仕組み，リスクの程度，あるいは他の金融商品との比較検討を行ない，覚悟して契約締結を行なわなければならない。とりわけ，このような保険商品の販売（募集）の際には，保険募集人の説明の内容・仕方によりトラブルとなることが多い（募集人が「ハイリターン」のみを強調した，あるいは相続税対策として有利であることを力説した変額生命保険にかかる判例は多数にのぼる。たとえば，大阪高判平7・2・28金法420・34，東京高判平8・1・30判時1580・111，東京高判平14・4・23判時1784・76。2001年から施行されている「消費者契約法」ならびに「金融商品の販売等に関する法律」に注意）。

亡した場合には保険金受取人が500万円の死亡保険金を受け取れるよう設計される。すなわち，被保険者が働き盛りで，とくに子供が成長期にあり扶養費，教育費その他の資金が必要なときに死亡した場合には，その遺族の経済生活を保障するため，また60歳以降の自分の生活資金を確保するために生命保険が活用されるのである。

　以上のような定期付終身保険がこれまで実際にも多く利用され，全生命保険契約件数の約4分の1を占めてきたが，最近は，家計（個人）保険は医療保険が全体の約18％，ガン保険が約17％，そして定期付終身保険が12％の構成比率になっている。いわゆる第三分野保険の需要増加は，何を意味しているのだろうか。

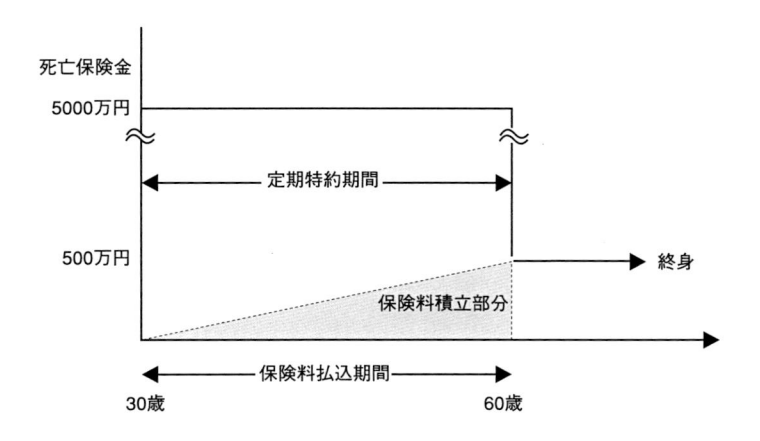

※被保険者が生存していれば，一時金として500万円もらうか（年金としても可），以降の被保険者死亡時に受取人が500万円もらうか

第2章　生命保険契約の成立

2・1　告知義務

2・1・1　告知義務を履行するには

告知義務者・告知の相手方　先に見たように、保険法37条では告知義務者を保険契約者または被保険者としている（なお、告知制度、告知義務の性質については、⇨64頁）。保険金受取人が第三者（他人）である場合、その者は告知義務を負わない。たとえば、幼い子を被保険者として親が生命保険契約を締結した場合、親たる者はその子供の健康状態については良く知っているはずである。また、保険契約者でも被保険者でもない保険金受取人は、保険事故の発生に関する情報にそれほど接近していると思われない。

告知義務の制度目的ないし趣旨から、被保険者に関する情報が必要なのは保険者であり、告知は保険者または保険者に代わり告知を受領する権限（告知受領権）を有する者に対してなされなければならない。かつて保険法が成立する前は、告知義務は保険契約者または被保険者が自発的に履行しなければならないとされていた（自発的告知）。しかし保険契約者側としては、保険者が知りたがっている事実が何であるか分からない。そして、生命保険契約の締結プロセスにおいては申込者はつねに受身である。通常は、募集人が差し出す質問表（告知書）に記入したり、保険者に委託された医師の問診に答える形で事が進む。そのようなプロセスの中で、契約者または被保険者は自分は告知義務を履行したという安堵感を覚える。実際に保険事故が発生したとき告知義務違反を理由として保険者に生命保険契約を解除されてしまう不利益を被る可能性のリスクを、契約締結段階で保険契約者側に負わせることは酷なので、保険法は、告知義務者の告知義務の履行については「保険者になる者が告知を求めたもの」に

ついて事実の告知を行えばよいものとした（質問応答義務）。

　それでは，生命保険募集人に対してなした告知は有効な告知か。すなわち，募集人は告知受領権を有するか。先に述べたように，生命保険募集人には契約を締結する権限，承諾する権限はなく，その限りで告知受領権を有しないといえそうである。しかしながら，保険契約者側の告知するという事実に関する利益を考慮すると，保険者に申込みを承諾するか否かが留保されている限り，告知受領権を認めることはできないだろうか。他方，いわゆる審査医が告知受領権を有することには争いがなく，告知義務者が審査医に対して告知すれば保険者に対する告知と同視される。その際，後で保険者が告知義務違反を問う場合に，審査医が重要事実を知っていたまたは過失によって知らなかったことは保険者の知ないし不知として保険者は解除権を行使できない。それは，審査医は保険者の目であり耳であるから（機関説），審査医は保険者がその者を信頼して委託したのだから審査医の知ないし不知を保険者のそれと同視するのが告知義務者との関係で衡平であるから（衡平説），または告知受領権が与えられているかどうかは保険者と審査医との間の問題（内部関係）であり，専門的知識を有する審査医にはその権限が与えられていると推定されるから（推定説），などと説明されている。

　告知事項　保険者が告知を求めたものが「告知事項」であり，その限りで告知義務者はその履行を行えばよいことになる。しかし，「告知事項」とされるのは保険事故の発生の可能性（危険）に関する重要な事項でなければならない（保険37）。このことは，保険者が告知を求めたものがすべて「告知事項」であるとはいえないことを意味する。そこで，ある事実が重要であるか否かは，その事実を保険者が知っていたならば申込みを拒絶したか，またはより高額の保険料を設定して承諾するであろうと客観的に認められる事実であり，特定の保険者，保険契約者ないし被保険者が主観的に重要であると考えた事実ではない。生命保険契約において「告知事項」となる事実には，たとえば，被保険者の年齢，被保険者の現在症ないし既往症（たとえば，結核性疾患，ガン，精神病），そして，被保険者の血族に遺伝性疾病があるか否かの事実があげられる。また，被保険者の職業のうちとくに危険度の高い職種（たとえば，花火職

人，潜水夫，プロレーサー，スタントマン）も「告知事項」である。

質問表（告知書）の効力 これまでも生命保険の実務では書面により告知を求めることが行われ，そのような書面を「質問表」あるいは「告知書」という。告知義務が質問応答義務となったことにより，この質問表の内容が問題となる。上述したように，保険者が質問したことの全てが「告知事項」として評価されるのではないのだから，質問表のある質問事項に告知義務者が答えなかった，あるいは不実の告知を行ったとしても，必ず保険者に解除権が認められるものではない。だからといって，保険者が重要性を伴った事項以外のことを質問してはならない，とリジットに考える必要はないであろう。

2・1・2 保険者承諾前に被保険者が死亡してしまったら（承諾前死亡）

保険契約者になる者が申込みを行なったとしても，保険者の承諾がなければ生命保険契約は成立しない。すなわち，契約は成立していないのだから両者間にいずれの権利ないし義務も発生していない。そうだとすると，申込みがなされて保険者が承諾する前に保険事故が発生しても，保険者は保険給付義務を負うことはない（承諾義務否定説）。

私たちの一般的感覚として，申込者が申込書を整え，質問表に誠実に対応し，そして第1回保険料相当額を添えて申込みを行ったら，これできっと生命保険契約は成立したと考えるのではないだろうか。そのような期待は保護に値しないだろうか。そこで，申込みがなされた時点で即時に契約を成立させるような，すなわち保険者に承諾があったとする，または保険者に承諾義務を認めるよう

責任開始条項・責任遡及条項

① 責任開始条項
保険料の前払い（保険者の保険料収入）を確保するため，保険者の責任を第1回保険料相当額支払いの時から開始させるものが責任開始条項である。保険者が承諾して契約が成立したとしても，第1回保険料の支払いがあるまでは保険者の責任（保険金支払義務）は発生しない。

② 責任遡及条項
保険者が承諾する前（契約成立前）に第1回保険料相当額が支払われ（保険者が受領し），後に保険者が承諾した場合には（契約成立），保険者の責任は第1回保険料支払いの時に遡って開始させるものである。したがって，契約成立前に保険事故が発生した場合には，保険者は保険金支払義務を負う。

第2章 生命保険契約の成立

【○△生命提出用】告知書（被保険者用）

必ず被保険者さまご本人がご記入ください。

※被保険者さまが満15歳未満の場合は親権者または後見人全員の合意のうえ、その代表者の方がご記入いただくこともできます。

生命 御中

告知書記載事項を貴社が各種保険契約の引き受け・継続・維持管理、保険金・給付金等の支払い、商品・サービスの充実を目的に取得、利用することに同意します。また、下記の各項についての告知は、事前に「告知書ご記入の前にご確認いただきたい事項」を確認した上で、私がみずから記載したものであり事実に相違ありません。なお、下記の各項に対する回答や記入すべき内容について、貴社の職員・募集代理店担当者から正しくない回答や記入の依頼・誘導を受けていません。また、提出した告知書については貴社に帰属し返却されないことに同意します。

お客さまにご確認いただきたいこと

被保険者さまの健康状態・医療に関する情報は、保険業法施行規則により、利用目的が限定されています。当社では、同意いただいた利用目的の範囲内で取得、利用させていただくとともに、適正な取得・管理をいたします。

告知日	平成 年 月 日
被保険者（こどもが16歳未満のときは契約者）フリガナ	性別 男 女
生年月日	大正・昭和・平成 年 月 日
職業（勤務先名称・業種）	（仕事の具体的内容）

※被保険者さまが満15歳未満の場合は親権者または後見人全員の合意のうえ、その代表者の方が署名・被保険者との続柄をご記入ください。

親権者・後見人	被保険者との続柄

▼ 各項目の質問について、1つでも「はい」となる場合は"はい"に、すべて「いいえ」となる場合は"いいえ"に、必ずご自身で○をしてください。
各項目で「はい」に○をされた場合は、その内容を右の「詳細記入欄」にご記入ください。

	質問	はい/いいえ	詳細記入欄1	詳細記入欄2
1	最近3か月以内に、医師の診察・検査・治療・投薬をうけましたか。	はい いいえ	■病気やけがの名前（不明の場合は症状）・検査結果	
2	最近3か月以内に、医師により経過観察の指示をうけたか、あるいは診察・検査・治療・入院・手術をすすめられたことがありますか。	はい いいえ		
3	過去5年以内に、入院（人間ドックを除く）をしたり、手術（レーザー・内視鏡・カテーテルによるものを含む）をうけたことがありますか。	はい いいえ	■手術の名前または部位・受傷の部位	
4	過去5年以内に、下記の病気で医師の診察・検査・治療・投薬をうけたことがありますか。	はい いいえ	■診察・検査・治療・投薬をうけた年月および期間 年 月～ 年 月（ 日間）	年 月～ 年 月（ 日間）
	心臓・血圧の病気: 狭心症 心筋こうそく 心臓弁膜症 先天性心臓病 心筋症 高血圧症 不整脈		■入院した期間 年 月～ 年 月（ 日間）	年 月～ 年 月（ 日間）
	脳・精神・神経・目の病気: 脳卒中（脳出血・脳こうそく・くも膜下出血）統合失調症 うつ病 神経症 自律神経失調症 てんかん 知的障害 認知症 白内障 緑内障 網膜・角膜の病気		■医療機関名・病院名（入院・手術をうけた場合）	
	肺・気管支の病気: ぜんそく 慢性気管支炎 肺気腫 気管支拡張症 肺結核			
	消化器の病気: 胃かいよう 十二指腸かいよう かいよう性大腸炎 クローン病 肝炎（肝炎ウイルス感染を含む）肝硬変 肝機能障害 すい炎			
	腎臓・尿路の病気: 腎炎 ネフローゼ 腎不全 前立腺肥大症		■治ゆしていますか、あるいは通院中・経過観察中ですか 治ゆ 年 月	治ゆ 年 月
	右記の病気: 糖尿病（耐糖能異常を含む）リウマチ こうげん病 貧血症 緊斑病 甲状腺の病気 子宮筋腫 子宮内膜症 卵巣のう腫		通院中・経過観察中	通院中・経過観察中
5	過去5年以内に、上記4項以外の病気やけがで、初診から終診までの期間が7日以上の医師による診察・検査・治療、あるいは7日以上の投薬をうけたことがありますか。	はい いいえ	■後遺症（後遺症があればその詳細）	
6	これまでに、がん（肉腫・白血病・リンパ腫をきむ）と診断されたことがありますか。	はい いいえ		
7 ア	過去2年以内に、健康診断・人間ドックをうけたことがありますか。（がん検診・脳ドックをきむ）	うけたうけていない	■指摘された臓器・検査とその内容（経過観察・要再検査・要精密検査・要医療）	
イ	▼上記7アで「うけた」場合のみ、ご記入ください。下記の臓器や検査で、経過観察・要再検査・要精密検査・要医療の指摘をうけたことがありますか。 臓器: 心臓・肺・胃腸・肝臓・腎臓・すい臓・胆のう・甲状腺・子宮・乳房 検査: 血圧測定・尿検査・血液検査・便検査・眼底検査・脳ドック	はい いいえ	■再検査・精密検査の結果と治療の有無	
8	視力の障害（右もしくは左いずれかのきょう正視力が0.3以下）や聴力・言語・そしゃく機能の障害がありますか。手・足・指・関節・背骨（脊柱）の欠損・変形・機能障害がありますか。	はい いいえ	■障害・欠損・変形の部位、程度、原因、時期 （視力の場合はきょう正視力）→（右 、左 ）	
9	現在、妊娠していますか。（満16歳以上の女性のみご記入ください。）	はい いいえ	妊娠 週または か月	
体格	現在の身長・体重をご記入ください。（小数点以下は切り捨てて、右詰でご記入ください。）		身長 cm 体重 kg	

申込番号シール貼付	会社使用欄	被保険者（こどもが16歳未満のときは契約者）フリガナ	様	契約年齢	受付・点検
申込番号シール貼付欄（必ず枠内に貼付）	支社名代理店	取扱者		月分	
	証券	支社No. 営業No. 課No. CD	本社記入欄		
	申込	CD			

A1
22.3改訂

契企（登）11690-07 22.3 2×1 保存期間3年 末キ D11690

な理論構成を考えなければならない（承諾義務肯定説。たとえば，保険者が承諾しないことに自由を認めると，責任遡及条項は存在意義を失う。札幌地判昭56・3・31判タ443・146）。

承諾義務を認める考え方についてその発生要件は，申込者の合理的な期待と保険者の危険選択の利益のバランスから導き出されなければならない。申込者がなすべき手続をすべてすませていることが必要である。すなわち，申込書に記載すべき事項のすべてを記入し，質問表に正確に答えそれらを交付するとともに第1回保険料相当額を支払っていること（審査医の検査が必要な場合にはそれも）が申込者に要求されるであろう。そして，被保険者が申込時に健全な身体状態（保険適格体）であったことが必要である。そのような状態にはなかったことの証明（承諾義務が発生しないこと）は保険者に負わせることが妥当である。

2・2　契約成立による保険契約者等・保険者の義務

2・2・1　保険契約者は保険料を支払わなければならない

生命保険契約に基づき，保険者は被保険者の生存または死亡という事由が発生した場合に一定の保険給付（金銭に限る）を約束するのに対し，保険契約者は「当該一定の事由の発生に応じたもの」である保険料を支払わなければならない（保険2①⑧）。このような保険契約者の保険料支払義務の実際の履行方法については，一括払い，分割払い（月払い，年払い）があり，その相手方として集金人に支払われる場合もあるが，ほとんどが銀行振込（口座振替，引き落とし）である（有配当終身約款11）。

分割月払いの方法がとられた場合には，第1回保険料相当額は契約の申込みとともに保険者側に渡されるのが通常であるが，第2回目以降について払込期日（口座振替期日，引き落とし期日）に払込みがなされなかった場合はどうか。通常の約款では，保険料払込猶予期間が設けられており，この猶予期間中に保険事故が発生した場合にはその期間分の保険料を差し引いて保険金が支払われ，猶予期間が保険料の支払いのないまま経過したときには契約が失効すると定め

ている（有配当終身約款13）。なお，保険料を請求する権利の消滅時効期間は１年である（保険95Ⅱ）。

2・2・2 保険者の義務は

保険証券交付義務　保険者は，生命保険契約を締結したときは，遅滞なく，保険契約者に対し所定の事項を記載し，保険者が署名または記名押印した書面を交付しなければならない（保険40）。この書面は，いわゆる「生命保険証券」と呼ばれている。改正前商法では，保険契約者の請求があったならば，保険証券を作成し保険契約者に交付しなければならないことを要求していたが（旧商683Ⅰ→649Ⅰ），実際には，請求がなくとも保険者は交付していた。生命保険証券は，もちろん証拠証券であり有価証券ではない。

契約者貸付義務　月々の保険料支払いに耐えうる経済的余裕があったが，思わぬときに別の出費が保険契約者に必要になる場合がある。保険料の支払いを止めてしまうと契約は消滅してしまうので，保険契約者が生命保険契約を維持しつつ資金の需要を満たす一方法として，保険者から借入れを行なうことができる。契約者貸付け，あるいは約款貸付けという制度である。一般的な契約者貸付制度によると，保険契約者は，その解約返戻金の80％ないし90％相当額を年８％の利息で借り入れ，返済されずに保険事故が発生した場合には，未返済借入額が控除されて保険金が支払われることとなる（有配当終身約款22）。

　そもそも契約者貸付けとは，生命保険契約の中でどのように理解されるのであろうか。貸付けという形態だけに注目すると，保険契約者が保険者との間で既存の生命保険契約とは別個の金銭消費貸借契約が締結されるとも考えられる。ただし，この制度の構造が既存の生命保険契約に基づいて貸付けに充当される資金が契約者の支払った保険料の積立部分に依存していること，仮に返済されなくともその分が控除されて保険金が支払われることから，保険金または解約返戻金の前払いとも考えられる（最判平９・４・24民集51・４・24）。

2・3 「他人の生命の保険」とは

2・3・1 他人の生命の保険はどのように利用されるか

　生命保険契約は，経済的に余裕がある者なら誰でも保険者と締結することができる。その際に，被保険者を誰にするか，保険金受取人を誰にするかも基本的に保険契約者の自由である。たとえば，保険料負担能力のある妻が，夫を被保険者として，すなわち夫の生死に関して自己を保険金受取人とする生命保険契約を締結することができる。また，子供が成長するにつれて要する経済的負担に備え（たとえば，就学費用），その子供を被保険者として親が生命保険契約を締結する場合などである。それでも，被保険者とできる者は家族内に限定されるものではない。住宅ローンを貸し付けた銀行は，債務者が死亡し貸付金を回収できなくなることに備えて，その債務者を被保険者とする生命保険契約を締結することがある（この場合は，年を経るごとにローン残額が減少するはずなのだから，それに応じて保険金も減少させる）。このように，保険契約者が自己以外の者を被保険者として締結する場合を「他人の生命の保険」という。ある人の存在が他の人の経済生活を支えていることを考えると，「他人の生命の保険」は有益なシステムである。

2・3・2 他人の生命の保険に潜む問題

　しかしながら，よく考えてみると，ある人が死亡した場合にその人以外の人が保険金を取得できる，すなわち，被保険者と保険金受取人が異なる場合には何か怪しいものを感じる。そこには，保険金受取人がその他人に（家族であっても）早く死亡してほしいと期待する，あるいはいっそ殺してしまおうかという誘惑が忍び寄る。とくに，その死亡が契約締結から間もない頃であれば支出した保険料に比べ受け取ることができる保険金の額はその数十倍，数百倍である。また，自分の知らないところで，自分が被保険者となっている生命保険契約が締結されているということはなんだか居心地が悪い（被保険者となる者の人格権の侵害とも考えられる）。たとえば，殺人行為に至る動機のひとつに，「他人

の生命の保険」の存在が指摘されるところである（いわゆる「保険金殺人事件」）。近代的な生命保険システムとは全く異なるところで，有名人の死亡を賭の対象とするようなことがあった。このように生命保険を不当に利用する目的，または故意に保険事故を発生させようとする動機をモラル・リスク（道徳的危険）という。

　モラル・リスク対策としては，契約締結時，すなわち入口のところでそのような疑いの濃い申込みを排除すること，さらに保険事故発生の態様により保険金を支払わないことを保険法ならびに約款で対処している（後述）。それでも，「他人の生命の保険」にはモラル・リスクがつきものであり，それを完全に排除できるものではないだろう。

2・4　「他人」である被保険者の立場は

2・4・1　利益主義・親族主義・同意主義

他人の生命の保険契約の効力要件　　他人の生命の保険契約について，それが不当な目的で利用されないために少なくとも契約締結時に対処する方法（考え方）にはいくつかある。第1に，現在もアメリカ，イギリスで採用されている「利益主義」がある。それによると，契約締結時に被保険者の死亡と保険金受取人（契約者）との間に何らかの経済的事実関係が要求されている。そして，かつてわが国でも採用されていた「親族主義」がある（旧旧商428）。被保険者とできる他人を相続人または親族に限るものである。保険法は，以下でみるように被保険者となる者の同意を要求する「同意主義」を改正前商法から引き続き採用している（保険38）。少なくとも，自分の知らないところで自分が被保険者となっている生命保険契約が存在するという事態はなくなるし，あの人は自分を被保険者とする生命保険契約を締結しているという認識をもつことができる。「利益主義」より曖昧でなく，「親族主義」より形式的ではないので，「同意主義」は各種の生命保険の利用に柔軟に対処できると一応は評価されているところである。

同意が必要な場合　そこで保険法が同意を要求しているのは，生命保険契約の当事者以外の者を被保険者とする死亡保険契約であり，その生存を保険事故とする場合には同意を要しない（保険38）。改正前商法では，被保険者の死亡を保険事故とする場合であっても，その他人である被保険者が同時に保険金受取人である場合には同意を要しないとしていた（旧商674Ⅰ但書）。それでも，被保険者が死亡してしまえば，その者が現実に保険金を受け取ることはないのだから（被保険者でない相続人が取得するはずであるから），同意を不要とする理由はない。そして，①死亡保険契約の保険金受取人を変更する場合（保険45），②死亡保険契約に基づき保険給付を請求する権利を譲渡する場合，またはその権利を目的とする質権を設定する場合（保険47），それぞれに被保険者の同意が要求されている。

同意の方式・時期　同意は，明示であろうと黙示であろうと，また口頭によると書面によるとかまわない。保険法上，この点については何も規定していないのだから（なお，保険業規則11②，参照）。また，その時

団体定期保険・キーマンポリシー

会社がその従業員のほとんどすべてを被保険者として，そして会社が保険金受取人となり締結する「従業員団体定期生命保険」は，「他人の生命の保険」であるため，その従業員の同意が必要である（保険38）。それでも，いちいち個別に従業員一人ひとりの同意を得ていることはない。一般に，モラル・リスク発生のおそれが少ないことや，支払保険金が会社から遺族への弔慰金あるいは退職金の一部に使われることから，また就業規則に従業員を被保険者とする生命保険契約が締結される旨規定されていることから，同意が擬制されていると考えられる。したがって，会社が受け取った保険金は従業員の福利厚生のために利用されることが予定され設計された生命保険商品である（会社が受け取った保険金に相当する額の支払いを従業員の遺族が請求した事件として，たとえば，青森地裁弘前支判平8・4・26判時1571・132，名古屋高判平14・4・26判夕1140・233（最判平18・4・11民集60・4・138））。

「中小企業」ないし「オーナー企業」は，その企業を実質的に牽引してきた個人が死亡してしまうと会社の維持，存続が望めなくなる場合が多い。そこで，そのようなキーマン（key-man）の死亡ないし引退に備えて会社がその者を被保険者として締結するのが「経営者保険」である。したがって，その者の死亡を保険事故とするこのような生命保険にあっては，会社の利益と被保険者の遺族の利益，あるいは会社法と保険契約法との調整が問題となる（たとえば，保険金受取人を会社から被保険者（取締役）の妻に変更する行為には，会社法356条の適用はあるか。名古屋地判昭58・9・26判夕525・287，仙台高決平9・7・25判時1626・139）。

期についても，契約成立時と同時である必要はなく，事後の同意でも差し支えない。実務上は，契約の申込時に保険契約申込書の被保険者同意欄に，被保険者となる者が署名・記名捺印してなされている。被保険者となる者は，その契約内容（保険期間，保険事故，保険金受取人など）を十分に理解して同意すべきである。

2・4・2　同意で十分なのか

それでは，そもそも被保険者の同意にはどのような意味があるのか。同意は，被保険者がその契約について異議のないことの単なる表明であり（準法律行為），他人の生命の保険契約の成立にとって絶対的要件とは考えられていない（外部的効力要件）。ということは，契約は成立しているが，同意がなければその効力は発生していない状態があり得る。そして同意は，先に述べたようなモラル・リスクを防止するための一方策として求められているが（契約に反公序良俗性のないことが推断されるといわれている），それを完全に排除できるものではないだろう。また，被保険者にとって契約締結時には自己以外の者が保険金を受け取ることを容認したとしても，その後の事情によりそれを認めたくないと考えるに至った場合（同意の撤回は認められるか），あるいは保険金受取人と指定されている者が保険金を受け取ることがやはり妥当でない場合には，同意はどれほどの意味があるだろうか。

そうだとすると，生命保険が正当な目的で利用されたことを担保するためには，そしてある人の死亡により保険金を受け取ることができる者を確定する作業には，やはり，被保険者と保険金受取人との間に何らかの事実上の関係が必要ではないか（保険法は，被保険者に解除請求権を認めた。⇨225頁）。そして，同意があったとしても，他人の生命の保険の無効を主張することを認めるべきではないか。したがって，被保険者の同意を契約締結時に要求するとしても，保険金受取人として正当な権利者を決定するための解釈が必要となる。たとえば，保険法成立前の商法は各所で「保険金額ヲ受取ルヘキ者」という文言を使用していたが（旧商674Ⅰ・675・676・677Ⅰ・679・680Ⅰ②・681），それは形式的に「保険金受取人」として指定された者だけではなく，実質的に「保険金額ヲ受

取ルヘキ者」を決定する作業の必要性を示していたと考えられる（保険法は，「保険金受取人」を保険給付を受ける者として生命保険契約で定めるものと定義づけてしまった。保険2⑤）。

　また，被保険者となる者の同意も，この人なら保険金受取人でいい，この人に保険金を受け取って欲しいことをその内容とする意思の表明と考えられる。ただし，それによって推断されるのは保険契約者（保険金受取人）と被保険者との間の事実上の関係，その意味での被保険利益の存在であり，そのことが「他人の生命の保険契約」に効力を与えているといえる。また，そのような利益の評価によって，おのずと保険金の額も決まってくるのではないか（厳格な評価は困難ではあるが，たとえば，親が子を被保険者とする生命保険契約において，高額の死亡保険金を設定することはいかがなものであろうか）。したがって，それを欠く他人の生命の保険契約は無効であると主張することを許す余地があるのではないか（完璧ではないが，モラル・リスク対策の有力なひとつとなり得る）。

　ヒト保険についても被保険利益を要求する国がある。イタリアは，解釈上，ヒト保険に被保険利益を認め，ベルギーや中国では，実体規定上，被保険利益を認める（たとえば，中国保険法52）。英米法においてもヒト保険に被保険利益を容認する。これらは，「他人の生命の保険」（保険38），「他人の傷害の自己のためにする保険」（保険67）など消極的な意味で，賭博保険・保険金殺人などを防止する趣旨で要求されているにすぎず，「自己の生命の第三者のためにする保険」（もっとも典型的生命保険。保険42）契約において，保険者が被保険利益の不存在を主張できる性質のものではない。これらの国の他人の生命の保険などで，被保険者の同意について被保険利益を推定するのはこのような趣旨である。

　行為能力のない者（精神病患者）や子供を被保険者として生命保険を締結する場合，同意の意思表示が問題になる。フランス法では法定代理人による同意の代理を認めず，ドイツ法はこれを認めるも，保険監督庁の通達で保険金額を制限している。これ以上の契約をした場合も，保険者は解約返戻金の範囲内でのみ保険金受取人に義務を負うにとどまる。

第3章　生命保険契約の効力

3・1　「第三者のためにする生命保険契約」

3・1・1　生命保険契約を「第三者のため」に締結するのはなぜか

　典型的な生命保険契約である死亡保険にあっては，被保険者が死亡した後の遺族の生活保障を考えるとその遺族が保険金受取人となるべき者であるといえる。たとえば，家族の中で経済力を有する者が保険契約者として保険料の支払いを負担し，自ら被保険者として死亡生命保険契約を締結する。その際，保険事故の発生によって保険金受取人が契約者以外の者，とくに家族の特定の者に定めることが通常である。そこで，保険金受取人が生命保険契約の当事者以外の者である場合を「第三者のためにする生命保険契約」という（保険42）。

　生命保険契約の利用の幅を考えるとたとえば，上記の例だけでなく，金銭消費貸借の債権者が債務者に対し債務者を被保険者，保険金受取人を債権者とする生命保険契約の締結を要求する場合がある。保険法成立前の商法では，このような契約を一般に「他人」のためにする生命保険契約と呼んでいたが，保険法は以下で見るように，その性質を民法上の「第三者のためにする契約」であることを明らかにする文言を採用している。

3・1・2　生命保険契約を「第三者のため」に締結するとは

　そこで，第三者のためにする生命保険契約は，民法にいう「第三者のためにする契約」（民537Ⅰ）としての性質を有すると理解されていることになる。ただし，第三者のためにする契約において第三者に契約による利益が帰属するためには，その第三者の受益の意思表示を要求しているが（民537Ⅱ），第三者のためにする生命保険契約については，第三者である保険金受取人の受益の意思

表示を要することなく「当然に」保険金請求権を取得するところが異なっている（保険42）。

　以上のような民法にいう「第三者のためにする契約」という理解によれば，保険契約者が「要約者」，保険者が「諾約者」，そして保険金受取人が「受益者（第三者）」ということになろう。そこで，保険契約者と保険者との間には保険料の支払いという補償関係は存在するが，契約者と保険金受取人との間には第三者のためにする契約が要求する対価関係はあるのだろうか。たとえば，保険金受取人を遺族（相続人）とする場合は，死因贈与（民554）か。それでは，対価関係のない第三者のためにする生命保険契約は無効なのか。第三者のためにする契約において対価関係は契約の内容をなすものではないから，それが欠けていても契約は有効に成立する。それでも，第三者である保険金受取人に保険金を受け取る実質的理由がない場合には，不当利得（民703）か。

3・2　保険金受取人の指定・変更

3・2・1　保険金受取人はどのように指定されるか

保険金受取人の指定　　第三者のためにする生命保険契約であるためには，保険契約者による保険金受取人の指定がなければならない（保険法は「指定」という文言を使っていない）。指定行為があってはじめて，ある第三者が保険金受取人としての地位に立つことになるが，指定された者は保険者に対する保険給付請求権（以下では，これまでの言い方通り保険金請求権という）を取得するのみで，保険者に対してあるいは保険契約者に対して何らの義務を負うものではない。保険契約者の保険金受取人の指定により，受取人は「当然に当該生命保険契約の利益を享受す」る（保険42）。すなわち，保険金受取人は保険者に対する保険金請求権を保険契約者から譲渡されるのでも，承継的に取得するものでもない。たとえば，自己を被保険者とする生命保険契約を締結する父親が，その子供を保険金受取人と指定した場合，受取人となるその子供は，父親が死亡したときには，保険金を父親の相続財産の一部として受け取るものではない（保険金請求権の固有権性）。第三者のためにする生命保険契約は，保

険者と保険契約者との間に成立し，保険金受取人の指定行為自体は契約成立のための要件ではない（指定がなければ，それは「自己のためにする生命保険契約」である）。第三者が保険金請求権を取得することは，第三者のためにする生命保険契約の成立による合意の効果と考えられる。すなわち，このような契約の成立により，第三者は保険金請求権という利益（契約締結時には未だに具体化していないが）を取得する。

指定方法 指定方法についてはとくに法律上の制限はないが，書面によって明らかにすることが合理的である。そこで，実際には保険契約申込書における保険金受取人欄に保険契約者となる申込者自らが記入することによってなされる。その際の記入の仕方には，「甲野乙子」のように特定人の名称（氏名），抽象的に「相続人」ないし「妻」のように記入することが考えられる。それでも，とくに抽象的な記入が有効な指定として認められるか，そしてその抽象性はいつの時点で具体化し誰が保険金受取人となるのかが問題となる。契約締結時に「相続人」または「妻」と指定したとしても，その時点でその指定により特定されるであろう人物が具体的な利益を有するものではない（とくに，後述のように指定変更権が留保されていることが原則なので）。指定による利益は保険事故が発生した時点で具体的な保険金請求権として現れてくるのであって，それまでの間に相続人が変動することもあるだろうし，離婚したり再

保険金受取人を君にするからつきあってくれ

妻も子もいる男性が，ふとしたきっかけから他の女性に思いを寄せてしまった。彼はその女性に対する想いを金銭で表そうと考え（あるいは金銭で女性の気持ちをつなぎ止めようと考え），自己を被保険者とする生命保険契約の保険金受取人をその女性と指定する契約を締結した。すなわち，不倫相手との関係継続のためにその女性を保険金受取人として指定したのであったといえる。その後，想いは成就したのか定かではないが，彼は死亡してしまった。当然，その女性は死亡保険金を保険会社に請求したが，黙っていないのがその男性の妻（遺族）である。妻は，そのような動機（目的）で保険金受取人を指定することは公序良俗（民90）に反するとして指定行為の無効を主張し，指定は無効であるからこの生命保険契約は自己のためにする（男性自身が保険金受取人となる）生命保険契約となり，保険金受取人の死亡によりその遺族が保険金を請求する権利があるとして争った。

この顛末はいかに（東京地判平8・7・30金判1002・25，東京高判平11・9・21金判1080・30）。

婚したりする場合もめずらしくない（最判昭48・6・29民集27・6・737。また，相続人が複数いる場合，各相続人が受け取れる保険金は，相続分割合か（最判平成6・7・18民集48・5・1233）か，均等割合か（最判平成4・3・13民集46・3・188））。

　たとえば，今井豊彦は，その保険契約申込書の保険金受取人欄に「妻・今井昭子」と記入して自己を被保険者とする生命保険契約を締結した。その後二人はある事情から離婚したが，そのまま被保険者は死亡してしまった。さて，この場合は誰が保険金受取人となるべき者なのであろうか。先のような表示を「今井昭子が今井豊彦の妻である限り」と解すると，離婚により今井昭子と表記されている者は保険金受取人でなくなる。それに対して「今井昭子と表記されている者は，契約締結当時には妻であったにすぎない」と解すると，離婚してもあくまで保険金受取人は今井昭子と表記されている者である。この場合の決め手は何か（最判昭58・9・8民集37・7・918）。

3・2・2　保険金受取人を変更したいときはどうするか

指定の変更・方法　　生命保険契約の締結時にある第三者を保険金受取人として指定したが，その後に事情が変わって受取人を他の者に変更したいと望むことが考えられる。第三者のためにする生命保険契約が民法にいう第三者のためにする契約であると解する限り，第三者の権利が発生したならば，契約当事者はその権利を変更したり消滅させたりすることはできないはずである（民538）。しかしながら，生命保険契約が通常，その保険期間が20年，30年と長期にわたる点を考慮して，保険法は，保険事故が発生するまでは保険金受取人の変更をすることができることを原則とする旨を規定している（保険43Ⅰ）。

　そして，保険金受取人の変更は保険者に対する意思表示によってなされなければならない（保険43Ⅱ）。このことは，保険法成立前の理解において保険金受取人の指定変更権の行使が相手方のない一方的意思表示であるとの考え方も示されていたところ，このような理解には，保険者の知らない間に受取人が変更されその二重払いの危険や法律関係の複雑化を招く懸念が示されていた。保険法は，指定変更権の行使の相手方を保険者とすることにより，また，かかる意

思表示は，その通知が保険者に到達したときに当該通知を発したときに遡って効力が発生することとし（保険43Ⅱ・Ⅲ），保険契約者の意思を尊重した法的安定性を図っている。さらに，指定変更の意思表示が保険者に到達する前に保険者が保険給付を行った場合には，その効力は否定されないとして保険者の利益をも考慮している（保険43Ⅲただし書）。

遺言による保険金受取人の変更　上述のように，保険金受取人の変更は，保険者に対する意思表示，すなわち相手方のある一方的意思表示によってなされなければならない（保険43Ⅱ）。他方で，保険契約者（兼被保険者）が自身の死期を悟って遺言を書き留めておく際にその中で保険金受取人を変更した場合には，その意思を尊重してあげてもよさそうである。保険法成立前は，遺言による受取人の変更は有効か無効かについて判決例は分かれ，学説ではそれを肯定する見解が有力であった。そこで，それを排除する絶対的理由はなく，また民法上の遺言の法形式を確実に踏むことによる法的安定性を考慮して，保険法は保険金受取人の変更を遺言でもすることができることにした（保険44Ⅰ，有配当終身約款25）。

遺言により保険金受取人の変更はその遺言が効力を生じた後，すなわち遺言者の死亡により効力を生じるが（民985Ⅰ），保険者に対しては，保険契約者の相続人がその旨を通知しなければ対抗できないとされている（保険44Ⅱ）。これは，遺言の効力発生後に被保険者が死亡し保険者が旧保険金受取人に対して保険給付を行った場合にも，保険者に責任を免れさせることを意味する。その後は，新保険金受取人が旧受取人に対して不当利得の返還請求（民703）を行わせることにより解決することになろう。ただし，民法の遺言に関する規整によれば，遺言者はいつでも遺言の方式に従ってその遺言の全部または一部を変更することができ（民1022），また遺言を作成した後にそれと異なる保険金受取人の変更をしたときには，生前処分として後の変更が有効な変更となる（民1023Ⅱ）。

保険金受取人が先に死亡した場合　被保険者に保険事故が発生する前に指定された保険金受取人が死亡した場合には，もちろん保険契約者は新たに受取人を指定（再指定）することができる（保険43Ⅰ）。それでは，保険金受取人が死亡した後に保険契約者が新たな受取人を指定する前に保険事故が発生し

てしまった場合，保険金請求権は誰に帰属するのであろうか。このような場合について，指定された保険金受取人が死亡した時点で「第三者のためにする生命保険契約」でなく保険契約者自身が受取人となる「自己のためにする生命保険契約」となるとする解決があり得よう。そうだとすると，保険契約者が被保険者を兼ねその死亡という保険事故が発生した場合には，給付される保険金は保険契約者の相続財産に属することになろう。それに対し保険法は，保険金受取人が保険事故の発生前に死亡したときは死亡した保険金受取人の相続人全員

保険金受取人が先に死亡し，契約者（＝被保険者）も何もせずに死亡してしまった

Aは自己を被保険者とし妻Bを死亡保険金受取人とする，死亡保険金4,500万円の保険契約をY保険会社との間で締結した。その後妻Bが夫Aより先に死亡し，Aも保険金受取人の再指定を行わないまま死亡してしまった。AとBとの間にはCとDの子供があったが二人は父Aからの相続を放棄したため，Aの相続財産は相続財産管理人Xの下におかれた。そこでXは，約款の「死亡保険金受取人の死亡時以降，死亡保険金受取人が変更されていないときには，死亡保険金受取人は，その死亡した死亡保険金受取人の死亡時の法定相続人に変更されたものとします。」という規定に基づきY保険会社に対して死亡保険金を請求した。すなわちXの主張は，妻Bの死亡によりBの相続人である夫Aならびに子CおよびDが保険金受取人となり，Aが死亡しAの保険金請求部分（1／3）が相続財産に帰属したというものである。

最高裁はつぎのように判示して，Xの請求を退けた。保険契約者（A）が保険金受取人を変更できる間には，死亡した指定保険金受取人（B）の法定相続人（A, C, D）の受取人としての地位が確定することはないのだから，変更する余地がなくなったとき（Aの死亡時）の指定受取人（B）の生存する相続人（C, D）が受取人となる。すなわち，CならびにDが死亡保険金についてそれぞれ1／2ずつ請求権を有する（最判平4・3・13民集46・3・188）。

以上の最高裁の結論とは違いないが，旧商法676条2項の適用について，学説は以下のように考えていた。

a説：妻Bが死亡したことにより，相続人である夫A，子CならびにDそれぞれが保険金に対して1／3ずつ保険金受取人としての地位に立つ（旧商676Ⅱの1回目の適用）。この時点で，被保険者Aは死亡していない（保険事故は発生していない）。その後，受取人としてのAが死亡したことにより，その相続人CおよびDはAが有していた保険金に対する1／3を等分して受け取る地位に立つ（旧商676Ⅱの2回目の適用）。したがって，C, Dはそれぞれ保険金に対してBの死亡により取得した1／3とAの死亡により取得した1／3×1／2を合わせて取得する（1／3＋(1／3×1／2)＝1／2）。

b説：保険金受取人である妻Bが死亡したことにより，契約者である夫Aは保険金受取人を再指定できる状態となった（この時点では誰が保険金受取人であるかは不確定である）。それを行うことなくAは死亡したので，改正前商法676条2項が適用され（1回のみ適用）指定保険金受取人であったBの相続人のうち生存している子CならびにDがそれぞれ1／2ずつ保険金に対する請求権を取得する。

を保険金受取人とする旨を規定した（保険46）。もちろん，保険金受取人となった相続人は，死亡した保険金受取人の相続の効果ではなく保険金受取人の変更が行われたことにより保険金受取人となるのである。

第4章　生命保険契約に基づく給付・終了

4・1　保険者の保険給付

4・1・1　保険者の保険給付に至るまで

被保険者死亡の通知義務　保険法は，保険契約者または保険金受取人が被保険者の死亡を知った場合には，「遅滞なく」保険者にその旨を通知しなければならないと規定する（保険50）。保険事故が発生したとしても，保険者としては，それが後で述べるような免責事由に該当する場合には保険金を支払わずにすむことになり（保険51），また告知義務違反があった場合には契約を解除することができる（保険55）。そのための調査は早期に行なわなければならず，被保険者の死亡に関する情報は保険契約者または被保険者のもとにあると考えられるので，かかる規定はその情報提供をそれらの者に行わせる趣旨である。それでは，この通知義務が「遅滞なく」履行されなかった場合には，死亡保険金を受け取れなくなるのだろうか。通知を遅滞（ないし懈怠）したことにより保険者に何らかの損害が発生することも考えられないわけではないが，保険者はその賠償を請求できるとしても，保険金支払義務を免れるものではないだろう（なお，死亡保険金請求権の消滅時効の起算点については，最判平15・12・11民集57・11・2196）。

保険者の保険給付義務　保険者は，所定の保険事故が保険期間中に発生した場合には，約定された一定金額を保険金受取人に支払わなければならない（保険2①・⑧）。その支払方法は，先に見たように，「資金保険」として一度に保険金の全額を支払う方法，「年金保険」として保険事故発生したときから一定額を保険金の全額に達するまで分割して支払う方法がある。なお，保険給付を請求する権利の消滅時効期間は3年である（保険95Ⅰ）。

4・1・2　保険者が給付義務を免れる場合

　保険事故が発生したならば，保険者の保険給付義務が発生すると述べた。それでは，保険者の保険給付義務は，その保険事故の発生の仕方，態様に関わりなく絶対的に負わなければならないのだろうか。生命保険契約の特有の観点から，また保険金が支払われることはどうもおかしいと考えられる場合には，保険者は，保険事故が発生しても保険給付義務を負わない，すなわち保険者が免責される場合がある。以下では，保険法51条の規定する死亡保険契約における保険者免責事由をみてみよう。

　① 　被保険者の自殺したとき

　自分が死んでも残された者には保険金が支払われる，そう考えて被保険者が自ら死を選んでしまう場合がある。確かに，生命保険契約に自殺促進機能が認められることは好ましくない。また，自ら死亡という保険事故を生じさせてそれにより誰かが保険金を取得することは公益に反するとか，生命保険契約の当事者間における信義誠実に反するとも考えられる。それでも，自殺した本人が社会的に非難されるとしても，残された者（あるいは保険金受取人）とは基本的に無関係である。そこで，通常の保険約款では保険者の責任開始の日から一定期間（有配当終身約款１Ⅸ①では３年）以内の自殺について保険者の免責とすることが多い（免責期間。252頁コラム参照）。

　ここでいう「自殺」とは，自己の生命を絶つことを意識しかつそれを目的として自己の生命を絶つことをいう。したがって，意思無能力者や精神障害を負っている者が自ら生命を絶つ場合，あるいは自己の生命が絶たれるかもしれないことの意識はあるが（たとえば，人命救助），それを目的としない行為は「自殺」ではない。また，自殺の手段として，他人に自己を殺害するよう依頼した場合，いわゆる嘱託殺人の場合も「自殺」に含まれる。また，被保険者が「自殺」したことの立証責任は保険者が負う。

　② 　保険契約者が故意に被保険者を死亡させたとき

　保険金受取人でない保険契約者が故意に被保険者を死亡させた場合，契約者の保険者に対する関係において信義誠実に反することがその理由である。被保険者が保険契約者でもある場合，または保険金受取人でもある場合に「故意に

被保険者を死亡させた」ときには，それは被保険者の「自殺」として扱われる（保険51②カッコ書）。やはり，保険契約者でも被保険者でもない保険金受取人の保険金についての利益を考慮せず保険者の完全免責とすることはいかがなものであろうか（会社が保険金受取人となっている場合に，その代表取締役が被保険者を故意に死亡させた場合，平取締役が被保険者を故殺してしまった場合はどうだろうか。最判平14・10・3民集56・8・1706）。

③　保険金受取人が故意に被保険者を死亡させたとき

保険金受取人が保険金を取得したいがため，その者が故意に保険事故を発生させ保険金を取得することは公益に反すると考えられている。51条3号カッコ書は「前二号に掲げる場合を除く」としているので，保険金受取人が被保険者を兼ねている場合に保険金受取人が故意に被保険者を死亡させたときは被保険者の「自殺」として同条1号が，保険金受取人が保険契約者でもある場合には2号が優先適用される（保険63①に注意）。ここで「保険金受取人」を保険法は

自殺と保険金の支払い

保険法51条1項1号が被保険者の「自殺」を保険者免責事由としている趣旨を維持するためには，契約締結時において「自殺」を計画しそれを実行した場合を免責することで達成できる。すなわち，自分が「自殺」することによって保険金受取人に保険金を取得させることを主要な目的として契約を締結した場合を免責すれば足りる。そのような批判を受けて，それでもそのような目的とした保険契約の締結であることを立証することの困難さから，約款では契約締結後1年内（あるいは2年内）の「自殺」のみを免責としている（利益付終身約1）。そこで実際には，この期間内の「自殺」が問題となるにすぎないともいえるが，生命保険契約についての遺族の生活保障機能を重視するならば，この期間内の「自殺」の場合でも，「自殺」することによって保険金受取人に保険金を取得させることが主要な目的でない場合には保険金を支払う特約は有効であろうか。さらに，この期間経過後でも，保険者が保険金取得目的の自殺であることを立証できた場合はどうであろうか（山口地判平11・2・9判時1681・152）。

以上のような免責期間の理解について，最高裁はつぎのように判断した。「1年内自殺免責特約は，責任開始の日から1年内の被保険者の自殺による死亡の場合に限って，自殺の動機，目的を考慮することなく，一律に保険者を免責することにより，当該生命保険契約が不当な目的に利用されることの防止を図るものとする反面，1年経過後の被保険者の自殺による死亡については，当該自殺に関し犯罪行為等が介在し，当該自殺による死亡保険金の支払を認めることが公序良俗に違反するおそれがあるなどの特段の事情がある場合は格別，そのような事情が認められない場合には，当該自殺の動機，目的が保険金の取得にあることが認められるときであっても，免責の対象とはしない旨の約定と解するのが相当である」（最判平16・3・25民集58・3・753）。

保険給付を受ける者として生命保険契約で定められるものと定義づけてしまったが（保険2⑤），いわゆる記名保険金受取人のみならず，被保険者の死亡により法律上当然に保険金を受け取る地位にある者，たとえば，被保険者自身を受取人としている場合の相続人，さらに保険金受取人からその権利を譲り受けた者も含まれると解釈しなければならないであろう。そして，保険金受取人が数人いてその一部の者が被保険者を故殺した場合には，それ以外の保険金受取人は受取割合に応じて保険金が支払われる（保険51ただし書）。それでも，保険金取得目的のない被保険者故殺の場合（最判昭42・1・31民集21・1・77），また，被保険者を故殺した者に対する制裁と被保険者の遺族の生活保障を別異に考えられないだろうか。

④　戦争その他の変乱によって被保険者が死亡したとき

戦争その他の変乱が人の死亡という一定の事由の発生の可能性（危険）に基づく保険料の算定に多大な影響を与えるので，通常の生命保険契約はそのような危険を含めて保険料を計算していない。そこで，このような場合には保険者免責としている。

4・1・3　保険金はいつ支払われるのか（保険給付の履行期）

保険金受取人としては，保険給付，保険金の支払いが速やかに行われるよう期待する。それに対し保険者は，特に死亡保険金の支払いには，被保険者の死亡という事実の確認，被保険者の死亡が上述の免責事由に該当する事実によって発生したものでないかの確認，あるいは後述の告知義務違反の有無の確認を行うための調査を必要とする。そこで，保険者はその約款において，たとえば，保険金受取人に必要書類のすみやかな提出を求め，「保険金は，必要書類が会社に到達した日の翌日からその日を含めて5営業日以内に支払います。ただし，事実の調査等が必要な時には5日をすぎることがあります」と規定されることがある。以上のような両者の思惑を調整する目的で，保険法は2つのパターンを想定した52条を置いている。

まず，保険者が保険給付を行う期間を約款で定めた場合である。その定められた期間が保険事故，保険者の免責事由その他の保険給付を行うために確認す

ることが生命保険契約上必要とするされる事項の確認をするために「相当の期間」を経過する日後の日であるときは，「相当の期間」（契約類型ごとの判断）を経過する日が保険給付を行う期限となる（保険52Ⅰ。約款で定められた期間が「相当の期間」より短い場合には，約款で定められた期間が経過するときが保険給付を行う期限）。上記の例で言えば，事実の調査等が必要な期間につき「相当の期間」の判断が必要となろうか。そして，保険給付を行う期限を定めなかった場合には（ただし，保険業規則9④），保険者は，保険給付の請求があった後，その請求にかかる保険事故の確認をするために「必要な期間」（個別事案ごとの判断）を経過するまでは履行遅滞の責任を負わない（同Ⅱ）。他方で，保険者が必要な調査を行うにあたり保険契約者，被保険者または保険金受取人が正当な理由なくその調査を妨げたまたはこれに応じなかった場合には，保険者はそのことにより保険給付を遅延した期間について遅滞の責任を負わない（同Ⅲ）

予定利率の引き下げ

生命保険契約の営業保険料の算定には，予定死亡率，予定利率および予定事業費率という3つの基礎率を必要とする。生命保険契約は保険期間の長いものが多いので，その期間内に保険者に支払われる保険料について利息が生ずることから，将来払い込まれる純保険料が一定の利率で割り引かれており，そのために事前に定められた利率を予定利率という。したがって，保険金額が同じ場合，予定利率が高ければ保険料は安くてすむが，低い場合には保険料は高くなる。生命保険会社は，定款において，保険契約者または社員はすでに払い込んだ保険料を超えて責任を負わない旨を定めたなどして，契約後は，たとえ基礎率が下がっても，保険期間中における営業保険料を引き上げないこととしている。また，保険業法では，保険会社が債務超過に陥ったことを監督官庁（金融庁）が認定し，保険契約を他の会社に包括移転したり他の会社と合併する場合，保険期間中における保険金額の削減その他の契約条件を変更することが認められている（保険業250～255の5）。このような契約条件の変更は，内閣総理大臣の行政処分であり，保険契約者等の保護のために講じられる強力な方策である。

また，保険業法は，保険会社は，業務または財産の状況に照らして保険業の継続が困難となる蓋然性がある場合には，内閣総理大臣に対し，当該保険会社に係る保険契約について保険金額の削減その他の契約条件の変更を行う旨の申出をすることができるとして（保険業240の2～240の13），保険会社・保険契約者間の自治的な契約条件の変更手続を定めている。保険業の継続が困難となる蓋然性がある場合とは，保険会社が大幅な債務超過などに陥っている場合，あるいは経営が悪化して保険金の支払いが難しくなるおそれがある場合などをいうが，当該保険会社がそのような状態にあるかどうかは保険会社の判断に委ねられることから，保険会社が自ら内閣総理大臣に対し，予定利率の引き下げ等を含む契約条件の変更の申出を期待することは難しいであろう（⇨35頁）。

4・2　生命保険の解約・解除

4・2・1　保険契約者側が解除できる場合

保険契約者による解除（解約）　保険契約者は，いつでも生命保険契約を解除することができる（保険54）。そこで，通常の約款では，保険契約者が契約を任意にいつでも解約（解除）できることを認めている。解約する理由は個々さまざまであろうが，解約の時点で解約返戻金（払戻金）があれば（契約締結から約5年まではほとんどない），保険者はそれを保険契約者に支払うことを約束している（利益付終身利約款34）。

　さらに，残念ながら保険者が破綻してしまい破産手続開始の決定を受けたときは，保険契約者は保険契約を解除することができ（保険96Ⅰ），保険契約者がその解除をしなかったときは，破産手続開始の決定の日から3か月を経過したときに当該生命保険契約は効力を失う（同Ⅱ）。

被保険者による解除請求　他人の死亡を保険事故とする生命保険契約にあって当該他人である被保険者は，自己の身に危険が迫る，保険金受取人または保険契約者が保険金を受け取りたいために当該他人が死んでほしいと望み，その死亡という保険事故を発生させようと画策することがあるかもしれない。また，当初は自己が死亡保険契約の被保険者となることに同意したが（保険38），生命保険契約の成立後に何らかの事情でそれを撤回したいと考えるかもしれない。被保険者がその同意を撤回することができるかについて議論のあったところであるが，保険法はその58条1項で，被保険者に保険契約者に対して当該契約を解除するよう請求することを認めた。同項第1号は保険契約者または保険金受取人の保険者に対する信頼関係の破壊（保険57①・②。⇨259頁）が同時に被保険者にとってもそれらの者に対する信頼が崩れたと考えられ事由であると認め，第2号は被保険者の保険契約者または保険金受取人に対する信頼関係が損なわれたこと，それに加えて当該死亡保険契約を存続させることを困難とする重大な事由が発生した場合に，被保険者の保険契約者に対する解除請求を認めている。そして第3号では，保険契約者との間の親族関係の終了その他の事

情により（たとえば，従業員を被保険者とする死亡保険契約を会社が締結していた場合に，当該従業員が退職したこと），被保険者が同意を与えた基礎となった事情が「著しく」変更した場合（たとえば，離婚しただけでは足りない）にも，被保険者の当該死亡保険契約を解除するよう保険契約者に請求することができる旨規定している。

そして，解除するよう請求された保険契約者がそれを無視して当該契約を継続し続けるとしたならば，かかる規定の意味がない。保険法58条2項は，被保険者により当該契約を解除するよう請求された保険契約者は解除することができると規定するところであるが，これは，保険契約者は解除しなければならないことを意味するものである。

4・2・2 保険者が解除できる場合

告知義務違反の効果　生命保険契約の締結に際し，保険契約者または被保険者が「故意又は重大な過失」により告知義務に違反した場合には，保険者は契約を解除することができる（保険55Ⅰ）。解除の方法は，契約の相手方である保険契約者（代理人を含む）に対する一方的意思表示により，その到達によって解除の効果が生ずる（民97Ⅰ）。たとえば，最判平5・7・20（損保企画536・8）では「告知義務を理由とする解除の意思表示は，被保険者の複数の相続人全員に対してされたものでないからその効力を生じない」と，また最判平9・6・17（民集51・5・2154）では「生命保険契約における保険契約者兼保険金受取人とする被保険者が死亡し，かつ，被保険者が意思表示を受領する権限を有する者を欠く状態にある場合において，転付命令により被保険者の保険会社に対する生命保険金支払請求権を取得した者があるときには，保険会社は，転付債権者に対しても告知義務違反を理由とする生命保険契約の解除の意思表示をすることができる」と述べられている。

告知義務違反があった場合には，契約が当然に無効になるわけではなく，保険者に解除するか否かの自由がある。また，告知義務違反が問われるのは，保険契約者または被保険者に「故意又は重大な過失」があった場合であるが，保険者が告知されなかったとしても知っていた場合（悪意）または過失によって

知らなかった場合には両者の告知事項への接近度合いのバランスを考えて保険者は解除できないとしている（保険55Ⅱ①）。

それでは，たとえば，肺ガンでの入院歴を隠して生命保険契約を締結した者が海水浴中におぼれて死亡してしまった。このような場合，保険者は告知義務違反を理由に契約を解除し，保険金支払義務を免れるであろうか。保険法は，保険金請求権者が保険事故の発生（被保険者の死亡）が告知義務違反の事実とは無関係であること（因果関係の不存在）を証明したときには，保険者は保険金支払義務を免れないと規定する（保険59Ⅱ①ただし書）。なるほど，告知義務違反とされた事実を原因として保険事故が発生したのではないのだから，保険者に保険金の支払いを求めてもよさそうである。それでも，保険契約者側が肺ガンの入院歴を告知していれば保険者は申込を拒絶したか，より高い保険料を徴収していたかもしれないし，誠実に告知する者との公平さがたもてない。

保険媒介者の関与と保険者の解除権阻却　保険法は，生命保険契約の締結プロセスにおける保険仲介者の役割を重視し，また保険契約者または被保険者の告知義務の履行に関与するそれらの者の対応に応じて，保険者による解除を認めない場合の規定を創設した。

改正前商法においては告知受領権が問題となった。保険業法では，損害保険代理店や生命保険募集人に契約締結権限を付与するか，単に契約締結の媒介にとどめるかは保険会社が自由に選択できる（保険業275）。実際には，損害保険代理店は締約代理権が付与されているため告知受領権もあるとされてきたが，生命保険募集人については，実務上では保険会社は契約締結権を与えず，したがって告知受領権限も付与してこなかった。しかし，保険加入者は生命保険契約の申し込みを行う際，生命保険募集人にさまざまな事項を質問しつつ契約申込書に必要事項の記載を行う場合が多く，この点で多くの紛争が生じてきていた。たとえば，東京地判平成10・10・23（生命保険判例集10・407）によれば，被保険者Aは，会社の健康診断等においても高血圧と診断されている旨を被保険者の高校時代の友人である生命保険会社Yの営業職員Bに告知していたが，当該営業職員の積極的な働きかけで，健康診断では異常がなかったという虚偽の申告をして契約を締結したのち高血圧症を原因とする脳幹部出血により

死亡した事例がある。Y側は，当然告知義務違反を理由に契約の解除を主張したが，裁判所は，Aにも非難されるべき点はあるとしたうえで，当該不告知がなされるにつき，「Bの果たした役割の方が格段に大きいと認められる」として，Yが「Aの告知義務違反を理由に本件各保険契約を解除することは信義則上許されない」と判示したのである。古い学説では，Bの不法行為についてYの使用者責任を認めることは可能であっても，告知受領権のない生命保険募集人の告知妨害について契約を有効と解することはなかなかに困難であると指摘するものがあった（不法行為を認める場合であれば，保険金が支払われるわけではなく，したがって過失相殺も当然になされるはず）。

　保険者のために保険契約の締結の代理を行うことができない，すなわち保険者から代理権を授与されていない者である「保険媒介者」（保険28Ⅱ②カッコ書）が，以下のような行為を告知義務者に行ったときには（解除権阻却事由），保険者は生命保険契約を解除できないことにした（保険者から代理権を与えられている保険仲介者については，民法101条によって処理される）。

① 保険媒介者が告知義務者に対し，告知事項について事実を告知することを妨げたとき（告知妨害）

　　たとえば，告知義務者が質問表（告知書）に正確に記載したが，それを保険媒介者が改ざんして保険者に提出した場合が想定されている（告知義務者の意思が介在せず，制圧された場合）。

② 保険媒介者が告知義務者に対し，告知義務を履行しないよう，または不実の告知を行うよう勧めたとき（あわせて，不告知教唆）

　　たとえば，保険媒介者が生命保険契約を申し込もうとしている者に対し，質問表で回答を求められている事項について「大丈夫であるから，すべて『なし』と記入しておいてください」と指示して記入させる場合が典型的である（不告知教唆があったうえで，告知義務違反については告知義務者の意思が介在している場合）。

　それでも，もともとその病歴からすると申込みを拒絶されることを知りながら保険媒介者と共謀して告知事項について虚偽の告知を行った場合のように，保険媒介者の告知妨害・不告知教唆と告知義務違反との間に因果関係がない場

合については，そのような保険契約者等を保護する必要はないので保険者に解除権が認められる（保険55Ⅲ）。

危険増加による解除 告知事項について想定された危険が高くなり，生命保険契約で定められている保険料が当該危険を計算の基礎として算出される保険料に不足する状態になった場合，保険者はつぎの要件を充たせば，生命保険契約を解除することができる（保険56）。第1に，当該危険増加にかかる告知事項について，その内容に変更が生じたときは保険契約者または被保険者が保険者に遅滞なくその旨の通知をすべき旨が当該生命保険契約で定められていること，第2に，保険契約者または被保険者が故意または重大な過失により遅滞なくかかる通知を行わなかったことである。たとえば，一般に日本より治安の悪い外国を旅行する場合には危険が増加すると考えられる（たとえば，札幌地判平2・3・26判時1348・142）。また被保険者の職業の変更により危険が増加することもありえよう。それでも，実際に生命保険においてその危険が極端に増加する場合は考えにくく，また約款でも「被保険者が，保険契約の継続中にどのような業務に従事し，またはどこに転居しもしくは旅行しても，会社は，保険契約を解除せず，また，特別保険料を請求しないで保険契約上の責任を負います」と規定しているものもある。

　危険増加が生じた時から解除がされた時までに保険事故が発生した場合については，保険者は保険給付を行う義務を負わないが，当該危険増加をもたらした事由と発生した保険事故との間に因果関係がない場合には，保険者は保険給付義務を負担することになる（保険59Ⅱ①）。

重大事由による解除 自己を被保険者として生命保険契約を締結した者が，自己の身代わりを殺害し（替え玉殺人）死亡保険金を騙し取ろうとしたが，発覚したため思いあまって自殺した。そこで保険金受取人は，被保険者の死亡（契約締結から1年後の自殺）による保険金の支払いを保険者に請求した。この場合は，契約継続中に不正な意図から保険金を受領しようとしたが失敗し，本来の被保険者に本来の保険事故が発生したので，正当な保険金請求を行なっているようにみえるパターンである。保険者は，死亡保険金を支払わなければならないのだろうか（大阪地判昭60・8・30判時1183・153）。このよ

うな保険契約者側の不誠実な行為，モラルリスクが疑われる行為に対する対処は，これまで約款によって行われてきた（有配当終身約款33）。保険法は，それまでの事案あるいは議論を集約する形で，いわゆる継続的契約関係における信頼関係の破壊をその基礎としてつぎのような事由による保険者の解除権を認める規定を設けている（保険57）。

① 死亡保険契約について，保険契約者または保険金受取人が，保険者に保険給付を行わせることを目的として故意に被保険者を死亡させ，または死亡させようとしたこと

　保険給付を行わせる目的がなくとも，保険契約者または保険金受取人が故意に被保険者を死亡させた場合には，保険者は免責される（保険51②③）。本号は，被保険者を故意に「死亡させようとした」，すなわち未遂に終わった場合にも保険者との関係でその信頼関係は破壊されたとして，保険者に解除権を認めるものである。

② 保険金受取人が，当該生命保険契約に基づく請求について詐欺を行い，または行おうとしたこと

　たとえば，保険金受取人が「当該」生命保険契約における保険事故を仮装し保険金請求を行う場合，あるいは被保険者の死亡に関し虚偽の通知を行う場合（保険50．参照）のように，保険者を欺罔して保険給付を得ようとすることが考えられる。

③ 上記①②のほか，保険者の保険契約者，被保険者または保険金受取人に対する信頼を損ない，当該生命保険契約の存続を困難とする重大な事由

　いわゆる「バスケット条項」である。上記①または②の場合には該当しないが，それらと同程度に保険者との間の信頼関係を破壊し，「当該」生命保険契約の存続を困難とする重大な事由がある場合に保険者に解除権を与える。例えば，上記大阪地判昭60・8・30の事案のような場合であろうか。

　かかる規定のもとで保険者が解除した場合には，それぞれの重大事由が生じたときから解除がされた時までに発生した保険事故については，保険者は保険給付義務を負わない（保険59Ⅱ③）。

第 4 章　生命保険契約に基づく給付・終了　261

4・3　保険料積立金の払戻し

4・3・1　「保険料積立金」とは

　受領した保険料の総額のうち，当該生命保険契約にかかる保険給付に充てるべきものとして，保険料または保険給付の額を定めるための予定死亡率，予定利率その他の計算の基礎を用いて算出される金額に相当する部分を，「保険料積立金」という（保険63カッコ書）。生命保険契約に基づいて保険契約者が支払う保険料は，被保険者が年齢を経るほどにその死亡率は高くなりそれにつれて高額になるはずであるが，保険契約者の負担をも考慮して毎年（毎月）の保険料は保険期間を平準して徴収される（平準保険料）。すなわち，保険契約者は当該生命保険契約の初期の段階ではその死亡率に基づき計算された額よりも高額の保険料を支払っており，それを保険者は契約の遅い時期に保険事故が発生することに備えて積み立てておくことになる。それは一般に，保険契約者が貯蓄型の生命保険契約の途中で解約した場合に支払われる「解約返戻金」とは異なるものである。

　そこで，そのようにして積み立てられた部分は本来保険契約者に帰属していると考えられるので，生命保険契約が中途で解除（解約）された場合のうち以下でみるような場合には，その部分についての返還請求を保険契約者に認めるのが保険法63条の規律である。

4・3・2　払い戻される場合は

　保険者が保険給付の責任を負う場合以外で，つぎの場合である。まず，①保険者の免責事由が発生した場合であるが，保険契約者が被保険者を故意に死亡させた場合（保険51②）には保険者に対する信義誠実に反することを理由に保険料積立金の払戻請求は認められない。ついで，②保険者の責任が開始する前に保険契約者が任意に解除した場合（保険54），さらに被保険者が解除請求を行い保険契約者が解除した場合（保険58Ⅱ）には，払い戻さなければならない。そして，③保険法56条1項各号の要件を充足し保険者が契約を解除した場合，

④保険者が破産開始の手続開始の決定を受けて保険契約者が解除するまたはその決定の日から3か月を経過したことにより契約が失効した場合に保険者は保険料積立金を払い戻さなければならない。

第5章　生命保険債権の処分と差押え

5・1　生命保険契約上の権利の譲渡・質入れ

5・1・1　生命保険契約上の権利には財産的価値がある

　生命保険契約の締結により，保険契約者や保険金受取人にはいくつかの権利が発生し，そしてそれらの権利を行使することにより，たとえば，保険契約者は生命保険契約を解約することにより保険料積立金（または解約返戻金）を取得することができるし，契約者貸付けを受けていくらかの金銭を取得することができる。また，保険金受取人には保険給付請求権（保険金請求権）の行使により保険金という金銭を受け取ることができる権利がある。それらの財産的価値を有する諸権利は，財産法の権利と同様に他者に譲渡したり質入れしたり，いわゆる財産権としてその権利者が処分できる対象と考えられるが，それでもとくに保険契約者と保険金受取人が異なる場合にはそれぞれの利益を考慮する必要がある。

5・1・2　生命保険契約上の権利はどのようにして処分できるか

諸権利の譲渡　保険事故が発生し保険金受取人の保険金請求権が具体化し，あとは行使するだけという状態であれば，それを自由に処分しうることに異論はないが，保険事故発生前については少し複雑である。「自己のためにする生命保険契約」については，保険契約者自身が保険金受取人としてその権利を自由に処分しうると解して良い。ただし，その場合であっても，他人の死亡を保険事故とする保険金請求権の譲渡には，他人である被保険者の同意が必要である（保険47）。そして「第三者のためにする生命保険契約」の保険金受取人として指定された者の保険金請求権はどうであろうか。保険金受取

人の変更権が保険契約者に留保されていることが原則となった保険法のものとでは（保険43），保険金受取人がその権利を第三者に譲渡した後に契約者が受取人を指定変更してしまえば譲渡の意味はなくなる。それに対し，保険契約者があえて保険金受取人の指定変更権を放棄している場合には，それはほぼ確定的に保険金受取人の支配にあると考えられる。

　解約返戻金請求権についても理論的には譲渡可能である。それでも，この請求権は，保険契約者が解約権を行使し契約が解約されてはじめて発生するものであり，解約権が契約者に当然留保されているので（保険54），解約返戻金請求権だけが譲渡されても意味がない。そこで，解約返戻金請求権の譲渡には，解約権もともに譲渡する意思であったと認めることが妥当であろう（あるいは，保険契約者としての地位を包括的に相手方に移転することも考えられるが，そうすると相手方は権利のみならず契約者としての義務も負うことになる）。

諸権利の質入れ（担保化）　生命保険契約上の諸権利は理論的にはそれぞれ独立した権利であるので，個別に質権を設定することができるようにみえる。たとえば，保険契約者の債権者が解約権に質権を設定したとしよう。保険金受取人が第三者であった場合，保険事故が発生してしまえば受取人はその権利である保険金請求権を行使して保険金を取得することができる。そうだとすると，解約権を行使することによって解約返戻金を取得することができなくなる。したがって，債権者としては，保険契約者である債務者の生命保険に関する財産的価値を確実に押さえておくためには，契約者に保険金受取人の指定変更権を放棄させ，被保険者ならびに保険金受取人をも債務者としたうえで，それらの者の有する諸権利の全てに質権を設定するしかない。あるいは，債権者を保険金受取人として指定させることによっても，保険金請求権を事実上担保化することもできる。

5・2　生命保険契約上の権利の差押え

5・2・1　生命保険契約関係者の債権者の立場は

　たとえば，お金を借りている者（債務者）が第三者を保険金受取人と指定し

た「第三者のためにする生命保険契約」を締結している。すなわち、他者からお金を借りている者（債務者）が結果的に第三者のために保険料を月々出費しているとしたら、お金を貸している者（債権者）は何もいえないのだろうか。お金を借りている者（債務者）が保険金受取人となっている生命保険契約があるとしたら、その者にお金を貸している者（債権者）は何もいえないだろうか。保険契約者の有する諸権利は財産的価値あるものとして処分の対象となる財産権なのだから、債権者はそれらを差し押さえればよい。しかしながら、そう簡単にはいかない。

5・2・2 債権者の利益と保険金受取人の利益との調整

保険契約者の債権者との関係　「第三者のためにする生命保険契約」の場合、保険金請求権は第三者である保険金受取人に帰属しているのだから、保険契約者の債権者は何もいえない。そこで、債権者が、保険金受取人であることを左右する保険契約者の受取人指定変更権を差し押さえようと思っても、それは形成権であるから差押えの対象とはならない。それでは、解約返戻金請求権はどうか。この請求権はそれ自体経済的価値のある権利であるといってみても、保険契約者に解約されなければ具体的に発生しない。保険契約者の債権者としては、解約返戻金請求権に対する差押命令の申立を行い（民事執行法144）、差押命令を得て取立権（民事執行法155Ⅰ）に基づく解約権の行使を解約返戻金請求権の差押権者に認めるとか、債権者代位権（民423Ⅰ）に基づき解約権を代位行使させることが主張されている（東京地判平10・8・26判時1655・166、その飛躍上告審である最判平11・9・9民集53・7・1173。傷害保険の事例であるが、大阪地判昭59・5・18判時1136・146、東京地判昭59・9・17判時1161・142、東京地判平6・2・28判時1521・82）。

　解約権が行使されると生命保険契約は消滅し、もちろん保険金受取人の条件付きではあったが保険金請求権もなくなる。生命保険の有する遺族の生活保障という一般的な機能を考慮すると、保険契約者の債権者が解約返戻金請求権を差し押さえそれを実現することにより、保険金受取人として指定されていた遺族に不利益が発生することをどう調整するかが問題となる。

介入権制度・解除の効果阻止　以上のような保険金受取人の利益を考慮して，保険法は，契約当事者以外の者による解除の効果について規定を置いた。とくに契約が解除された場合に保険料積立金がある死亡保険契約について，差押権者（民事執行法155Ⅰ），破産管財人（破産法53Ⅰ），あるいは債権者代位権により保険契約者の任意解除権を行使する場合（民423），当該解除は，保険者がその通知を受けた時から1か月を経過した日に効力を生ずるものとされた（保険60Ⅰ）。そして，保険契約者を兼ねていない保険金受取人（保険契約者もしくは被保険者の親族，または被保険者である者に限られている。介入権者）が，①保険契約者の同意を得て，②かかる1か月が経過するまでの間に保険者に対する解除の通知の日に当該死亡保険契約の解除が生じたとするならば保険者が解除権者に対して支払うべき金額を解除権者に対して支払い，かつ，③保険者に対してその旨を通知したときは，解除の効果を生じないこととされた（保険60Ⅱ）。つまり，保険契約者の債権者に死亡保険契約を解除されることにより実質的な損害を被る親族等である保険金受取人に当該死亡保険契約に介入することを認め，保険契約者の債権者には保険料積立金相当額の満足を与え当該死亡保険契約を存続させる制度である（介入権者が当該保険契約者の地位を承継する制度ではない）。

保険金受取人の債権者との関係　保険事故発生前に保険金受取人の保険金請求権をその債権者が差し押さえたところで，受取人の指定変更権が行使されたり（保険43），保険金請求権が具体化するときが不確定である点で（被保険者がまだ若く，保険事故の発生が遠い先のことであるような場合にはとくに），債権者としてはその実効性が乏しい。それに対し，保険事故発生後であれば具体的な保険金請求権が確定的に保険金受取人に帰属しているので，その債権者は保険金請求権を差し押さえればよい。それでもやはり，取得できる保険金だけが保険金受取人の生活にとって唯一の支えであったような場合には，それが強制執行の対象となってしまうことは悲しい（各種の社会保険ないし年金の差押え禁止について，たとえば，恩給法11，生活保護法58，労働者災害補償保険法12の5，雇用保険法11）。

第 5 編
傷害疾病保険契約

第1章 総　　　説

1・1　傷害・疾病保険とは

1・1・1　第三分野の保険種目のいろいろ

　モノの滅失毀損に対して，損害をてん補する保険や，生命保険は古くから知られ，すでに普及している保険であるが，それ以外の第三分野といわれる傷害保険や疾病保険はこれらに属する保険であるのか，あるいはこれらとはまったく別個の保険なのかについては議論があった。保険業免許についても，すでに触れたように生命保険免許と損害保険免許の二種類が存在し，両者の免許を同一の者が受けることができない仕組みとなっているので（保険業3Ⅱ，Ⅲ），そもそも傷害や疾病により保険給付を行う保険については，別に規定をおいて生命保険免許を有する者も，損害保険免許を有するものも行いうるようにせざるをえなかった（保険業3Ⅳ②，3Ⅴ②・③。⇨33頁）。そこで，このように取扱いがなかなか複雑な傷害保険や疾病保険にはどのようなものがあるのか，以下に列挙してみよう。

　普通傷害保険・家族傷害保険　一般的な生活関係（仕事中やスポーツ，旅行や家庭内の事故も含む）から生じる日常的な傷害リスクカバーする保険。各個人を被保険者とし，傷害を原因とする死亡保険金，後遺障害保険金，入・通院保険金および手術一時金などの保険給付がある。これに対して家族傷害保険では配偶者，同居の親族あるいは生計を共にする別居の未婚の子などに被保険者の範囲を拡張したものである。

　交通事故傷害保険　保険事故をとくに交通事故による傷害に限定したものである。交通用具には，自動車，自転車，電車，モノレール，ケーブルカー，飛行機，船舶，エレベータ，エスカレータ（動く歩道），車

椅子やベビーカーも含まれ，これとは別に道路を通行中に建物・工作物の倒壊や落下物による傷害，がけ崩れ・土砂崩れの他，交通用具や建物の火災による傷害もてん補される。被保険者を配偶者やその他の家族に拡大したものはファミリー交通傷害保険と呼ばれる。

旅行傷害保険　国内旅行や海外旅行の目的で，住居を出発してから帰着するまでの旅行中に生じる傷害リスクを保険の目的とする。とくに海外旅行傷害保険では，死亡保険金や後遺障害保険金のほか，治療費用（治療のために必要な通訳の雇入れ費用や交通費や入院のために必要な国際電話の費用，身の回り品の購入費なども含む）・救援費用（捜索費用や現地からの移送費）などを一定額の範囲で実損てん補する形式のものが多い。

医療保障（費用）保険　傷害や疾病などによる入院費・通院費，手術費用を保険給付とする。保険者が生命保険会社であるものを医療保障保険，損害保険会社であるものを医療費用保険と称する。保険給付の態様も，医療保障保険では定額給付であるが，医療費用保険では一部自己負担した費用について保険者がてん補するのを原則とする。

介護保障（費用）保険　被保険者が要介護状態になった場合に保険給付を行うもので，生命保険会社によるものを介護保障保険，損害保険会社によるものを介護費用保険と呼んでいる。介護保障保険では，介護一時金や介護年金が保険給付とされるが，介護費用保険では，医療費用や介護施設費用（介護機器の購入費用，住宅・自動車の改造費用，被保険者の移送費用）などが保険給付としてなされる。

人身傷害保険　自動車傷害保険の一種であるが，契約した被保険自動車に限らず，その他運行中の交通用具に乗車中に被保険者が遭遇した交通事故，あるいは歩行中の交通事故によって被保険者が死亡ないし後遺障害を被った場合に，事故の相手方の賠償責任の有無にかかわらず，自身が契約締結した保険者から直接に保険給付がなされる保険である。この場合，自己の過失または相手方過失の有無にかかわらず，あらかじめ約款で定められた基準により保険金の支払いが受けられることになる。

保険法の立場　傷害保険や疾病保険は，このように従来の損害保険や生命保険の範疇には属さないが，現代的な保険ニーズに即した，しかしそれゆえに非常に多様な保険分野といってよい。改正前商法では，これらについて明示的な規定は存在しなかったが，商行為法そのものが19世紀的な古い体系で，ほとんどが任意規定であったため，その契約内容が保険会社の定める任意規定に委ねられても特段の不都合はなかった。しかし，消費者保護ニーズにこたえる目的でも制定された新保険法ではこのような形のまま放置することは許されない。そこで，傷害疾病保険を(a)傷害疾病損害保険と，(b)傷害疾病定額保険とに二分して，前者を損害保険の一分野として，モノ保険である損害保険一般と抵触する部分の条文上の箇所について別途規定するにとどめる一方，後者については独立に規定を置くことにしたのである。

1・1・2　被保険者概念の相違

傷害疾病保険の被保険者　傷害疾病損害保険は，原則的に損害保険の範疇に含まれるものであるため，被保険者の概念は保険法2条4号イに規定される，「損害保険契約によりてん補することとされる損害を受ける者」をいい，傷害疾病定額保険の，「その者の傷害又は疾病（以下「傷害疾病」という。）に基づき保険者が保険給付を行うこととなる者」の定義（保険2④ハ）のそれとは異なっている。つまり，傷害疾病損害保険は，ヒトの傷害疾病により損害を被る者が被保険者であるから，この中には他人の傷害疾病により経済的損害を被る者などが含まれうるのに対し，傷害疾病定額保険のそれでは，あくまでも傷害疾病を被る主体が被保険者となり，保険給付を受けうる主体は被保険者とは別の保険金受取人ということになる。そこで，このままいけば前者の傷害疾病損害保険については，保険給付請求権者である被保険者をめぐる関係が規定の上で非常に複雑となるので，保険法では傷害疾病損害保険については，自分自身に傷害疾病を生じる者のみが被保険者たりえるのであって，いわゆる他人の傷害疾病の損害保険を認めないこととした。したがって，傷害疾病保険で他人の傷害疾病の保険が認められるのは，傷害疾病定額保険だけということになる。

他人の傷害疾病の定額保険と他人の生命の保険　改正前商法の第674条では，保険契約者とは異なる他人の死亡により保険金を支払う保険契約を締結する場合には，効力要件として当該他人たる被保険者の同意を要するものとしたが，その被保険者自身が保険金受取人である場合は，この者の同意を要しないものとしていた（旧商674Ⅰ但書）。しかし，保険法では，この場合も被保険者の同意を義務づけている（保険38）。これは，被保険者の人格権に配慮したものということができるが，さらには被保険者の相続人が保険契約者である場合には，賭博保険や事故招致リスクの可能性を排除できないとも考えられるところから，あらゆる他人の生命の保険について被保険者の同意を要するものとしたと考えられる。しかし，一方で他人の傷害疾病の定額保険では，旅行会社が企画する旅行ツアーなどには，顧客サービスの一環として傷害保険が付保されていたり，カード会社にもそのようなサービスを提供しているものがあったりする。この場合，不特定多数の顧客のための海外旅行傷害保険となっているため，わざわざ被保険者から同意をとることは容易ではないし，そもそも死亡傷害の実を対象としたものではないとすれば，被保険者自身が保険給付を受けうるはずである。そこで，被保険者が保険金受取人である傷害疾病定額保険では，生命保険と異なり被保険者の同意をとる必要はないとしている（保険67Ⅰ）。ただし，被保険者の死亡のみを保険給付の対象とする場合は生命保険と同じ問題を生じる（傷害死亡を保険給付の条件とすると生命保険の場合よりもよる賭博性は高くなる）。そこで，この場合は被保険者の同意を生命保険同様効力要件としている（保険67Ⅱ）。

1・2　保険給付の要件

1・2・1　どのような場合に保険給付がなされるか

　損害保険会社の傷害保険約款では，「急激かつ偶然の外来の事故によって」とされているのが一般で，急激性・偶然性・外来性が，傷害保険における保険給付の要件であろうと思われる。生命保険会社の約款では，「不慮の事故による」とされるのが通例である。もっとも，「不慮の事故」とは，「急激かつ偶然

の外来の事故」と規定されているので，したがって，傷害保険では，給付態様のいかんにかかわらず，傷害として急激性・偶然性・外来性の要件が必要とされていると解することができる。

「急激性」要件　学説では，事故が突発的に発生すること，ないしは原因となる突発事故から結果としての傷害までの過程が直線的で時間的間隔のないこととされる。傷害という結果が，緩慢に進行するような場合は，被保険者側には結果を回避することが可能であり，ここでいう「急激性」要件をみたさない。

東京地判平 9・2・3 判タ952・272では，不慮の事故の急激性について，「事故から結果（傷害）の発生までに時間的間隔がなく，事故の通常の経過に際して被保険者が傷害事故の結果を自己への作用の瞬間にもはや回避し得ないような状態にあることをいう」ものとし，「事故が漸進的・反復的作用によるものであるときには，被保険者がその毀傷的な結果を予見し回避することが可能であるから急激であるということはできない」と判示している。その意味で，過労死を生じるような状態は，その状態が継続的で結果予見性や回避可能性があるため，急激性要件を具備しないことになる（キーパンチャーの腱鞘炎などもこの例とされる）。

疾病か傷害かをめぐっては，緩慢に進行することの多い疾病と区別する意味で「急激性」が問題とされているのか，あるいは「偶然性」を補完する要素として（結果が予見できず回避できない）問題とされているのかについて議論がある。これについては，疾病との区別は，後述するように，因果関係判断に委ねられるべきで，「急激性」は不慮の事故であるという，「偶然性」補完要因と考えるべきで，かつこれで足りるのではないかというするどい批判がある。

「偶然性」要件　「偶然性」とは，一般に被保険者が予見しなかった原因によるもので，約款ではそのことの証明についても，それが「権利根拠規定」の要件事実に該当する場合は保険給付を請求する側が立証すべきとされる。もっとも，保険者による故意免責の規定が別途保険法80条1項でも定められており，この場合は，「権利障害規定」の要件事実として保険者が立証責任を負うことになるが，一般には後者は念のための規定であると解されて

きた。傷害疾病の偶然性について，しばしば争われるのが自殺を疑わせる事例であり，それが自殺なのか事故なのか真偽不明（non liquet）の場合，いずれに証明責任があるかが以前から議論の対象となり多くの判決でも問題となっていた。この点をめぐって，2001（平成13）年に最高裁で2つの判決（最判平成13・4・20民集55・3・682（普通傷害保険）と同判時1751・171（生命保険災害割増特約））がなされ，モラルハザード回避の要請の重視から，約款で偶然性が傷害の要件とされる以上は，原則どおり保険給付請求権者側にその立証責任があるとされた。

その後2006（平成18）年には，類似の規定をもつ自動車保険約款をめぐって，これも注目すべき2つの判決があった。すなわち，最判平18・6・1民集60・5・1887（便宜的に「第1判決」と呼ぶ）と，最判平18・6・6判時1943・14（同じく「第2判決」）である。第1判決の事案は，自動車総合保険の目的となった自動車が駐車中に海中に水没してしまったものである。また，第2判決のそれは，同様に自動車保険の付された自動車の前後部，両側面に引っかき傷がつけられたというものである。いずれの事案の自動車保険約款にも「当会社は，衝突，接触，墜落，転覆，物の飛来，物の落下，火災，爆発，盗難，台風，こう水，高潮その他偶然な事故によって保険証券記載の自動車（以下「被保険自動車」といいます。）に生じた損害に対して，……保険金を支払います」との条項があったので，原審は上記最高裁判決をふまえていずれも保険給付請求権者側に「偶然の事故」であることの立証責任ありとした。しかし，第1判決では，「本件条項は，……保険契約成立時に発生するかどうか不確定な事故をすべて保険事故とすることを分かりやすく例示して明らかにしたもので，改正前商法629条にいう『偶然ナル一定ノ事故』を本件保険契約に即して規定したものというべきで」あって，「被保険者の意思に基づかないこと（保険事故の偶発性）をいうものと解することはできない」と判示して裁判を原審に差し戻した。また，第2判決でも，同上の自動車保険約款について，同じ理由を示し，「事故の発生が被保険者の意思に基づかないものであることについて主張，立証すべき責任を負わない」として，これも同様に原審に差し戻した。

このような「偶然の事故」をめぐって，傷害保険と一般の損害保険とは意味

するところが異なるところから，前者についても「ケガ」という事実があれば，それが偶然に生じたものか否かの立証責任を保険契約者側に負わす必要はないのではないかという批判がある。ドイツの2008年1月1日施行の「保険契約法」178条2項では，「非自発性は，その反証まで推定される」と規定することで，偶然性の立証責任は保険契約者側が負わないこととなった。

「外来性」要件　「外来の事故」とは，被保険者の身体の外部からの作用によって傷害が生じたことを要するとするものである。具体的には，脳出血や心筋梗塞などは急激性要件および偶然性要件を満たすものの，それは身体内部において発症している事故を排除するための要件である。しかしながら，疾病が競合する場合には両者の区別はそれほど容易ではない。また競合形態にも被保険者の①内因的発作が先行するとされるケースと，②外来的原因が先行するとされるケースにわけられる。①のケースについては，「被保険者の脳疾患，疾病または心身喪失」について，「当会社は，……保険金を支払いません」と約款に定めているのが一般的である。しかし，これは非常に漠然としていて，そのような原因があればすべて免責されてしまうのかという批判を生じる。そこで，複合要因がある場合は，それが傷害の最有力条件である場合は免責を認めるべきであるとしても，たまたま疾病による発作を生じた場所が悪く（たとえば，入浴中），その結果外来的原因が作用して傷害を生じた場合（溺水死亡）には，保険金の支払いを認めるべきであろう。

一方，②の場合として，気管支喘息の持病を有する被保険者が，遊技施設に搭乗後に死亡した事案である東京地判昭和56・10・29判タ473・247において，死亡に対して条件関係を有するに過ぎない事由をそれ故に「事故」ではないと概念づけるかはともかく，本件遊戯施設への搭乗と結果（被保険者の死亡）との間に相当因果関係が認められないとして，保険金の支払いを否定したものがある。これについては，遊技施設への搭乗と死亡との因果関係は明確ではないので，むしろ被保険者に有利に解すべきではないかとの批判がある。

1・2・2 疾病保険の保険事故

疾病保険については，「疾病」そのものの定義は傷害保険における「傷害」

のような厳密性が求められてはいない。その結果，疾病保険の保険事故は，ⓐ特定の疾病に罹患したことを保険事故とするもの（がん保険のがん認定保険金），ⓑ疾病による入院・治療を保険事故とするもの（疾病入院給付金，手術給付金，成人病入院給付金など），ⓒ疾病により一定の身体状況になったことを保険事故とするもの（高度障害保険における両目の失明，言語・咀嚼機能の喪失など），ⓓ疾病による就業不能となったことを保険事故とするもの（生命保険では就業不能保障特約などで，免責期間を超えて就業不能になった場合に一定期間約定金額を支払う，あるいは住宅ローンの残債務を支払うなど。損害保険の所得補償保険もここに含まれる），ⓔ疾病により要介護状態となったことを保険事故とするものなど（介護保障特約などで介護年金の支払いがなされる），きわめて多様である。

また，このようにある疾病に罹患したことよりも，それを原因とする治療や入院あるいは介護を条件とするため，多くの場合傷害によってこのような状態となった場合もあわせて保険事故となっている。その意味で，傷害保険の保険事故の態様と，疾病保険のそれでは，保険事故として把握される概念が異なっているといわねばならないであろう。

第2章　傷害疾病定額保険をめぐる問題

2・1　告知義務

<u>告知義務者</u>　保険法では，傷害疾病定額保険について，その84条1項で告知義務を定める。改正前商法644条では，損害保険の告知義務者を保険契約者のみとし，生命保険に関する同673条が保険契約者と被保険者を告知義務者としていたのとは異なっていたが，保険法では告知義務者をいずれの保険種目の場合も保険契約者と被保険者としている。

<u>告知すべき事項</u>　告知すべき事項について，損害保険では「てん補されることとされる損害の発生の可能性（以下この章において「危険」という。）」に関する重要事項とされ（保険4），傷害疾病定額保険では，「給付事由（傷害疾病保険による治療，死亡その他の保険給付を行う要件として傷害疾病定額保険契約で定める事由をいう。以下この章において同じ。）の発生の可能性」とされている（保険66）。生命保険の場合も，保険事故の発生可能性に関する重要な事項とされて，表現が微妙に異なっている。このような差異は，損害保険では損害のてん補を目的としているので保険事故（たとえば，「火災」）そのものの発生可能性ではなく，当該保険事故による損害発生可能性に影響を及ぼす事実（建物の用途が居住用か倉庫か，あるいはスプリンクラーを設置したコンクリート製の建物か木造家屋かなど）であることを意味する。また，傷害疾病定額保険では，手術や治療，あるいは死亡などの給付を行う要件として保険契約に定める事由が多岐にわたるため，生命保険の場合とも異なる表現とされているのである（⇨67, 233頁）。

2・2 契約前発病不担保条項

2・2・1 契約前発病不担保条項とは

　傷害疾病保険契約においては，保険者の責任開始以前の発病による高度障害や入院について，保険給付を制限する条項が定められている。たとえば，「次に掲げる事由によって生じたケガまたは病気に対しては保険金をお支払いできません」として「保険責任開始期よりも前に発病した病気または発生した事故によるケガの治療を目的とした入院・手術」などの規定や，「この特約の責任開始期以後に発生した……不慮の事故による傷害または疾病を直接の原因とする……入院であること」を保険給付の条件とする規定が約款に定められているのが一般である。

2・2・2 その性質は

　ところで，この契約前発病不担保条項はいかなる性質のものであるかについて考えなければならない。一方で，告知制度は，保険者が契約締結時に危険選択を行うために必要な情報の提供をあらかじめ保険契約者または被保険者に求めるものである。これに対して，契約前発病不担保条項は，契約締結後に危険選択を行うことで，告知制度ではカバーできない危険を補完的に契約から排除することであるといわれる。以下，判決例をみてみよう。

　①東京高判昭61・11・12判時1220・131は，訴外Aを被保険者，Xを保険金受取人とする生命保険契約（Aが給付責任開始後に発病した疾病により廃疾状態になったときも死亡保険金と同額の廃疾給付金を支払うという契約内容）を昭和55年11月1日にY保険会社と締結していた。ところが，Aは脊髄腫瘍を55年12月に発病し，Xは，これにより56年6月20日に症状が固定し廃疾状態になったと主張して保険金の支払いをYに請求した。第一審は，すでにAには自覚症状があったのであるから契約締結に際して告知義務違反があったとしてXの請求を棄却したので，Xが控訴したものである。これに対し東京高裁は，「X主張のAの廃疾状態及び入院手術が，前記の給付責任開始の日

以後に発病した疾病によるものとは認められない（すでに昭和54年11月ころから右下腹部痛とともに両側膝痛およびとくに右下肢がもつれるなどの症状があり，55年4月には両膝脱力症状で病院の診察を受け，大学病院での検査入院の勧めを断っている，同年12月には運動障害が発症し，56年1月に諸検査の結果胸椎部の腫瘍と診断され同年3月および6月に腫瘍摘出手術を受けた事実など）から，控訴人は本件各給付金を請求できないものといわねばならない」として，契約前発病と認めてXの控訴を棄却した。

②津地裁四日市支判平11・10・14（生命保険判例集11・574）では，保険契約者Xは，昭和63年12月1日にY保険会社と定期保険特約付終身保険契約を締結していた（普通死亡保険金300万円，特約死亡保険金2,700万円で，高度障害保険金，特約高度障害保険金もそれぞれ同額）ところ，平成9年8月1日以前に網膜色素変性症を原因とする両眼失明状態に陥ったので，XはYに対して平成10年2月4日に高度障害保険金および特約高度障害保険金の支払いを請求した。これに対してYは，Xには遅くとも昭和36年（当時18歳）ころには網膜色素変性症が発生していたとして支払いを拒絶したが，これについて裁判所は，「原告は，夜盲の症状を自覚した昭和33年ないし36年ころ，網膜色素変性症が発病したものであり，責任開始期である昭和63年11月25日以降に同病が発病したものとは認められないので，本件保険金を請求することはできない」として請求を棄却した。

上記2つの事例のうち，①のケースは，第一審においては，告知義務違反があるとされ，本件判決においても重大な過失による告知義務違反も認められるされた事例である。告知義務自体は，保険契約者・被保険者の不知な事実まで告知することを要しないが，第一審では，その事実が重要事実であることの認識を欠いたことについて重大な過失があると判断され，控訴審でも，その症状等の重要性を認識するに至らなかったのには重大な過失があったものとされていた。したがって，告知義務違反による解除が可能な事例であるが，解除権を行使しうる期間（一般に除斥期間と解されている）は，保険者が解除原因あることを知ったときから1か月行使しないときは消滅し，また契約締結の時から5年を経過した場合も消滅する（保険84Ⅳ）。その結果，②の場合には両眼失明状

態になってから,およそ8年半を経過しており,また保険金請求をしたのはさらに5か月後であることを考えると告知義務違反による解除の請求は当然にすることはできなかった事例と見ることができる。

2・3 重大事由による解除

　重大事由解除は,改正前商法には規定がなかったが,しかし,保険法では損害保険について30条で,生命保険については57条で,そして傷害疾病定額保険についても86条で規定することとなった。これは,ドイツでは fristlose Kündigung (即時解約) あるいは Außerordentliche Kündigung (特別解約) などと呼ばれるもので,民法では継続的債務関係 (Dauerschuldverhältnis),たとえば金銭消費貸借 (Gelddarlehen) (BGB490),賃貸借関係 (Mietverhältnis) (BGB543, 569) および雇用および労働関係 (BGB629) の場合の解除権として広く認められているものである。すなわち,新しいドイツ保険契約法の28条では,保険契約者の責務 (Obliegenheit) に違反した行為があったときは,それを知ったときから1か月以内に契約を解除できることを定め,また,保険契約者が保険者の同意なく故意または重大な過失により危険を増加させた場合にも即時に契約を解約することができ (新 VVG24 I。保険契約者の単純過失によるときは1か月の解除予告期間の経過による解除ということになる),保険料の支払遅滞についても即時の解約権 (新 VVG38Ⅲ) を規定している (解約後1か月以内に保険契約者が保険料を支払った場合は,解約は効力を失う)。

　これらの原則は,新たに設けられたドイツ民法典314条 (重大事由による継続的債務関係の解約) 1項の,「いかなる契約部分も,重大事由により解約期間を順守することなく継続的債務関係を終了させることができる」旨の規定に根拠をおくものであるといってよい。それは,あらゆる個別具体的事情や両当事者の利益を斟酌しても,解約権者側に契約関係の継続,当事者が合意した契約の終了または解約期間の経過まで契約関係の継続を期待できない場合に,重大事由 (wichtige Grund) ありとされる (BGB314Ⅱ)。

　わが国でも,すでに,「保険契約は,保険契約者の保険料支払義務と保険者

の保険金支払義務が，保険事故の発生又は満期まで長期間にわたって継続する契約関係であるから，契約当事者は，信義に従い誠実に契約を履行することが要求されており，当事者間の信頼関係が極めて重要というべきである。したがって，保険契約者が契約の締結後にその信頼関係を破壊して契約関係の継続を著しく困難にした場合には，保険者は，信義則に基づき，生命保険契約を解除することができる」（東京地判昭63・5・23判時1297・129）と判示しているように，双方の契約上の義務が一定期間継続する継続的契約である以上，信義則にもとづいて誠実に契約を履行する義務があるにもかかわらず，保険契約者が，この契約の基礎をなす信頼関係を破壊して契約関係の継続を著しく困難にした場合には，保険者側に契約の解除をなしうるものとした（詳しくは，259頁）。

解除の効力については，告知義務違反や危険増加の場合の解除権と異なり，重大事由を生じたときから解除がなされるまでに発生した一切の給付事由について保険者は契約の解除をなしうる。

2・4 搭乗者傷害保険と損益相殺

2・4・1 加害者に対する請求権はどうなるか

損害保険契約で述べたように，請求権代位を定める保険法25条は，損害保険固有の規定である。したがって，生命保険契約の被保険者が第三者の不法行為により死亡した場合，その相続人となる保険金受取人は，生命保険契約にもとづき保険者から保険金の支払いを受けるほか，不法行為者である第三者に対して損害賠償の請求もなし得ることになる。生命保険契約においては，一般に利得禁止の法理が働かず，特段，保険者に被害者の加害者に対する請求権を移転しなくとも加害第三者を不当に免責する結果とならないからである（相続人の第三者への請求が容認される）。傷害疾病損害保険はともかく，傷害疾病定額保険にも請求権代位の規定は存しないのであるから，生命保険の場合と同様に，加害第三者に対する損害賠償請求はこれを妨げない（最判昭55・5・1判時971・102は，生命保険特約としての傷害給付金または入院給付金は，すでに払込まれた保険料の対価であって，第三者が受傷者に損害賠償責任を負う場合，この賠償算定に際して

損益相殺として控除される利益にあたらないのみならず，保険者代位制度の適用もないと判示した）。

なお，イタリア法では，傷害保険をめぐる理論対立が請求権代位をめぐって生じたように，古くから争われたが，現在の規定では保険金給付方式にかかわらず請求権代位が肯定されている（イタリア民法1916Ⅳ）。他方ドイツ法では，定額保険においても，保険契約者は第三者に対する損害賠償請求権を保険者に移転すべきことも約款で規定されうると解している（ドイツ営利疾病保険協会制度の疾病保険普通保険約款11条では，費用償還型疾病保険に請求権代位を規定し，定額給付型の入院給付金には言及がない）。さらに，フランスの傷害保険も同様であるという。

2・4・2 保険金は損益相殺の対象となるか

損益相殺とは，不法行為によって（債務不履行においても）損害を被った被害者が，その同一の原因から利益をも受けた場合，もっぱら公平の原理にもとづいて，その利益を賠償額から控除する法理である。たとえば，不法行為により死亡した者の逸失利益を算定する際に，支出を免れた死者の生活費が控除されるのがこの例である。さて，保険金が第三者の不法行為を原因として支払われる場合，それを損害と同一原因から得られた利益とみることができるだろうか。

生命保険金の場合　生命保険契約の被保険者の生命が第三者によって侵害された場合，被害者の遺族の加害者に対する損害賠償額から保険金は控除されるかをめぐって，最高裁の判例がある。これによれば，生命保険金は支払われた保険料の対価の性質を有し，不法行為の原因がなくても支払われるべきものであるから損益相殺の原因とはならないとしている（最判昭39・9・25民集18・7・1528）。そもそも生命保険給付は，被保険者の死亡により損害を填補することを目的とする，生命代替的な価値を有するものではないので損益相殺の対象とならないというのが通説の立場と思われる。

しかし，民法学者による，生命保険給付の支払いにより遺族の経済的損害はそれだけ減少すると考えるのが自然であり，生命保険金についてこれを損益相殺の対象としないという判断は結局のところ政策的判断であるとする有力な見

解がある。

損害保険金の場合　損害保険金について、最高裁はやはり控除されるべき利益についても支払済保険料の対価的性質を認め、損益相殺として控除されるべき利益にあたらないと判示した（最判昭50・1・31民集29・1・68）。もちろん、だからといって被害者である被保険者が損害保険金を受領したうえ、さらに損害賠償を無条件で受けることはない。すなわち、先に述べたように、請求権代位によって被害者が保険金により利益を受けた限度で、被害者の賠償請求権が保険者に移転するからである。

2・4・3　搭乗者傷害保険金をめぐり判例は揺れた

保険金と損益相殺については、損害保険金も生命保険金も、ともにその対象とならないというのが、わが国の判例・通説であることはすでにみたとおりである。また、定額給付方式の傷害保険金についても損益相殺の対象とならないという最高裁の判決がある（最判昭55・5・1判時971・102）。

ところが、任意自動車保険の一部を構成する「搭乗者傷害保険」の保険金について雲行きが怪しくなった。これまで裁判所は、「搭乗者傷害保険は一種の見舞金としての性質を有するもの」（千葉地判昭57・12・24交民集15・6・1692）、「有責行為者が第三者であるか保険契約者であるかにより死亡搭乗者の利害に重大な差が生じ衡平を失するし、保険契約者としてはその責任は本来の賠償責任条項によりまかなうべきもの」（名古屋地判昭60・2・20交民集18・1・203）、「直接損害を填補する機能を有するものではない」（東京高判平2・3・28判タ754・192）と述べてきており、その他の保険と同様に解していた。ところが、「支払済搭乗者傷害保険金は……損害賠償の填補としての性質を有し、損害額から控除すべき」として、加害者が被害者のために付保した搭乗者傷害保険の利益を享受しうるとの注目すべき判決が現れた（高松高判平3・2・26判タ763・256）。

以上のような高等裁判所の判断は、最高裁で斥けられた（最判平7・1・30民集49・1・211）。学説にも、定額保険だからといって損益相殺は問題とならないわけではないが、加害者の意思としては賠償責任によりカバーされることが

期待されている，定額の傷害保険金として許容される限り被害者が二重に取得しても不当な利益ではない，賠償責任については搭乗者傷害保険金が損益相殺されるものでないという前提で賠償保険の保険料が徴収されるなどの理由で，従来の態度を支持する有力な見解がある。生命保険金に損益相殺を認めるか否かは政策判断であるとする民法学者の主張に照らして（死亡した子供の養育費を控除すべきでないとの判例があった。そこでは，子供の養育そのものが親の生き甲斐であることを認めた。最判昭53・10・20民集32・7・1500），この理論構成には首肯できるが，ドイツ，フランスでも搭乗者傷害保険については損益相殺の対象とされていることなども考慮すると，わが国でも今後ともなお争われそうな問題であったが，少なくとも賠償額からの控除は，新保険法制定により傷害疾病定額保険の範疇からはなくなったと考えることができる。

事項索引

あ行

アフター・ロス契約　111
遺言による保険金受取人の変更　247
一部保険　92
因果関係不存在の特則　69
運行供用者　197
運送保険　207
オプション　19

か行

海上保険　210
解除権阻却　257
　　――事由　67, 148
解除の効果阻止　266
介入権　266
外来性　274
家計保険　8
火災保険　174
貨物海上保険　214
キーマンポリシー　240
企業保険　8
危険（の）増加　115, 152, 259
危険の著しい減少　114
危険負担義務　105
キャプティヴ保険　18
急激かつ偶然の外来の事故　271
急激性　272
給付反対給付均等の原則　11
共済　9, 18
共同保険　12, 20
金融庁の介入　37
偶然性　272
クーリング・オフ　62
契約関係の変動　114
契約者貸付義務　237
契約の解除　150
契約前発病不担保条項　277
権利の差押え　264
権利の質入れ　264
権利の譲渡　263

航空保険　9
公的介護保険制度　7
公保険　3
子会社方式による相互参入　34
告知義務　64, 147, 232, 276
　　――違反　256
告知事項　233, 276
告知妨害　149
互酬　16
固有業務　34

さ行

債権保全火災保険　170
再保険　20, 216
残存物代位　136
自家保険　17
事故招致　155
資産運用義務　105
持参債務　110
市場の失敗　29
地震損害免責条項　180
地震保険　182
質権設定　162
　　――禁止特約　169
実損てん補　93
疾病保険　268
質問応答義務　66
質問表（告知書）　234
自動車損害賠償責任（自賠責）保険　196
自動車保険　195
私保険　3, 4
社会保険　3
射倖契約性・善意契約性　65
車両保険　204
収支相当の原則　11
重大事由（による）解除　154, 259, 279
重要な事項　67
傷害保険　268
少額短期保険業者　18
消極利益　80
証拠証券　102

承諾　62
　――前死亡　234
情報開示義務　105
情報提供規制　44
情報の非対称性　29
書面　101
新価保険　181
新種保険　52
人身傷害保険　204
信用保険　55
請求権代位　139
誠実義務　46
生損保兼営の原則禁止　33
生命保険　224
　――契約　224
　――の解除　255
　――の解約　255
　――募集人　227
責任開始条項　234
責任遡及条項　234
責任保険　185
責任持ちの特約　112
積極利益　80
説明義務　131
戦争その他の変乱　253
船舶保険　211
全部保険　91
相互会社　38
相互保険　8
遡及保険　72
ソルベンシー・マージン　34
損益相殺　144, 280
損害　76
　――（の）てん補　77, 120
　――発生の通知義務　129
　――防止義務　126
損害保険　50
　――契約　50, 59
　――募集人　60

た 行

第三者による事故招致　123
第三者のためにする生命保険契約　243
対人賠償責任　203
大数の法則　5, 11

対物賠償責任　204
他人　198
　――の傷害疾病の定額保険　271
　――の生命の保険　238
団体定期保険　240
超過保険　92, 94
重複超過保険　96
重複保険　96
直接請求権　178, 198
通知義務　112, 153, 193, 250
定額給付契約　225
締結代理権　60
抵当権者特約　168
適合性の原則　46
同意　240
道徳的危険事実　67
特約　229
独立責任額按分主義　97
独立責任額全額主義　97

な 行

任意自動車保険　201

は 行

媒介　43
　――代理権　60
被害者の先取特権　192
ヒト保険　6
被保険自動車の入替え　160
被保険者　61, 120, 226, 270
　――の自殺　251
被保険利益　50, 78
評価済保険　89
比例てん補　93
付随業務　34
普通保険約款　25
物上代位　164
付保割合条件付き実損てん補条項　93
不慮の事故　271
片面的強行規定の適用除外　57
包括（バスケット）条項　155
包括移転　37
法定他業　35
法定免責事由　122
保険委付　215

保険価額　87
　——の著しい減少　117
　——不変更主義　91
保険期間　70, 74, 228
保険危険事実　67
保険給付　59, 132, 250, 271
　——義務　250
　——請求権　135, 157
保険業法　30
保険金受取人　227
　——の指定　244
　——の変更　246
保険金額　70, 86, 228
保険金請求権　106
　——の質入れ　158
保険契約者　59, 106, 226
　——保護機構　37
保険契約の解除　113
保険事故　70, 189, 227, 274
保険者　59, 63, 226
　——の責任　103
保険証券　101
　——交付義務　237
保険代位　135
保険担保　162
保険仲立人　43
保険の目的の譲渡　153, 159
保険の目的物　177, 204
保険媒介者　148, 257
保険募集　42
　——人　42
保険利益享受約款　142
保険料　11, 75, 228
　——積立金　261
　——不可分の原則　76, 151
保証保険　54

ま　行

無保険自動車　201
免許　32
免責事由　122, 180, 190, 251
免責証券　102
申込み　62
　——の誘因　63
目的物の譲渡　118
モノ保険　6
モラル・ハザード　98

や　行

約定免責事由　126
約款　25
　——への介入　27
有価証券　102
要式証券　102
予定利率　254

ら　行

リスク移転機能　4
リスク集積　4
リスク分散機能　4
利得禁止原則　51, 85
　狭義の——　51, 85
　広義の——　85
　最狭義の——　85
リビングニーズ特約（生前給付特約）　228
領収前免責条項　111
ロイズ　53

＊＊＊

CDS　40
PI保険　22, 213

判例索引

大　審　院

大判明40・3・12民録13・265 ……………………………………………… 165
大判大2・7・5民録19・609 ………………………………………………… 165
大判大2・12・20民録19・1036 ……………………………………………… 210
大判大4・3・6民録21・363 ………………………………………………… 166
大判大4・12・24民録21・2182 ……………………………………………… 26
大判大5・6・28民録22・1281 ……………………………………………… 165
大判大12・4・7民集2・5・209 …………………………………………… 166
大判大13・1・21刑集3・1 ………………………………………………… 120
大判大15・6・12民集5・8・495 ………………………………………… 76, 181
大判昭10・5・22民集14・11・923 ………………………………………… 102
大判昭15・2・21民集19・4・273 ………………………………………… 24, 221
大判昭18・6・9新聞4851・5 ……………………………………………… 123

控　訴　院

東京控判明43・12・10新聞698・23 ………………………………………… 220
東京控判昭14・6・17新聞4447・3 ………………………………………… 219

最高裁判所

最判昭32・7・9民集11・7・1203 ………………………………………… 95, 123
最判昭36・3・16民集15・3・512 …………………………………………… 81
最判昭37・6・12民集16・7・1322 ………………………………………… 110, 111
最判昭37・12・14民集16・12・2407 ………………………………………… 198
最判昭39・9・25民集18・7・1528 ………………………………… 144, 225, 281
最判昭42・1・31民集21・1・77 …………………………………………… 253
最判昭43・7・11民集22・7・1489 ………………………………………… 142, 143
最判昭43・9・24判時539・40 ……………………………………………… 197
最判昭45・12・24民集24・13・2187 ………………………………………… 28
最判昭47・5・30民集26・4・898 ………………………………………… 199
最判昭48・6・29民集27・6・737 ………………………………………… 246
最判昭49・3・15民集28・2・222 ………………………………………… 142, 143
最判昭50・1・31民集29・1・68 …………………………………………… 145, 282
最判昭51・11・25民集30・10・960 ………………………………………… 142
最判昭53・10・20民集32・7・1500 ………………………………………… 283
最判昭55・5・1判時971・102 ……………………………………………… 280, 282

最判昭57・11・26民集36・11・2318	198
最判昭58・9・8民集37・7・918	246
最判昭62・2・20民集41・1・159	131
最判昭62・5・29民集41・4・723	141
最判平元・1・19判時1302・144	144
最判平3・4・26判時1389・145	164
最判平4・3・13民集46・3・188	246, 248
最判平4・12・18判時1446・147	123
最判平5・2・26民集47・2・1653	81, 82
最判平5・3・30民集47・4・3262	203
最判平5・3・30民集47・4・3384	118
最判平5・7・20損保企画536・8	151, 256
最判平6・7・18民集48・5・1233	246
最判平7・1・30民集49・1・211	282
最判平7・5・30民集49・5・1406	205
最判平9・3・25民集51・3・1565	133
最判平9・4・24民集51・4・24	237
最判平9・6・17民集51・5・2154	256
最判平9・9・4判時1624・79	118
最判平9・10・17民集51・9・3905	111
最判平9・10・31民集51・9・3962	198
最判平10・1・30民集52・1・1	167
最判平11・9・9民集53・7・1173	265
最判平13・4・20民集55・3・682	121, 122, 273
最判平13・4・20判時1751・171	122, 273
最判平14・10・3民集56・8・1706	125, 252
最判平15・2・21民集57・2・95	48
最判平15・12・11民集57・11・2196	250
最判平16・3・25民集58・3・753	252
最判平16・6・10民集58・5・1178	124, 125
最判平16・12・13民集58・9・2419	121
最判平18・4・11民集60・4・138	240
最判平18・6・1民集60・5・1887	121, 273
最判平18・6・6判時1943・14	121, 273
最判平18・9・14判時1948・164	121
最判平19・4・17民集61・3・1026	121
最判平19・4・23判時1970・106	121
最判平20・2・28判時2000・130	134, 135
最判平20・9・12交民集41・5・1085	197

高等裁判所

判例	頁
福岡高裁宮崎支判昭32・8・30下民集8・8・1619	166, 167
名古屋高判昭37・8・10下民集13・8・1665	163
大阪高判昭40・6・22下民集16・6・1099	164
東京高判昭45・2・19下民集21・1＝2・334	109, 110
東京高判昭53・1・23判時887・110	111
東京高判昭61・11・12判時1220・131	277
東京高判平2・3・28判タ754・192	282
高松高判平3・2・26判タ763・256	282
東京高判平3・6・6判タ767・236	47
仙台高裁秋田支判平4・8・31判時1449・142	100
東京高判平6・3・31高民集47・1・107	197
大阪高判平7・2・28金法420・34	230
東京高判平8・1・30判時1580・111	230
仙台高決平9・7・25判時1626・139	240
名古屋高判平11・4・14金判1071・28	82
大阪高判平11・6・2判時1715・86	122, 183
東京高判平11・9・21金判1080・30	245
札幌高判平11・10・26金判1099・35	123
大阪高判平13・10・31判時1782・124	181
東京高判平14・4・23判時1784・76	230
名古屋高判平14・4・26判タ1140・233	240
東京高判平18・3・22判時1928・133	228
東京高判平20・3・13判時2004・143	204
名古屋高判平21・3・19交民集41・5・1097	197

地方裁判所

判例	頁
東京地判昭2・5・14法律新聞118・20	170
秋田地判昭31・5・22下民集7・5・211	28
鹿児島地判昭32・1・25下民集8・1・114	167
大阪地判昭38・2・19下民集14・2・219	210
大阪地判昭38・5・24判時368・60	164
高知地判昭43・3・26判時526・78	167
盛岡地判昭45・2・13下民集21・1＝2・314	119
広島地裁呉支判昭46・6・7判時770・97	109
旭川地判昭48・3・28判時737・84	165
札幌地判昭54・3・30判時941・111	27
札幌地判昭55・2・5判タ419・144	198
大阪地判昭55・5・28判タ427・183	81

神戸地裁尼崎支判昭55・7・24生保協会会報62・1・82 …………………………………… 110
札幌地判昭56・3・31判タ443・146 ………………………………………………………… 236
東京地判昭56・10・29判タ473・247 ………………………………………………………… 274
千葉地判昭57・12・24交民集15・6・1692 ………………………………………………… 282
名古屋地判昭58・9・26判タ525・287 ……………………………………………………… 240
大阪地判昭59・5・18判時1136・146 ………………………………………………………… 265
東京地判昭59・9・17判時1161・142 ………………………………………………………… 265
名古屋地判昭60・2・20交民集18・1・203 ………………………………………………… 282
福岡地判昭60・8・23判時1177・125 ………………………………………………………… 107
大阪地判昭60・8・30判時1183・153 ………………………………………………… 154, 260
東京地判昭63・5・23判時1297・129 ………………………………………………………… 280
札幌地判平2・3・26判時1348・142 ………………………………………………………… 259
京都地判平6・1・31判タ847・274 ……………………………………………………… 98, 99
東京地判平6・2・28判時1521・82 …………………………………………………………… 265
仙台地判平7・8・31判時1558・134 ………………………………………………………… 123
青森地裁弘前支判平8・4・26判時1571・132 …………………………………………… 240
徳島地判平8・7・17生命保険判例集8・532 ……………………………………………… 155
東京地判平8・7・30金判1002・25 …………………………………………………………… 245
東京地判平9・2・3判タ952・272 …………………………………………………………… 272
名古屋地判平9・3・26判時1609・144 ………………………………………………………… 99
大阪地判平9・6・13判時1613・144 ………………………………………………………… 123
東京地判平10・2・16判時1664・139 ………………………………………………………… 131
東京地判平10・8・26判時1655・166 ………………………………………………………… 265
東京地判平10・10・23生命保険判例集10・407 …………………………………………… 257
福岡地判平11・1・28判時1684・124 ………………………………………………………… 125
山口地判平11・2・9判時1681・152 ………………………………………………………… 252
津地裁四日市支判平11・10・14生命保険判例集11・574 ………………………………… 278
大阪地判平12・7・17判時1728・124 ………………………………………………………… 156

αブックス

2000年5月20日	初　　版第1刷発行
2005年6月10日	第2版第1刷発行
2011年5月15日	新　　版第1刷発行
2015年11月20日	新　　版第2刷発行

レクチャー新保険法

著者　今井　薫（いまい　かおる）
　　　岡田　豊基（おかだ　とよき）
　　　梅津　昭彦（うめつ　あきひこ）

発行者　田靡　純子

発行所　株式会社 法律文化社

〒603-8053 京都市北区上賀茂岩ヶ垣内町71
電話 075(791)7131　FAX 075(721)8400
URL:http://www.hou-bun.com/

© 2011 K. Imai, T. Okada, A. Umetsu　Printed in Japan
印刷：共同印刷工業㈱／製本：㈱藤沢製本
装幀　アトリエ・デコ
ISBN978-4-589-03336-9

広い視野とフレキシブルな思考力を養うことをめざす **αブックス**シリーズ

プリメール民法

1 **民法入門・総則**〔第3版〕
　　安井 宏・後藤元伸ほか著　　2800円

2 **物権・担保物権法**〔第3版〕
　　松井宏興・鈴木龍也ほか著　　2700円

3 **債権総論**〔第3版〕
　　大島和夫・髙橋 眞ほか著　　2800円

4 **債権各論**〔第3版〕
　　大島俊之・久保宏之ほか著　　2700円

5 **家族法**〔第3版〕
　　千藤洋三・床谷文雄ほか著　　2500円

市川正人 編
プリメール憲法
　　　　　　　　　　　　　　2500円

髙橋公忠・畠田公明・砂田太士・片木晴彦
野村修也 著
プリメール会社法
　　　　　　　　　　　　　　2900円

山本正樹・渡辺 修・宇藤 崇・松田岳士 著
プリメール刑事訴訟法
　　　　　　　　　　　　　　2800円

河野正憲・勅使川原和彦・芳賀雅顯・鶴田 滋 著
プリメール民事訴訟法
　　　　　　　　　　　　　　2700円

大橋憲広・奥山恭子・塩谷弘康・鈴木龍也
林 研三・前川佳夫・森本敦司 著
レクチャー法社会学
　　　　　　　　　　　　　　2500円

甲斐克則 編
レクチャー生命倫理と法
　　　　　　　　　　　　　　2600円

初宿正典 編
レクチャー比較憲法
　　　　　　　　　　　　　　2800円

見上崇洋・小山正善・久保茂樹・米丸恒治 著
レクチャー行政法〔第3版〕
　　　　　　　　　　　　　　2400円

長尾治助・中田邦博・鹿野菜穂子 編
レクチャー消費者法〔第5版〕
　　　　　　　　　　　　　　2800円

菊地雄介・草間秀樹・吉行幾真・菊田秀雄
黒野葉子・横田尚昌 著
レクチャー会社法
　　　　　　　　　　　　　　2700円

谷口安平 監修／山本克己・中西 正 編
レクチャー倒産法
　　　　　　　　　　　　　　3200円

今井 薫・岡田豊基・梅津昭彦 著
レクチャー新保険法
　　　　　　　　　　　　　　2800円

松岡 博 編
レクチャー国際取引法
　　　　　　　　　　　　　　3000円

河野正輝・江口隆裕 編
レクチャー社会保障法〔第2版〕
　　　　　　　　　　　　　　2900円

松井修視 編
レクチャー情報法
　　　　　　　　　　　　　　2800円

川嶋四郎・松宮孝明 編
レクチャー日本の司法
　　　　　　　　　　　　　　2500円

犬伏由子・井上匡子・君塚正臣 編
レクチャージェンダー法
　　　　　　　　　　　　　　2500円

富井利安 編
レクチャー環境法〔第2版〕
　　　　　　　　　　　　　　2600円

──法律文化社──
表示価格は本体（税別）価格です